JN058154

新・法と社会生活

〔第6版〕

有澤 知子

尚学社

第6版 はしがき

　民法で大きな改正がありました。私の専門は憲法ですので，全て今回改正できたかというとまだここもあると言われそうですが，何冊か改正についての本を読んで私なりに理解したところを直しました。

　成年年齢も来年から18歳に変更になりますし，時効のところも短期消滅時効がなくなりました。錯誤も無効から取消しになり，法律行為のところに善意の第三者の保護が加えられました。また，親族相続についても大きな変更がありました。今回の民法の変更の目玉は債権の変更ですので，まだ不十分なところも多々あると思います。

　ご意見ご鞭撻を頂戴できれば幸いです。今後また見直しを行って行こうと思っております。

2021年9月

有 澤 知 子

第5版 はしがき

　私の専攻する憲法は改正手続きが難しいので，改正はないのですが，安保関連法案について憲法違反であるということと立憲主義に反するということで大きな議論がありました。

　民法や刑法では，この本が2013年に改訂されてから，大きな改正がありました。民法については，最高裁判所で非嫡出子の相続差別が違憲とされ，女性のみの再婚禁止期間も100日以上は違憲という判決が出て，改正が行われました。夫婦同氏ついては10対5で合憲判決が出ましたが，国会で十分に審議するようにという意見がつけられました。また，刑法では，交通事故の件

数や死亡者が減少していますが，悪質な事故もなくならず，危険運転致死傷罪を適用するためにももう少し厳格に構成要件が必要だということで，自動車の運転により人を死傷させる行為等の処罰に関する法律（自動車運転死傷行為処罰法）第2条および第3条の危険運転致死傷に規定がおかれました。なお，同法律（平成25年11月27日法律第68号）により，刑法第208条の2で規定されていたものが改正され，危険運転致死傷および自動車運転過失致死傷の規定は同法に独立して規定されることとなりました。まだ見落としているところもあるかもしれませんが，とりあえずこの大きな改正について書き直す必要性を感じましたので，直しました。まだ，不十分な点も多々あるかもしれません。どうぞ忌憚なく，ご指導ご鞭撻のほどよろしくお願いいたします。

2016年3月

有　澤　知　子

第4版 はしがき

　本書を中央大学大学院の同期3人で最初に作ったのが1995年，そして，それぞれの立場が変わり，他のお2人の先生方は本書を使うことがなくなったので，お2人の先生方と尚学社の吉田俊吾社長に激励されて，この本を必要としていた私が本著を受け継いで，全面的に見直し，単著として2005年に出すことになりました。それから，2〜3年ごとに見直し，今回で4版になりました。

　いま，いじめや体罰の問題がクローズアップされています。そこで，児童虐待について，相談件数や事件件数の実態を取り上げてみました。今回の見直しで一番大変だったのがデータの見直しでした。白書等からデータを拾っているのですが，年度によって書き方が変わったりしているところもあり，苦労しました。でも日本における出生数，死亡数，婚姻数，離婚数，犯罪の状

況等の動向を見ることによって日本の状況を知ることができますし，それに対する対策を考える上でも重要だと思います。私の専門は憲法ですが，本書では専門外の法学や法哲学，民法，刑法，環境法などについても書いています。最近の動向には気をつけているつもりですが，行き届いていない点も多々あるかと思います。どうぞ，皆様，忌憚なくご指導ご鞭撻のほどよろしくお願いいたします。

2013年3月

有 澤 知 子

第3版 はしがき

　本書は，初学者のための科目で，私の勤務校では専門科目として「法学案内」，共通科目として「法学入門」や「生活と法」という科目がありますが，それらの科目でテキストとして使えるように，試行錯誤しながら書き換えてきました。そして，版を重ね第3版になりました。

　社会にはいろいろ新しい問題が生じており，読者の関心も変わってきたのではと思います。今回は京都議定書やその後の国際的な環境保護の動きに注目して，「環境と法」という節を新たにたてるとともに，全体的にデータや法律の見直しをしました。

　まだまだ不十分な点もあると思います。是非，皆様の忌憚のないご指摘を頂きたく思います。

2011年3月

有 澤 知 子

改訂版 はしがき

　以前のはしがきにも述べさせていただきましたが，この本はもともと中央大学の大学院の同期であった光田先生，山本先生そして私の３人によって法学の授業のために書かれたものです。その後，私だけが法学を教えることになったため，尚学社の吉田社長と同期の２人の先生の勧めと励ましによって，３人で作ったこの法学の教科書を大幅に書き換えて，私が本務校で教える「法学入門」と「生活と法」という２つの科目のテキストとして使うことにしました。法学のテキストはたくさんありますが，共著が多く，また，多くの人がそれぞれの専門分野について詳細に書いているような本が多く，なかなか初心者対象の授業で使いこなすのが難しいと考えたからです。

　そのようにして2005年に著書として『新・法と社会生活』を刊行したのですが，その後大きな法律の改正がいくつかありました。商法の多くの部分が会社法となり，民法も刑法もひらがなと漢字の現代文に書き改められ，その際に内容も多少変更されました。また，道路交通法も刑法も厳罰化され，酒酔い又は酒気帯びの加害運転手の厳罰化だけでなく，お酒を勧めた人，同乗した人についても処罰がされるようになりました。有期懲役の上限が20年になり，殺人，強盗や強姦などの凶悪な犯罪の量刑も重くなりました。裁判所法や破産法についても改正がされています。この法学のテキストでは，これら改正があった法を取り扱っているため，それらの法の条文に則して内容を新しくする必要がありました。そこで，今回は，前の構成を踏襲しながらもその大きな改正を取り込み，大幅な内容の改訂を試みることにしました。

　私の専攻は憲法ですが，法学を教える際に他の法律に言及せざるをえません。しかし，私は，それらの法の専門家ではないため，まだ改訂が不十分なところや間違い等もあるかもしれません。是非，この本をお読みになった皆様の忌憚のないご意見やご指摘をお願いしたく思う所存です。

　2007年10月

有 澤 知 子

はしがき

　法治国家において生活する私たちは，社会生活を送る上でさまざまな場面で法とかかわって生きています。法は私たちを守ってくれるものですが，私たちの行動を規制するものでもあります。初学者にとって法は難しいもの，あまりかかわりたくないもの，裁判にならないと使わないものというイメージがありますが，法治国家に生きる私たちは法を理解し，法に遵って生きていかなければなりません。法を作って，運用していくのも私たちです。本書は法学に少しでも興味をもち，身近なものとして法を考えていただきたく思って作りました。

　「第1部　法とは何か」，「第2部　社会生活と法」の2部構成は以前と同じですが，憲法を専攻し，特に基本的人権を研究する私にとって興味があるのは，人の人生における法とのかかわり合いです。また，なるべく法を身近なものとして考えてもらいたいと思い，判例も入れました。第1部ではまず「法とは何か」という基本的な問題に取り組んでもらいたいと思います。第2部では社会において法がどのように私たちとかかわっているかについて，日常生活の身近な場面で生じる具体的な事項について考えていきたいと思います。さらに科学技術と法，女性と法といった新しい問題にも取り組んでみたいと思っています。

　中央大学大学院に同期に入学して以来今日まで，研究生活をともにしてきた光田督良先生(駒沢女子大学人文学部教授)，山本悦夫先生(熊本大学法科大学院教授)と私で法学の授業のための教科書として1995年に『法と社会生活』を執筆してから今年で10年になりました。その間，社会情勢の変化に伴い，1998年に改訂をいたしましたが，その後も刻々と社会情勢は変わっています。それだけでなく，私たちの置かれた立場も変わり，光田先生は大学の法人関係の仕事で，また山本先生は法科大学院の担当になりその準備で忙しく，学部の法学担当をするのは私だけになりました。もともと，この本は法学の授

業を進めやすくするために作られたものですが，このたび，「法学入門」と「生活と法」という共通科目を担当する私が授業を進めるために使いやすいように書き換えるようにと両先生と尚学社の吉田社長からのお勧めもあり，本書を執筆することになりました。与えられた時間も少なかったのと3人で『法と社会生活』を作ったときに議論しながら作ったこともあり，両先生のお許しを得て『法と社会生活』をさらに発展させる形で，この本を作ることになりました。両先生が担当された部分をさらに，手を入れて作ったところもありますので，この本は私の編著となっていますが，両先生に負うところが大きくあります。

　法学という法律学にとっての基礎科目は，本来，法をすべて理解した熟練した先生に講義をしていただきたい科目だと思っています。法学は老年の学問だといわれるのもうなずけます。私のような未熟者がこのような本を書くのもおこがましいのですが，自分自身で試行錯誤しながら，「法」について皆さんと一緒に考えていくための材料を提供して，共に考えていきたいと思っています。

　2005年3月

有 澤 知 子

目　　次

第2部 法と社会生活

新・法と社会生活

第1部　法とは何か

第1講　法とは何か

第1節　法と社会

　法は私たちの生活を規律し，法の支配する社会の中で私たちは生きている。「社会あるところに法あり」という言葉は端的にそのことを表している。社会の中で生きている私たちは，意識するとしないにかかわらず，法的な関係に入ることになる。教科書や文房具を買う行為や交通機関を利用する行為も法的な側面をもっている。

　もっとも，法が社会に生きたものとして存在するためには，一般人の常識とかけ離れたものであってはならない。大岡裁きが名裁判といわれるのも一般人の常識に合致するような法の適用がされたからである。たとえ技術的な法であっても，納得ができないような運用や解釈が行われるなら，社会生活の規範として不完全なものになってしまう。法が正しい方向に発展していくためには，法の専門家が一般人の納得が得られるように法を運用するとともに，一般人も法には常識だけでは理解できない技術面があることを理解し，法を正しく理解することが必要である。

第2節　「法一般」と「法律」

　これから学んでいく法学は，「法」を対象とした学問であり，「法」について考察する学問である。そのため，まず，「法」の意味を理解するところから始めなければならない。

　「法」という言葉は，広義の法である「法一般」を意味する場合と狭義の法

である「法律」を意味する場合がある。「法律」は，国会がその手続に従って制定した「法」（憲法59条1項）をいうが，「法一般」は，法律も含めた社会を規律する「法」と呼ばれているすべてのものを意味する。

法律には，憲法を含め六法と呼ばれる，民法，刑法，商法・会社法，民事訴訟法，刑事訴訟法だけでなく，身近なところでは道路交通法，税法，借地借家法など多くのものがあり，六法と名づけられた法令集に掲載されている。

法には実定法と自然法があるが，実定法は，人間の行為により作り出された法で，存在形式により区別すれば，成文法と不文法に分けられる（⇒これについては法の分類のところで詳しく説明する。⇒34頁以下参照）。自然法は，国家以前の法と呼ばれ，自然の中に存在する法であり，人間の理性にかなった法である。したがって，時や場所を越えた普遍性をもち，実定法を基礎づける法でもある。例えば，基本的人権は，前国家的人権，天賦の人権と呼ばれ，いつの時代でも，国家においても，国際社会においても保障されなければならないものである。

法にはこのように「法一般」という意味もあれば，「法律」という意味もある。「法律」という意味での「法とは何か」という問題は，個々の法律の意味内容を理解する解釈の問題となり，それぞれの法分野で法解釈学の問題として取り扱われる。法学で取り扱う「法とは何か」ということを考える場合の「法」は，「法一般」を意味する。ここでは，さまざまな形で存在する法に共通する事柄を取り扱うことになる。

そのようなことを考えると，法学は，すべての法を理解したあとでなければ，教えることができなくなってしまう。法学は老年の学問であるということもうなずける。しかし，法学はまた法律学の初学者のための学問でもある。法に少しでも興味をもち，親しみを感じることができるように，また，法的思考を少しでも身につけてもらうために，身近な法を通して法を理解してもらいたい。

第3節　法の定義

　定義とは，ある言葉や概念について内容を明確にすることである。自然科学で用いる用語は，一義的に定義されるが，社会科学における定義は，必ずしも一義的ではなく，定義をする人によって内容が異なり，時代の変遷によっても変わりうるものである。法を定義する場合も，法の本質，目的，効力の根拠などについて，多くの見解が存在するので，法も一義的ではない。例えば，法の定義の代表的な例として次のものがある。「法は全体社会を基礎として存立し，正義実現の要求の下に立つところの，強制的，外面的，一般的な社会規範であって，典型的には，その全体社会における組織的強制――あるいは少なくとも社会的に是認された一定の定型的強制――をその効力保障手段としてもつところのものである。」この定義では，①法の存立基盤が全体社会であること，②法の目的が正義の実現にあること，③法の効力保障手段が典型的には組織的強制であることなどが要素として挙げられている。

　また，別の定義では，「法とは，組織的政治的権力，特に国家権力によって強制される人間の社会生活の規範である」とされる。この定義では，①法は，規範であり，社会生活の規範であること，②組織的政治的権力，特に国家権力により強制されることなどが要素としてあげられている。

　これら2つの定義には，1．法が社会規範であること，2．組織的に強制されることといった共通性がある。

命題から法へ

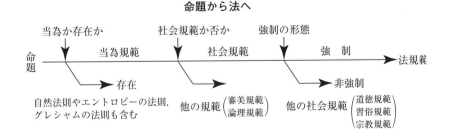

1．法則と規範

　規範は，一定の条件が存在するとき，一定の結果をもたらすことを言い表した命題のひとつで，命題には，法則，規範などがある。

　法則は，一定の条件が存在するとき必ず成立する，物事や事柄の相関関係を意味する。そこで，法則は，「存在（Sein）」の命題とか「必然」の命題と呼ばれる。法則には，「ニュートンの法則（万有引力の法則）」などの自然法則がある。重力があるところで物体を落下させれば，その物体は必ず地上に落下し，また水は高いところから低いところに必ず流れる。例外が存在するならその法則は誤りということになる。

　これに対して，規範は，「なければならない（Sollen）」ことを内容とする命題とか「当為」の命題と呼ばれる。すなわち，規範はその内容に違反する事柄が予想されているにもかかわらず，その規範内容の実現をめざしているものである。規範には，感性において美をいかにとらえるかという審美規範，思考・判断方法に関する論理規範，社会の中で存在する道徳規範，習俗規範，宗教規範，法規範などがある。

　「人を殺すなかれ」という規範があっても，毎日，どこかで殺人事件が起こっている。この規範は，誤りであるのではなく，殺人を犯す人がいるために，規範の存在価値がある。このように規範はそれに反する事実が存在するために必要とされる命題である。規範の中でも道徳規範，習俗規範，宗教規範，法規範などは，人間が社会において採るべき行為について内容とする規範，すなわち社会規範である。人間の社会生活における行為にかかわるという点で共通性をもつこれらの規範をさらに区別する場合，その基準をどこに認めるかが問題になる。

2．社会規範と強制

　法規範と道徳規範や習俗規範のような他の規範との区別の基準として挙げられるのは，国家という組織（立法，行政，司法）による強制という要素である。

　例えば，他人から右の頬を殴られた場合に，殴られた人がとるべき行為に

社会規範によって違いが現れる。他人から危害を加えられてもこれに報復しえないようでは，集団の一員とは認めがたいとされ，相手に対する報復を命じるのが習俗規範である。それに対して他人に危害を加えることは許されないので，これに報復することもまた，許されず，頬を殴った相手の行為を許すよう命じるのが道徳規範である。さらに，高度の内容の行為を求め，右の頬を殴られたら左の頬も差し出せと命じるのが宗教規範である。法規範ではどうであろうか。他人の頬を理由もなく殴るような行為を野放しにすれば，正義に反するであろうし，このような行為に報復を認めれば，秩序の維持が困難となろう。また，法は一般人を対象としているので，相手を許す，あるいは，さらに左の頬を殴らせるような高度の内容の行為を期待することもできない。そこで，現代法治国家においては，国家機関を通じ，相手に刑罰を科する，あるいは損害を賠償させる，などのことを強制的に行い，そのような行為をしないよう促す。

　すべての社会規範に等しく認められる，「殺すなかれ」，「傷つけるなかれ」，「他人のものを盗むなかれ」といった規範内容について，法規範と他の社会規範とを区別する基準は，規範内容の効力を担保する方法である。習俗規範，道徳規範，宗教規範の場合，これらの規範に反する行為を行ったとき，その社会の構成員として取り扱われないことを回避しようとする意識，あるいは自分自身の内心におけるそのような行為をしてはならないとする倫理的，宗教的な意識により担保される。これに対して法規範の場合は，組織的政治的権力による強制によって担保されることになる。したがって，法規範と他の社会規範との区別の基準は，組織的政治的権力，特に国家権力による強制ということになる。そのための方法には，刑罰を科すこと，損害賠償させること（民法709条以下），強制執行をすること（同法414条1項），効力を否定すること（無効）（同法90条），免許を取消し，停止することなど直接的，間接的なさまざまな方法が存在する。

第2講　法と道徳

第1節　法と道徳の区別

1. 歴 史

　法と道徳はともに社会規範であるが，両者の区別については，歴史的な変遷が見られる。

　モーゼの十戒（私以外の何者も神としてはならない，偶像を作ってはならない，主の名をみだりに唱えてはならない，週に一度は休日としなさい，父母を敬いなさい，何人も殺してはならない，姦淫してはならない，盗みを働いてはならない，隣人のことを偽証してはならない，他人のものを我が物顔で好き勝手にしてはならない。これらを守って初めて神との契約が果たされるというユダヤの思想）や漢の高祖が法三章（人を殺すなかれ，人を傷つけるなかれ，人の物を盗むなかれという3つのことが守られれば，社会は治められると考えられていた）をもって国を治めていた時代には，法と道徳は一致していた。

　しかし，中世において法と道徳と宗教が結びつき，暗黒裁判や魔女裁判が行われたことに対する批判から，法と道徳の領域の分化が要請されるようになった。また，17世紀にトマジウス（Thomasius, 1655-1728）は，教会や法皇の世俗的支配を批判し，君主を擁護するため，宗教や道徳の世界と法の世界を区別しようとした。

　近代憲法が，国家権力を制限することによって基本的人権を保障するために作られるようになると，国家によって強制される法の限界を明らかにすることが必要となった。近代社会は，資本主義の発展のために，過失責任主義を採用し，予測可能性を必要とした。このようなことから法と道徳との区別

10

が主張されるようになった。またカントは，個人の自由の理念，国家活動とは異なる個人の内面の領域を確立することによって，法と道徳とが固有かつ独自の領域をもつ規範であることを明らかにした。

　現代においては，資本主義の発展によって，貧富の差が拡大し，経済的・社会的強者が経済的・社会的弱者の人権を侵害するという深刻な社会問題が生じたため，その弊害を除去し，個人の尊厳を確保するために，社会権の保障が国家に求められ，国家は福祉国家理念をもって政治を行うよう要請されている。また，第2次世界大戦後に国際的な人権保障が必要とされたことから，自然法の再生や法と道徳との関係の強化が要請されている。

２．法と道徳の区別の基準

　法と道徳の区別については，①規制対象による区別，②関心方向による区別，③目的対象による区別，④強制による区別などがある。

　①規制対象による区別とは，法が人間の外面的行為を規制するのに対し，道徳は人間の内面的意思や心情を規律するという考えである。人を殺そうと思ったが，刑罰が科せられるのはいやだと思って思いとどまったとき，法律では処罰されないが，道徳では人を殺そうと思ったという心情が非難される。しかしながら，法にも内面的な意思や心情を問題にする場合がある。刑法は，「罪を犯す意思がない行為は罰しない」として，法律の特別の規定がある場合を除き，故意犯のみを処罰の対象とする（刑法38条1項）。例えば，人を殺した場合でも，殺意があって殺したときは殺人罪（同法199条）にあたるが，けがをさせるかもしれないと思ったが，殺すつもりはなかった場合には傷害致死罪（同法205条）と，内面的な意思によって刑罰がわかれる。また，どんなつもりで犯罪を行ったのかという情状によって刑罰の軽減も行うことができる（同法66条）。他方，道徳においても電車で席を譲ることなど外面的な行為に道徳的評価が向けられることがある。

　②関心方向による区別とは，法の関心は行為として表れたものに向けられ，道徳の関心は内心に向けられるという考え方である。確かに法は行為として

表れたものしか処罰の対象としないし，道徳の関心は内心の善悪に向けられる。しかし，近代刑事政策は応報刑でなく，教育刑を目的としているとされるので，法の関心方向も犯罪者の反社会性や危険な性向といった内面的な意識の改善に向けられている。また，反対に非行行為などについて道徳的な評価がなされることがある。

　③目的の対象による区別とは，法は双務的で，規律の目的が相手方に向けられているのに対し，道徳は片務的で，規律の目的が自己に向けられているという考え方である。確かに契約は双務行為であるし，損害賠償も被害者が加害者に対して行う。それに反して道徳は自己の良心に対する働きかけである。しかしながら，贈与や相続は片務行為であり，法にも勤労の義務（憲法27条１項）や憲法擁護義務（同法99条）など道徳的義務も存在する。また，借りたものは返せという道徳には義務の相手方の存在がある。

　④強制による区別とは，法は外面的な政治権力による強制と結びついて人を義務づける規範であるのに対して，道徳は良心に訴えて内面的な義務意識から規範内容の履行を促すという考え方である。現代法治国家においては，犯罪が起こっても国家の裁判制度に判断がゆだねられ，自力救済は認められていない。刑事裁判によって（一種の強制である）刑罰を科すという方法で事件を解決することになる。道徳を守らないと，良心の呵責や他人から冷たい視線を受けることになるかもしれないが，強制はなされない。しかしながら，国際法には努力義務を規定する条約など政治権力による強制を伴わないものも存在する。現在のところ，強制による区別が一番妥当であると考えられている。

第２節　法と道徳の関係

　現代法治国家においては，社会生活を円滑に行うためにさまざまな法が制定されている。刑法のように法と道徳が重なり合う法律もあれば，訴訟法など きわめて専門技術的な道徳とは無関係な法律もある。また，時効など道徳

と背反するような法規定もある。刑事時効については2010年に法改正が行われ時効期間が長くなった（人を死亡させた場合で，死刑に当たる罪には公訴時効がなくなった。刑事訴訟法250条1項）。

1．法と道徳が一致する場合

「人を殺してはならない」という道徳は殺人罪（刑法199条），「盗むなかれ」という道徳は窃盗罪（同法235条）などに対応し，法と道徳が一致する。刑法はもともと反社会的な行為を処罰する法律であるし，道徳も人の行為を対象とする社会規範のひとつだからである。法も制裁によって強制するだけでなく，道徳的な順法精神によって支持されれば，より強い行為規範になりうる。もちろん，「法は最小限の道徳」といわれるように，すべての道徳が法となるのではなく，またすべての道徳を法として強制できるわけではない。道徳はいかに高次なものであってもよいが，法は一般人を対象とし，社会的現実からあまりかけ離れたものであってはならないからである。

2．法と道徳が無関係な場合

社会が複雑になるにつれて，法秩序を守るため，専門技術的な法が作られるようになった。これらの法には道徳的に無色・中立なものがある。道路交通法の歩行者の右側通行（道路交通法10条1項），車の速度規制（同法22条・23条）などは道徳とは直接関係のない便宜的な規定である。株式会社設立の際に発起人の引き受ける株式（会社法25条）や定款への発起人全員の署名（同法26条）も道徳と直接関係がない。訴訟手続や国の組織を定めた法もしかりである。

逆に，道徳には意味があるが，法があえてそれに触れないものもある。高次の道徳の中には通常人が実現することが困難なものがあり，そのようなものを法にすれば，人々に萎縮効果を与えるか，法の実効性が保障されないために法秩序自体の安定性が損なわれるからである。さらに，証明技術的な限界から法による制裁が不能なもの（例えば，1947年に削除された刑法183条の姦通罪）や，法による権力の介入が好ましくないものについては，道徳的には

意味があってもあえて法としていない。しかしながら，今まで，法は家庭内に入り込まないという民事不介入が原則とされたが，近年家庭内暴力が表面化するにつれて，ドメスティック・バイオレンス（DV）法などが制定され，家庭内の暴力に対して，警察や裁判が介入するようになってきている。

3．法と道徳が背反する場合

　法が道徳に優先する他の価値に奉仕する場合には，法と道徳が背反することがある。民法は「権利の上に眠る者」を保護するより，既存の事実関係を維持し，法的安定性を図ろうとする。借りたものを返すのが道徳的には当然なことであるが，民法は時効の制度をおき，一定期間を経過した後の所有権の取得や債権の消滅を認めている。また，犯罪者はいつになっても処罰されるべきであるが，時がたつと証拠が散逸し，証人の記憶もあいまいになり，捜査体制を維持できないという訴訟経済上の理由から，また人々の必罰観が薄れることもあって，刑事訴訟法においても公訴時効制度がおかれている。しかし，人を死亡させた者を時の経過によって許すことについて反発がおこり，2010年4月に「刑法及び刑事訴訟法の一部を改正する法律」により，人を死亡させた犯罪であって死刑に当たるものについて公訴時効が廃止される（刑事訴訟法250条1項）とともに，人を死亡させた犯罪であって懲役又は禁錮に当たるものについて，無期の場合は30年，長期20年の場合は20年，20年未満の場合は10年と，公訴時効が延長されることになった。

　また，法的な価値観が変わり，法と道徳が背反するようになったものもある。従来，自ら不貞行為をするなど離婚の原因を作った有責配偶者からの離婚請求は認められなかった（最判昭和27.2.19―踏んだり蹴ったり判決）が，破綻している婚姻関係を維持させるのはかえって酷であることから，最高裁判所は，有責配偶者からの離婚請求を，別居期間が長期間にわたり，未成熟の子がいない場合で，離婚しても相手配偶者が過酷な状況にならない場合に認め，配偶者に財産分与をし，慰謝料を払うことで離婚も認めた（最判昭和62.9.2）。判決は，1970年ごろからの世界の離婚についての考え方が，有責離婚主

義から破綻主義へと変わったことを考慮している。

第3節　親子の道徳と法—尊属重罰規定と法の下の平等

　平成7年に刑法が改正される前は，親子の道徳を重視した，①尊属殺人罪（刑法200条），②尊属傷害致死罪（同法205条2項），③尊属保護責任者遺棄罪（同法218条2項），④尊属逮捕監禁罪（同法220条2項）という4つの尊属重罰規定があり，自己または配偶者の直系尊属に対してこれらの犯罪を行った場合には，一般の人に対して行った場合より重い法定刑が定められていた。

旧刑法における尊属重罰規定

第200条　自己又ハ配偶者ノ直系尊属ヲ殺シタル者ハ死刑又ハ無期懲役ニ処ス

第205条　①身体傷害ニ因リ人ヲ死ニ致シタル者ハ二年以上ノ有期懲役ニ処ス

②自己又ハ配偶者ノ直系尊属ニ対シテ犯シタルトキハ無期又ハ三年以上ノ懲役ニ処ス

第218条　①老者，幼者，不具者又ハ病者ヲ保護ス可キ責任アル者之ヲ遺棄シ又ハ其生存ニ必要ナル保護ヲ為ササルトキハ三月以上五年以下ノ懲役ニ処ス

②自己又ハ配偶者ノ直系尊属ニ対シテ犯シタルトキハ六月以上七年以下ノ懲役ニ処ス

第220条　①不法ニ人ヲ逮捕又ハ監禁シタル者ハ三月以上五年以下ノ懲役ニ処ス

②自己又ハ配偶者ノ直系尊属ニ対シテ犯シタルトキハ六月以上七年以下ノ懲役ニ処ス

　尊属重罰規定については，昭和48年に尊属殺人罪を違憲とする判決が下されているが，判決を検討するには基礎知識が必要である。まず，平等原則を定めた憲法14条1項について解釈をすることにする。

1．法の下の平等

　憲法14条1項は，前段で平等原則を，後段で「人種，信条，性別，社会的身分又は門地」によるすべての関係における差別を禁止している（平等権の保障）。この条文の意味するところを明らかにすることにする。

（1）「法の下の平等」

1）「法の下の平等」の意味

「法の下の平等」については，文字通り法の下の平等であり，法の適用における平等を意味するという法適用説（立法者非拘束説）と，法が平等でなければどんなに正しく適用しても平等にならないので，法自体が平等でなければならないとする法定立説（立法者拘束説）がある。

現在，法定立説が通説・判例であるが，法令違憲としたのは，関税法没収規定（最大判昭和37.11.28），尊属殺人罪重罰規定（最大判昭和48.4.4），薬事法距離制限規定（最大判昭和50.4.30），衆議院議員定数配分規定（最大判昭和51.4.14），衆議院定数配分規定（その２）（最大判昭和60.7.17），森林法共有分割制限規定（最大判昭和62.4.22），郵便法免責規定（最大判平成14.9.11），在外邦人の選挙権制限（最大判平成17.9.14），婚外子の国籍取得制限（最大判平成20.6.4），非嫡出子の法定相続分差別規定（最大決平成25.9.4），女性の再婚禁止期間（最大判平成27.12.16）と11件にすぎない。

2）「平等」の意味

平等の意味するところについては，絶対的平等を意味するのか相対的平等を意味するのか，形式的平等でよいのか実質的にも平等でなければならないのか意見が分かれている。

a．絶対的平等と相対的平等

絶対的平等とは，すべて人は平等であり，一切の差別的取扱いが許されないとする考え方で，封建的身分制社会を崩壊させ，近代社会をつくる基礎となった基本的人権保障を確立するために必要な考え方であった。それに対して，相対的平等は，等しいものは等しく取り扱うが，等しくないものについては，その性質に従って，法的に異なる取扱いを認める考え方である。人間は十人十色で，事実上多くの差異があり，差異を考慮しないで等しく取り扱えば，かえって不平等を強制することになってしまう。規律する事柄の性質に応じ，事実上の差異を考慮して取り扱うこともまた必要である。相対的平等の考え方によれば，恣意的な差別は許されないが，何らかの合理的な理由

がある「合理的差別」は違憲ではないとされる。

b．形式的平等と実質的平等

　近代憲法は，国民に，国家権力からの自由を保障するとともに，国家権力による平等な取扱い，国家の意思決定への平等な参加を要請した。国家は法によって個人を平等に取り扱う形式的平等（機会の均等）を保障した。しかしその中に少数者（マイノリティ）や女性は含まれなかったし，資本主義の発展によって，経済的・社会的強者と弱者といった不平等な関係が生じ，経済的・社会的強者が弱者の権利を侵害するようになった。現代国家は，少数者や女性の権利を保障するとともに，経済的・社会的弱者に対し，生存権を中心とする社会権を保障することによって，資本主義の発展がもたらした弊害を除去し，実質的平等（結果の平等）の実現をもめざしている。

　近年，実質的平等を実現するために用いられるアファーマティブ・アクションやポジティブ・アクション，特に割当制（クオータ）をめぐる逆差別訴訟により，平等保護が出発点の平等（機会の均等）にとどまるのか，到達点の平等（結果の平等）まで及ぶのかについて議論がある。

3）合理的差別

　平等を相対的平等であるとすると，合理的差別を容認することになる。合理的差別は，異なる取扱いが法の平等な保護に反するかどうかの判断の基準を合理性に求め，不合理な差別的取扱いのみを違憲とするものである。例えば，同じ犯罪を犯しても，少年と成人とでは取扱いが異なる。少年法が少年について特別の取扱いを定めているのは，成人と少年との間には，精神的・身体的差異があり，少年の健全な育成を図るために，そのような法の異なる取扱いは合理的であるとされる。しかし，合理性という基準は抽象的で明確とはいえないので，安易に合理性を広く認めると差別の容認につながり，平等原則を規定した意味がなくなってしまう。そこで差別的取扱いが合理的であると認定されるには，①事実上の差異が存在すること，②差別的取扱いの目的ないし利益が重要なものであり，差別的取扱いの必要性が認められること，③その手段が目的達成またはその利益の擁護に実質的に関係すること，

親 等 図

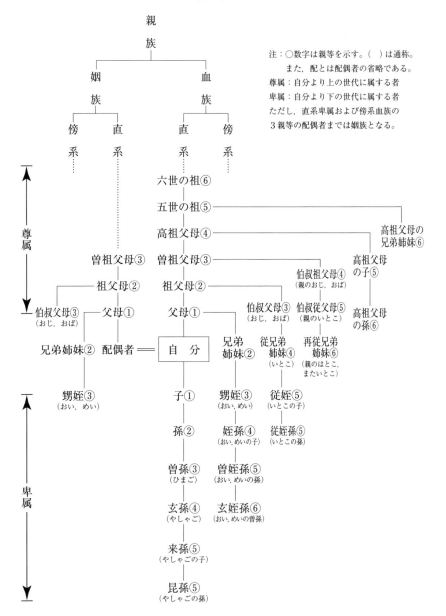

注：○数字は親等を示す。（ ）は通称。
また，配とは配偶者の省略である。
尊属：自分より上の世代に属する者
卑属：自分より下の世代に属する者
ただし，直系卑属および傍系血族の
3親等の配偶者までは姻族となる。

④態様や程度が社会通念上許容できる範囲内であること，などを総合判断しなければならない。

（2）5事項3関係

14条1項後段では，「人種，信条，性別，社会的身分又は門地」という5事項が，政治的，経済的，社会的関係という3関係において差別されないと規定されている。この5事項については限定列挙説と例示説がある。「など」といった言葉がつけられていないので，限定列挙説は，憲法が差別を禁じているのはこの列挙事項についてのみであるとし，列挙事項については立法者を拘束し，差別は絶対的に禁止されるとする。それに対して，通説・判例は例示説をとり，後段列挙事項については制定当時差別の多かった事項を例示したものであって，これ以外のものについて平等が保障されないとするのでは，法の下の平等の趣旨を没却することとなるとする。3関係については，「すべての関係において」差別されないことを言い表したものであると考えられている。近年，5事項を列挙したことには理由があるので，これらについてより強い平等が求められるとする説も有力である。

2．尊属重罰規定と法の下の平等

（1）尊属傷害致死罪合憲判決（最大判昭和25.10.11）

1）事件の経過

夕食後，実父と息子の間で口論になり，父が鋳物鍋や鉄瓶を投げつけたので，息子がそれらを投げ返したところ，父の頭に当たり，父は頭蓋骨骨折で，翌日死亡した。そのため，息子は尊属傷害致死罪によって起訴された。一審では，尊属重罰規定は，封建的反民主主義的な規定であり，憲法における平等原則と相容れないという理由で，違憲判決が下されたが，検察側が跳躍上告し，最高裁判所でこの事件が審理されることになった。

2）法廷意見

最高裁判所は，13：2で尊属傷害致死罪が憲法14条1項に反しないとする合憲判決を下した。法廷意見は，14条1項の平等が相対的平等であるとした

うえで次のように述べた。尊属重罰規定は,「法が子の親に対する道徳的義務を特に重要視したものであり, 道徳の要請に基づく法による具体的規定に外ならない。」「夫婦, 親子, 兄弟等の関係を支配する道徳は, 人倫の大本, 古今東西を問わず承認せられるところの人類普遍の道徳原理, すなわち学説上いわゆる自然法に属するものといわなければならない。」「憲法上これを情状として考慮しうるとするならば, さらに一歩進めてこれを法規の形式において客観化することも憲法上可能であるといわなければならない。」

（2）尊属殺重罰規定違憲判決（最大判昭和48.4.4）

1）事件の経過

14歳の時に実父に姦淫され, 以後10年余り夫婦同様の生活を強いられて数人の子までなした娘が, 職場で知り合った男性と結婚を考えるにいたった。しかし, 実父はあくまで自己の支配下で醜行を継続しようと娘を監禁し, 連日連夜脅迫・虐待を加えた。そのため懊悩煩悶（おうのうはんもん）の極にあった娘は父の暴言に触発され, 実父を絞殺し, 自首した。そのため, 娘は尊属殺人罪で起訴された。第一審判決（宇都宮地判昭和44.5.29）は, 尊属殺人罪（刑法200条）は封建的・反民主主義的規定で現行憲法の人格価値の平等の精神に反するので違憲無効であるとして, 従来の殺人罪（刑法199条）を適用し, 過剰防衛を認めて刑を免除した。第二審判決（東京高判昭和45.5.12）は, 原判決が過剰防衛を認めたことは事実誤認であるとして, 従来の判例を踏襲して尊属殺人罪を合憲とし, 刑法で許される2回の減軽を行って懲役3年6月の判決を下した。

そこでこの事件は憲法判断をめぐり最高裁判所に上告されたが, 最高裁判所の裁判官は, 8（手段違憲）：6（目的違憲）：1（合憲）に分かれ, 法廷意見は尊属殺人罪の立法目的は合憲であるが, 刑が極端に重すぎるので憲法14条1項に違反するとして, 懲役2年6月, 執行猶予3年の刑を言い渡した。

2）法廷意見

「刑法200条の立法目的は, 尊属を卑属またはその配偶者が殺害することをもって一般に高度の社会的道義的非難に値するものとし, かかる所為を通常の殺人の場合より厳重に処罰し, もって特に強くこれを禁圧しようとするに

ある。」「尊属に対する尊重報恩は，社会生活上の基本的道義というべく，このような自然的情愛ないし普遍的倫理の維持は，刑法上の保護に値するものといわなければならない。」「自己または配偶者の直系尊属を殺害するがごとき行為は，かかる結合の破壊であって，それ自体人倫の大本に反し，かかる行為をあえてした者の背倫理性はとくに重い非難に値する。」「被害者が尊属であることを犯情のひとつとして具体的事件の量刑上重視することは許されるものであるのみならず，さらに進んでこのことを類型化し，法律上，刑の加重要件とする規定を設けても」，直ちに合理的な根拠を欠くものと断ずることはできず，憲法14条1項に違反しない。

しかしながら，「刑罰の加重の程度が極端であって，……立法目的達成の手段として甚だしく均衡を失し，これを正当化しうべき根拠を見出しえないときは，その差別は著しく不合理なものといわなければならず」，憲法14条1項に違反して無効である。尊属殺人を規定する「刑法200条は，尊属殺の法定刑を死刑または無期懲役刑のみに限っている点において，その立法目的達成のため必要な限度を遥かに超え，普通殺人に関する刑法199条の法定刑に比し著しく不合理な差別的取扱いをするものと認められ，憲法14条1項に違反して無効である」。

3）少数意見

6人の裁判官の少数意見は「尊属殺人に関する特別の規定を設けることは一種の身分制道徳の見地に立つもので，個人の尊厳と人格価値の平等を基本的な立脚点とする民主主義の理念と抵触する」疑いがきわめて濃厚であり，尊属殺人に関し，普通殺人と区別して特別の規定を設けること自体が本条に反するとした。また親子の道徳は「個人の自覚に基づき自発的に遵守されるべき道徳であって，法律を持って強制されたり，特に厳しい刑罰を科することによって遵守させようとすべきものでない」として，立法目的自体が違憲であるとした。

（3）評　価

昭和25年に尊属傷害致死罪について合憲判決が下され，それを踏襲した2

件の尊属殺人罪でも合憲判決が下されて以来，昭和48年に尊属殺重罰規定違憲判決が下されるまで，最高裁判所は，親子の道徳が「人倫の大本」であり，「人類普遍の道徳原理」であるとして，尊属重罰規定について合憲判決を下してきた。昭和48年の判決も，立法目的は合憲であるが，その目的達成の手段である刑が極端に重く均衡を失するとして，尊属殺人罪を違憲とするものであった。そのため，最高裁判所は，その翌年の尊属傷害致死罪についての判決（最判昭和49.9.26）では，量刑の差異が著しく均衡を失していないという理由で合憲としている。

　尊属殺重罰規定の違憲判決以降，検察庁は，尊属殺人罪については上告されれば違憲判決が下される可能性があることを懸念して，普通殺人罪によって起訴してきたが，国会による刑法の改正は，伝統的な家族観や倫理観を尊重する勢力による反対や世論調査などで尊属重罰規定を支持する国民が多かったこともあって見送られてきた。しかし，違憲判決とその後の運用をいつまでも放置できないことから，1995年に刑法が改正されたときに，尊属殺人罪だけでなくすべての尊属重罰規定が削除された。

　尊属殺重罰規定違憲判決から25年たってようやく，法と道徳が分離され，個人の尊厳と人格価値の平等が保障されるようになった。しかし，刑法改正による尊属重罰規定の削除も，時代の変遷と法の運用からの改正に過ぎず，親子の道徳は量刑において考慮することもできることから，親子の道徳は運用上まだ残っているように思われる。親に対する犯罪が重くされてきたのに対し，昔から子どもは親の所有物とされ，子殺しについては刑が軽くされる傾向があった。2000年に深刻化する児童虐待の予防及び対応策として児童虐待防止法が制定され，2004年に改正され，「児童虐待を発見した者」に限っていた福祉事務所，児童相談所への通告義務を「虐待を受けたと思われる児童を発見した者」まで拡大した。しかし，プライバシーの問題を提起して野党が反対したため，子どもの保護を拒む家庭に対する警察の立ち入り権限の導入が見送られた。身勝手で無責任な親や保護者のプライバシーと子どもの尊い命のどちらが大切か議論を進める必要がある。子どもの人権を認め，個人

の尊厳と平等権の保障が実現されるように，法と道徳の関係について見直していかなければならない。なお親に虐待的な言動や行為があった場合には，親権がはく奪されたり，分割される（親権については140頁以下参照）ことがある。

　児童虐待は以下のように４種類に分類される。①身体的虐待，②性的虐待，③ネグレクト，④心理的虐待。

　全国207カ所の児童相談所（児相）が2014年度に対応した児童虐待の件数（速報値）が８万8,931件に上ることが，厚生労働省の調査で分かった。1990年度の調査開始以来，24年連続で過去最多を更新した。虐待被害が疑われるとして全国の警察が2014年上半期（１〜６月）に児童相談所に通告した18歳未満の子どもは１万7,224人で，警察はこのうち1,152人を一時保護したほか，加害者として387人の保護者を摘発した。通告児童数の全体の約３分の２にあたる１万1,104人は心理的な虐待で，このうちドメスティックバイオレンスが子どもの前で行われる「面前DV」が7,273人を占めている。その他，身体への虐待が3,882人，育児放棄などのネグレクト（怠慢・拒否）が2,144人，性的虐待は94人だった。虐待死はほとんどの年で50人を超えている。

　加害者は子どもを保護すべき父母である。悲惨な事件があとをたたない。プライバシーやしつけの問題ではなく，DVと同様家庭内における犯罪行為である。児童相談所の相談員の数の不足や家庭への民事不介入が理由とされるが，もう少し，子どもを守るための社会の見守りや法の積極的な介入が望まれる。

第3講　法の体系

第1節　法秩序

1．法秩序

　法は，国家のあり方のような社会全体にかかわる事柄から，日常生活のような個人的な事柄まで，社会のさまざまな分野をその対象とし，その内容も非常に抽象的なものから具体的なものまでさまざまである。わが国でも，法の取り扱う分野や程度に応じ，法は，憲法，法律，命令，規則などさまざまな形で存在している。これらの法がばらばらに存在しているならそこには矛盾，衝突も多く見られることになるが，法は，社会の秩序を維持し，社会生活を安定したものにするために，全体として1つの秩序を形成していると考えられている。

　法秩序は，憲法を頂点に，法律，命令と順次底辺へと向かうピラミッド構造になっており，一般的，抽象的な事柄から，個別・具体的な事柄へという形で法を実現している（法段階説）。このような法秩序において，法はその機能を発揮するため，上位規範から下位規範への授権といった形で順次具体化されていく。「上位法は下位法を破る」という原則はそのような法秩序を表したものである。

2．最高法規としての憲法

　実定法秩序において，憲法は最高法規であり，最も強い形式的効力をもつ。日本国憲法は98条1項において，「この憲法は，国の最高法規であつて，その条規に反する法律，命令，詔勅及び国務に関するその他の行為の全部又は一

部は，その効力を有しない」と定め，このことを明らかにしている。憲法の改正手続（96条1項）が，通常の法律の改正手続よりも厳格になっていることからも憲法は最も強い形式的効力をもつ。

　憲法が最高法規であるということは，形式的効力が最高であることを意味するだけでなく，実質的にも憲法が最高の効力を有することを意味する。これは，法律，命令などの憲法の下位にある法が，内容的にも憲法に反してはならないことを意味する。憲法97条は，「この憲法が日本国民に保障する基本的人権は，人類の多年にわたる自由獲得の努力の成果であつて，これらの権利は，過去幾多の試錬に堪へ，現在及び将来の国民に対し，侵すことのできない永久の権利として信託されたものである。」と規定し，基本的人権の保障が実質的に憲法の最高法規性の内容をなしていることを示している。

　このような憲法の最高法規性は，「天皇又は摂政及び国務大臣，国会議員，裁判官その他の公務員は，この憲法を尊重し擁護する義務を負ふ。」と規定する憲法99条の憲法尊重擁護義務によって担保されるが，制度的には何よりも違憲審査制（81条）により確保される。

3．違憲審査制

　憲法の解釈に関する争いや法令の憲法適合性について有権的に判断することにより，憲法の最高法規性を保障する制度には，フランスの憲法院のように政治機関による制度もあるが，多くの国では裁判機関による制度を採用している。裁判機関によるものにも，ドイツやオーストリアで採用されている憲法裁判所型（主要問題型）とアメリカで採用されている司法審査型（付随審査型）がある。憲法裁判所型は，憲法問題を取り扱うために特別に設けられた憲法裁判所が，主たる問題として法令の憲法適合性を具体的に，また一般的，抽象的に裁判する。そこでは，憲法秩序の保障が第1の目的とされている。それに対して，司法裁判所型は，通常の裁判所が通常の訴訟手続において，具体的な事件を解決する前提として適用すべき法令の憲法適合性を付随的に審査する。ここでは，人権の保障が第1の目的とされている。もっとも，両制度

における手続や実際の運用などにより，制度の目的の相違は相対化しつつあり，憲法秩序の保障，人権の保障が共に追求されるようになってきている。

日本国憲法は，81条で，「最高裁判所は，一切の法律，命令，規則又は処分が憲法に適合するかしないかを決定する権限を有する終審裁判所である。」と規定し，最高裁判所の違憲審査権を明文で認めている。司法審査型の審査制度を採用していること，最高裁判所を「終審」の裁判所としていることから，最高裁判所以外の下級裁判所にも付随的な違憲審査権が認められる。

一切の法律，命令，規則または処分の憲法適合性の審査には，これらの法が適正な手続に従って制定されたかどうかを審査する形式的審査だけでなく，その内容が憲法に適合しているかどうかを審査する実質的審査も含まれる。違憲審査制は，憲法に適合しない法を，違憲無効とすることによって，その存在を許さないものであり，このことにより憲法の最高法規性が形式的にも，実質的にも確保される。

しかし，81条の違憲審査権も無制約ではなく，司法権の本質からの限界，権力分立制からの限界などがある。司法権の本質からの限界としては，違憲審査権が具体的事件に付随して行使されるものであるから，当該事件が具体的な権利義務ないし法律関係の存否に関する争いであり，しかも法を適用することで解決できる争いでなければならないとする事件性があげられる。権力分立制からの限界としては，議員の懲罰，閣議の手続のように，議院や内閣の自律的な判断に基づく行為には裁判所の審査権が及ばないとする自律権，憲法や法律が立法機関や行政機関に一定の裁量権を与えているため，これに司法権が及ばないとする自由裁量，および，国家の存立にかかわる高度に政治性を有する行為には裁判所の審査は及ばないとする統治行為があげられる。

第2節　法の効力

1．妥当性と実効性

法の効力には妥当性と実効性がある。妥当性とは，法治国家においては，

人や機関の行為が法規範に根拠をもち，これによって正当化されることを意味する。妥当性はこの意味において，法の規範面における効力といえる。なぜなら古くからいわれているように，法は正当なるがゆえに法である（ius quia instum）からである。外国語で法を表すRecht，droitなどの言葉もいずれも正しいということを意味している。

　実効性とは法が実際に施行されているという，事実面での効力である。法は，実際に行われるものでなければならない。この点で実効性は法の効力の重要な内容をなしている。

２．法の効力の根拠

　法の効力の根拠については，法学的効力論，社会学的効力論，哲学的効力論がある。

（１）法学的効力論

　法学的効力論は，法の効力の根拠を事実や価値とは切り離して規範論的に考え，実定法秩序において法が効力をもつのは，その法の根拠が上位法に求められるからであるとする。実定法秩序において憲法は最上位の法であり，これより上位の法は存在しない。そこで憲法の効力の根拠を何に求めるかという問題が生じる。

（２）社会学的効力論

　社会学的効力論は，法の効力の根拠を社会的な事実に求める。規範内容の実現を強制しうる実力に法の効力の根拠を求める説を実力説という。規範内容を社会において実現するために実力は不可欠であるが，暴力との違いが説明できないという批判が存在する。他にも，法の効力の根拠を主権者の命令に求める主権者命令説，法の支配を受けることとなる社会の構成員の積極的な承認に求める承認説，国家を形成するにあたってその構成員が自由な意思に基づいて締結した契約に根拠を求める社会契約説などがある。

（３）哲学的効力論

　哲学的効力論は，法の究極の根拠を，何らかの価値に求める。このような

価値として，正義，自由，平等などもあげられるが，自然法が最も典型的なものであろう。しかし，伝統的な自然法論については，その内容が，時代や場所により一定でなく，政治的主張や倫理的主張が持ち込まれるといった批判が存在する。

　正しい法が常に有効な法であるとは限らない。真に有効な法とは，ただ単に存在するだけでなく，社会において実際に行われていなければならない。法が実際に行われるためには施行する実力に裏付けられていなければならない。法が効力をもつのはその内容が正しく，しかもそれを施行する力に支えられているからである。この意味では，哲学的効力論で取り扱われる正しさと，社会学的効力論で取り扱われる法を支える力が必要となる。法学的効力論は事実や価値を法の根拠の問題から切り離し，規範論理的に上位の規範と合致することであるが，その実質として法の正しさと法を支える力を考えるなら，そこに法の効力の根拠を求めることができる。

3．法の効力の範囲

（1）時

　法には，成文法と不文法があるが，効力の範囲が問題となるのは，主として成文法についてである。成文法は，制定権限を有する機関が，その手続に従い，制定し，公布し，施行することにより成立する。したがって，法はその施行の日から廃止の日まで効力を有することになり，それ以前に生じた事柄については適用されない（法律不遡及の原則）し，廃止の日以降についてはもはや法が存在しないので効力をもつことはない。制定機関による廃止には，法を制定するとき最初からその効力期間について定める時限立法であることもあれば，現行の法の一部または全部を廃止する新法を制定することなどがある。

　制定機関が，現行法と異なる内容の法を制定した場合「後法は前法を破る」という原則により，現行法の効力がなくなり，新法の効力が認められる。

（2）場　所

　法の強制力の及ぶ範囲を法の場所的効力という。国家により制定される法は，法の効力もその国家の主権の及ぶ領域，すなわち，領土，領海，領空に限られる。もっとも，国際法上の原則により，領域外に位置していても，その国家に属する船舶，航空機，外交施設についてはその国の法律が及ぶ。刑法も原則として日本国内（日本の船舶や航空機も含める）で起きた犯罪について適用する（属地主義）（刑法1条）。また，同じ国家においても，憲法，法律，命令など国家機関によって制定された法は，国家の全領域において効力を発揮するが，地方自治体が制定する条例は，その地方公共団体の領域内においてしか効力をもたない。

（3）人

　国家により制定された法はその主権の及ぶ領域内（国家）にいる人に対し効力をもつ（属地主義）。ここでいう人は，自然人に限らず法人も含み，そこに属する人（国民，住民）だけでなくそこに存在する人（外国人，住民以外の人）も含む。しかし，法人や外国人は，自然人や国民などと同じ程度に法が適用されるわけではない（権利性質説）。重大な犯罪を犯した場合には，刑法は，国外にいる国民にも適用する（属人主義）（刑法2条～4条）。また，国際法上の慣習により，外国の元首や外交使節などについては，国内法の適用が排除される（治外法権）。

第3節　法の目的

　「法の効力は法の目的によって根拠づけられる」といわれるが，法の目的の検討は，単にその目的を明らかにするだけでなく，法の効力など，法の存在理由そのものを検討することになる。

　法の目的は2つの角度から把握できる。1つ目は，法の制定に関与した人々が，その法により実現しようとした個々の具体的な目的である（立法者意思説）。最近の法律の多くは，冒頭に具体的な目的規定を置くことによりその目的を明確化している。明文の目的規定がおかれていない場合であっても，

その法を構成する個々の規定から，あるいはその法の制定過程から個々具体的な法の目的を知ることができる。2つ目は，法秩序全体の目的・理念ともいうべき，法の一般的，抽象的目的であり，すべての法に共通する目的である。このような目的として，従来から，具体的妥当性（正義）と法的安定性（秩序の維持）があげられている。法は，社会規範であり，社会生活を安心して営むために存在する。したがって，法の目的には，社会の秩序を維持することがあげられるが，法は強制してその内容を実現しようという規範であるから，その内容は一般の人々が守ることのできるものでなければならないし，法は正しいものでなければならない。

1．具体的妥当性

　法はあらゆる事柄を類型化して取り扱う。それゆえ，法は，一般的な性格を有する。しかし，社会において実際に生じる事件は，それぞれ個別具体的で特殊性をもつ。この法の一般性とそれぞれの事件の個別性・特殊性を考慮に入れ，それぞれの事件にもっともふさわしい解決をもたらすことを具体的妥当性という。法を制定し，解釈・適用する際に，具体的妥当性の実現が要請される。具体的妥当性の実現は，正義の実現でもある。

　正義という概念は必ずしも一義的でない。正義を取り上げるとき出発点とされるのが，アリストテレス（Aristotelēs, 前384-322）の正義論である。正義を「平均的正義」と「配分的正義」に分ける考え方で，その他に「一般的正義」があげられることがある。「平均的正義」とは個人相互間では給付と反対給付は均等であるとし，人によって差別を認めない要求である。例えば，売買において目的物と対価が等しいこと，労働と報酬が均衡であること，損害と賠償が相応することなどである。「配分的正義」とは，個人がその能力や功績の差異に応じて異なる取扱いを要求するものである。例えば，租税の負担能力に応じて税額に差異を設けること（累進課税）や労働実績に応じた賃金があげられることである。一般的にいえば，平均的正義は形式的平等であって，人間の間の同位の秩序を主張する私法の領域で実現される正義であり，配分

的正義は実質的平等を目指し，社会生活における上下の秩序を樹立しようとするもので，公法の領域で妥当する正義である。「一般的正義」は，個人が団体（例えば国家）に対し，その義務を尽くすことを意味する。

　このような正義論は示唆に富むが，それは結局等しいものを等しく，等しくないものについてはそれに応じた取扱いを認める相対的平等であり，等しいものと等しくないものをどう区別するか，等しくないとしても差別が合理的であることをどのように判断するかが問題として残されている。それぞれの場合にもっともふさわしい方法が模索される。

　例えば窃盗罪（刑法235条）の法定刑は10年以下の懲役又は50万円以下の罰金であり，具体的な事件に応じ，1ヵ月から10年までの間の懲役か罰金かに量刑を選択することになる。このように刑罰に幅をもたせることにより，刑法の制定段階で具体的妥当性が追求されている。刑の加重（同法57条など），減軽（同法66条・67条など），執行猶予（同法25条以下）についても同様のことがいえる。民法の分野でも信義誠実の原則（民法1条2項），公序良俗（同法90条）などの一般条項により同様に対処される。また，特定の事項を取り扱う特別法や例外的事項を認める例外法を定めることもある。このように，立法段階では個別具体的な事情まで考慮に入れて法律を制定することはできないが，内容的に幅をもたせた法律や一定の事柄だけを取り扱う法律を制定することにより，具体的妥当性が追求される。

　法の解釈・適用の段階では，法律の文言を忠実に解釈する文理解釈だけでなく，具体的事件の個別性，特殊性を考慮に入れ，さまざまな解釈技術を用いることにより弾力性のある論理解釈が行われ，その事例に最も妥当な結論が導き出される。内容的に幅のある法律の場合に，解釈による具体的妥当性の追求はより容易になる。

２．法的安定性

　法のもう1つの目的は法的安定性の要請である。法的安定性は，殺人，暴力，窃盗からの安全の確保というような，法的に保護された社会の秩序の維

持という意味に用いられることがあり，また法自体の安定という意味に用いられることもある。

　法秩序全体が安定し，社会の安全が確保されることが，法の重要な機能といえる。そのためには，法は次の要請を満たさなければならない。

　第1に，法は明確でなければならない。法の命ずるところが不明瞭であると，人々はどのような行動が適法かどうかを判断することができなくなり，安心して法に従って活動することができなくなる（chilled effect）。近代法が制定法を中心に構成されているのも，他の法形式に比較して明確性が高く，法的安定性の要請をより充足するからである。また，行為能力を個人の弁識能力にかからしめるのは合理的であるが，法的安定性の見地から事実上の能力の差にかかわらず，成人年齢を基準としている。法が画一性を好むのもこれに関係している。

　第2に，法はむやみやたらと変更されてはならない。朝令暮改のように立法者の恣意や思いつきによって法があまりにも頻繁に改正されるのであれば，予測可能性が阻害され，法を信頼して行動することができなくなる。そしてそれは社会に混乱をもたらすことになる。

　第3に，法は実際に行われるものでなければならない。法が内容としていかに優れたものであっても，実際に行われなければ，法を守るという意識が希薄になり，社会の秩序を維持する機能を果たすことはできず，安定性を確保することができない。

　第4に，法が社会の人々の意識に合致することも必要である。人々の意識とかけ離れた法は，人々によって守られなくなるばかりか，抵抗さえされることがある。このような法によっては，もはや社会の秩序の維持を期待できず，法的安定性を実現することはできない。

　法的安定性という要請からは，現存する状態を維持しようとする機能が，導き出される。このことは法が正義にかなっている場合だけでなく，必ずしも正義にかなっていない場合にも妥当する。時効制度などはその一例である。真の権利者でないものが長年にわたって権利者と信じて行為し，そのことに

基づいて種々の権利関係が形成されているとき，正しい権利関係を確定し，現在の関係を是正するなら，現在の事実関係は崩壊し，この関係を信頼して行為をした人々にも多大な影響を及ぼすことになる。このような場合に現存の関係を肯定する法規定（取得時効）が社会の安定性に合致することがある。人々は安定した，平穏な社会生活を望んでいるからである。法的安定性も法の目的として重要な役割を果たすことは明らかである。

3．具体的妥当性と法的安定性の関係

　前述したように，法の目的には，具体的妥当性と法的安定性があり，それぞれ重要な意義を有している。両者はお互い必要不可欠なものとして存在しているが，しばしば対立し，矛盾することがある。実定法は人間が作るものであり，政治と密接に結びつくから，その内容が正義に反する場合があることは避けがたい。また，正義の理念が多様であるために，法が正義に合致するかどうかについて意見が分かれることも多い。法は社会生活の秩序の維持のために存在するのであるから，正義にかなわない法（悪法）であっても，それが制定されたものである限り，法としての価値・効力が認められなければならない（悪法も法なり）という見解がある。法のないのにまさり，法として最小限の役割を果たしうるからである。しかし，法が守られるのは，その内容が正義にかなっているからであるとし，正義にかなわない法は法ではない（悪法は法ならず）という見解もある。正義に反する法は無価値であり，単なる暴力に過ぎないからである。

　確かに，このように具体的妥当性か，法的安定性かという二者択一的な選択を迫る場合も存在する。このような根本的な矛盾をどう調整するかは，具体的な場合に即して判断するしかないが，法は，常に秩序の上に築かれた正義を実現する使命を課せられている。法の下に生きているすべての人間が努力と反省を重ねて，このような法を実現していくことが民主主義社会における法秩序の本質なのである。

第4節　法の分類

　社会にさまざまな形で存在している法について，その存在形式，内容，効力などによって分類することは，法を理解するうえで役に立つと思われる。ここで，どのような法があるか整理してみることにする。

1．自然法と実定法

　実定法は，人間の行為によって作り出された法で，社会において現実に妥当する法をいう。それに対して，自然法とは，人間の行為によらず自然のうちに存在する法である。その内容は，近代自然法思想によれば，人間の理性にかなった法である。したがって，時，場所を超越した普遍性をもち，実定法を基礎づける法である。実定法が後国家的なものであるなら，自然法は前国家的なものである。法とは制定された法だけであるとする法実証主義の立場からすれば，自然法の存在は認められない。

2．成文法と不文法

　裁判官が裁判に際して根拠にする法を「法源」という。法の存在形式による区別には，成文法と不文法がある。成文法とは，制定権者により一定の制定手続に従って文章の形に書き表された法をいう。成文法には，憲法，法律，命令，規則，条例，条約などがある。不文法は，成文法以外の，文章の形にされていない法をいう。これには，慣習法，判例法，学説，条理などがあげられる。
　（1）成文法
　1）憲　　法
　憲法は，国家の構造と作用に関する基本法である。国家の統治機構と国民の権利義務についての基本を定めている。憲法は，国法秩序において最高規範（98条1項）とされ，もっとも強い法的効力を有する（憲法の最高規範性については，⇒24頁以下参照）。また日本国憲法は，憲法の改正手続（96条）を，法

的安定性を保つため，法律の改正手続よりも厳格にしている。憲法の改正には，各議院の総議員の3分の2以上の発議と国民投票で過半数の賛成を必要とする。このように手続が厳格な憲法を硬性憲法という。そのため日本国憲法は制定されてから70年間1度も改正されたことがない。なお，憲法改正後，天皇は，国民の名で，この憲法と一体をなすものとして公布する。

2）法　律

　法律という言葉には，2つの意味がある。形式的意味の法律は国民の代表者で構成される国会が「法律」という名称で制定する法をいう。実質的意味の法律は，一般的抽象的に定立された法規範を意味する。ここでは前者の法律を取り上げる。法律は，原則として，両議院で可決したときに法律となる（憲法59条1項）が，両議院で議決が分かれたとき，又は衆議院が法律を可決してから休会中の期間を除いて60日以内に参議院が可決しないときは参議院が否決したとみなし，衆議院が再可決をすることによって法律が成立する（同条2項）。また，一定の地域のみで有効な法律（特別法）を制定するには，両議院の可決に加え，その地域の住民の同意を必要とする（同法95条）。法律は，実質的には両議院の可決により成立するが，形式的には，主任の国務大臣の署名，内閣総理大臣の連署（同法74条），天皇の公布といった手続を必要とする。

　新たに制定され，または改正された法律がそれ以前の関係に適用されると既得権を害したり，予測を裏切ったりして法的安定性を害することになる。そこで一般に法律は遡及効をもたないという「法律不遡及の原則」が採られている。非嫡出子の相続分を嫡出子の相続分の2分の1とする民法の規定を違憲であるとした最高裁決定（最大決平成25. 9. 4）でも法的安定性を保つため，平成13年7月からこの決定までの間にすでに確定的なものとなっている法律関係には影響を及ぼさないとしている。また，刑罰については罪刑法定主義から事後法の禁止が定められている。ただし，法的安定性をある程度害しても新法の原則を適用したいという強い要請がある場合には，遡及効の規定が置かれることもある。戦後の家族法の改正がその例である。

3）命　令

　命令とは，行政機関によって制定される法をいう。命令には，法律を執行するために必要な内容を定める執行命令と，法律が委任した内容を定める委任命令がある（憲法73条6号）。国会が唯一の立法機関である（同法41条）ことから，大日本帝国憲法下で存在した，法律に代わる効力をもつ緊急勅令（明治憲法8条）や法律とは別個に発せられる独立命令（同法6条）は，日本国憲法では認められない。命令には，内閣が制定する政令（憲法73条6号），各省大臣の制定する省令（国家行政組織法12条），および各省大臣，各委員会及び各庁の長官が制定する規則（同法13条）などがある。政令や省令は，法律の規定を実施するための細目を定めるものであるが，国民の権利義務に関する事項を定めたり，罰則を設けたりするには法律の委任が必要である。

4）規　則

　憲法が定めている規則には，国会の各院が制定する議院規則（58条2項）と最高裁判所が制定する最高裁判所規則（77条1項）がある。議院規則は，国会の各議院が，会議などの手続や内部事項に関して定める。これは各議院の自律性と独立性を確保するために認められる。国会の手続などに関しては国会法との関係が問題となるが，両者が抵触する場合には，国会法が優位する。また，最高裁判所規則は，訴訟に関する手続，弁護士，裁判所の内部規則，司法事務処理などに関する事項を専門的な立場から定めている。ここでも訴訟法などとの抵触が問題となるが，その場合には法律が優位する。

　それ以外にも労働委員会その他行政委員会が定める委員会規則（労働組合法26条，国家行政組織法13条），人事院の定める人事院規則（国家公務員法16条）などがある。

5）条　例

　条例は，地方公共団体がその自治権に基づき制定する自主法であり，その適用範囲はその地方公共団体のみに限られる。広義の条例には，地方公共団体の長が制定する「規則」（地方自治法15条）と，地方公共団体の議会が制定する「条例」（同法14条）がある。憲法は94条で「法律の範囲内で条例を制定する

ことができる。」と規定し，条例制定権の根拠を示している。法律と条例が競合したり，抵触した場合，その関係をどのようにとらえるかについては説が分かれている。ある事柄について既に法律が規定をしている場合には条例を制定できないとする法律先占論に対し，全国一律の規制では達成できない地方の実情を考慮した条例の必要性を強調し，法律の規制より厳しくする上乗せ論や，範囲を広げる上だし論，横だし論が主張されている。地方公共団体では，国の法律ができる前に，情報公開条例や個人保護条例などが作られていたが，法律ができてからはその見直しが求められている。

6）条　約

　1）から5）までが国内法であるのに対して，条約は国家間の文書による合意をいい，国際法に属する。最近では多国間条約や国連総会で採択された条約もある。条約の締結権は内閣にあるが，事前，時宜によっては事後に国会の承認を必要とする（憲法73条3号）。国会の承認によって，条約は国内法的効力を有する。条約の効力については，法律以下の国内法に優位するという点では争いがないが，憲法とどちらが優位するかについては争いがある。これについては，①憲法の国際協調主義や憲法98条2項の条約の誠実な遵守を根拠に条約が憲法に優位するとする条約優位説，②国際社会も国家を容認していること，憲法が国家の最高規範であること，条約の締結手続が憲法改正手続に比べて簡易であることなどを根拠に憲法が優位するとする憲法優位説，③憲法の中にも基本原理とそうでないものとの存在があり，基本原理については憲法が優位するが，その他の点では条約が優位するとする間位説，④確立した国際法規とそれ以外の条約を分け，前者については条約が優位するが，後者については憲法が優位するとする説などがある。

（2）不文法

1）慣習法

　慣習法とは，社会の中で慣行として行われている法である。慣習法として成立するには，①そのことが継続的・反復的に行われていること，および②それに対して法的確信が形成されていることが必要である。法的確信を伴わ

ない慣習（事実たる慣習―民法92条）とは区別される。慣習法は成文法が十分に存在しない場合に主に成立するので，成文法が整備されるにつれて減少する。もっとも，あらゆる分野において成文法を完全に整備することは不可能であるから，慣習法の存在する余地がある。例えば，商法１条２項は，「商事に関し，この法律に定めがない事項については商慣習に従い，商慣習がないときは，民法の定めるところによる。」と定めており，制定法である民法に先立つ商慣習法の適用を認めている。慣習法とは，主に商人間とか村落の中などで自然に生成した法規範であり，その仲間の間では強い拘束力をもっている。しかし，現在は，このような特殊な場合を除き，公序良俗に反しない慣習については，原則として法令の規定により認められたもの，および法令に規定のない事項に関するものに限り，成文による法令と同一の効力があるとされるにすぎなくなっている（法の適用に関する通則法３条）。例えば，入会に関する慣習は民法で法としての効力を承認されている。

　慣習が慣習法と認められるかどうかは，なかなか判断しにくい事柄である。そこで，ある慣習が慣習法であるかどうかは，裁判所が判断することになる。例えば登記の認められない動産を，物の移動を必要とする質権によらないで担保とすることを可能とするために実際上編み出された譲渡担保は，今日では担保の一形態として広く用いられている。このような譲渡担保を，裁判所は当初，動産質の禁止違反あるいは虚偽表示として無効としたが，実際の必要性からこれを有効とした（大判大正3.11.2）。この場合，譲渡担保が慣習法として成立したとみなすのか，裁判所の判例によって成立したのか判断が分かれるところである。

　２）判例法

　判例法とは，裁判所（とくに最高裁判所）の判決が，先例として，後の裁判を拘束する法とされることをいう。本来，裁判所の判決は，その事件の解決としてしか意味をもたないはずである（個別的効力）。ただ，同一の事件においては上級審の判決が下級審を拘束する（裁判所法４条）から最高裁判所によって破棄差し戻されたときは，下級審は，法律の判断については，最高裁判所の

判決に従わなければならない。これは上訴制度を採る以上当然のことである。

　判決の拘束力が問題となるのは，将来の事件に対する判決の拘束力という意味においてである。判例法主義を採っている英米では，判決に法創造機能があり，判例の一般的な拘束力が認められている（先例拘束性の原則）が，実定法主義を採っているわが国や大陸法の国々では，法源はもっぱら制定法に求められ，判決の法創造的機能は認められず，判例法の成立も認められなかった。もっとも，近年大陸法の国でも判決の法創造機能が認められるようになってきているし，英米法の国においても，厳格な先例拘束性が緩和されつつある。

　日本では，形式的には先例拘束の原則は存在しないが，一度，最高裁判所の判決が下された事例と同様の事件で下級裁判所がこれと異なる判決を下したとしても，上訴されれば，最終的には最高裁判所の判断を受けることになる。最高裁判所は，判例変更するのでない限り，以前の判決と同じ判断を下すことになる。このような場合，最高裁判所の判例は，実質的には先例拘束性をもつこととなる。例えば，有責配偶者の離婚請求について，昭和27年の「踏んだり蹴ったり判決」で認めないという判決が下されてから，昭和62年に条件つきで有責配偶者の離婚請求を容認する判決が下されるまで有責配偶者の離婚請求は認められなかったし，尊属重罰規定についても，昭和25年に合憲判決が下されてから，昭和48年に尊属殺人罪について最高裁判所において違憲判決が下されるまで合憲とされた。

　判決は，主文と理由から構成される。判決主文は，結果だけを記述したものであり，事件ごとに内容が異なり，先例としての意味はもちえない。判決の先例拘束性が認められるのは，理由の部分であり，しかも判決主文を支える役割を果たす法的判断の部分（ratio decidendi）である。理由のそれ以外の部分は，傍論（obiter dicta）という。もっとも，両者が必ずしも明確に区別されているわけではない。

　3）学　説

　学説については，法源ではないという説もあるが，実際には，裁判に影響力を及ぼしている。歴史的には，ローマ時代のように，学説が法源として公

に認められたこともある。しかし，現在では，学説は，直接に裁判の基準とされるわけでなく，法の解釈を通じて裁判に影響を及ぼすものと考えられる。したがって，学説は，制度上も事実上も直接的な法源とまではいえない。

　学説には，現行法を解釈する解釈論と，将来の立法を求める立法論がある。学説は，通説，多数説，少数説などとして引用される。通説は一般的に承認されている説である。多数説と少数説は，学説が分かれている場合に，それを支持する学者の数で評価したものである。少数説でも影響力があるものを有力説と呼ぶ。裁判によってはその解釈について原告，被告の双方又はいずれかが学者が書いた解釈論である鑑定書を提出する場合がある。

　4）条　理

　制定法がすべての事件を覆いつくし，その解決は，すべて制定法から導きだされると考えられていた（法の完結性）。しかし，立法者が，将来起こりうるすべての場合を想定して立法することは不可能であり，立法者の想定しえなかった事件が，社会の変化によって生じている（法の欠缺）。刑事事件では，法律のない場合は，すべて無罪とすればよいが，民事事件では事件を受理した以上，適用すべき法がないからといって裁判を拒むわけにはいかない。

　このように適用すべき法がない場合に裁判のよるべき基準とされるのが条理である。明治8年の太政官布告103号裁判事務心得3条には「民事ノ裁判ニ成文ノ法律ナキモノハ習慣ニ依リ習慣ナキモノハ条理ヲ推考シテ裁判スヘシ」と書かれてあった。条理とは「ものの道理」のことであり，「事物の本性」といわれることもある。もし，立法者であったら，そのような法を定めるであろうものともいわれる。しかし，条理は，その内容が一義的に決まっているわけでなく，その判断者によって異なることがあるので，裁判の基準とすることを疑問視する立場もある。

　日本では，民法に，信義誠実の原則（民法1条2項），権利濫用の禁止（同条3項），公序良俗（同法90条）などの一般条項が規定されていることもあり，法の不備はこのような一般条項の解釈の形で処理され，条理がそのまま用いられることはほとんどない。しかし，裁判官が裁判に際し，最後の拠り所とす

ることができるものという点ではそれなりの意義がある。

3．内容による区別

（1）実体法と手続法

実体法とは，構成要件や刑罰，権利や義務の発生，変更，消滅の要件などを定めた法をいう。手続法とは，実体法の運用の手続，権利や義務の具体的な実現の手続，裁判手続などを定めた法をいう。実体法としては，刑法，民法，商法・会社法などがあげられ，手続法としては，刑事訴訟法，民事訴訟法，行政事件訴訟法などがあげられる。もっとも，実体法とされている民法の中にも手続規定である証明責任に関する規定（117条）などがあり，手続法とされている民事訴訟法の中にも実体に関する費用の規定（61条以下）などがある。

（2）公法と私法

1）公法と私法の区別

一般に，国家に関係する法を公法，私人間で適用される法を私法というが，公法と私法とを区別する基準についてはいくつかの説がある。

a．利益説

利益説は，法が保護する利益によって区別しようとするものであり，社会全体の利益，すなわち公益を保護する法が公法であり，私人の利益，すなわち私益を保護する法が私法であるとする。しかしながら，社会全体の利益と社会の構成員である私人の利益とはお互いに対立するものではないから，完全に区別するのは困難である。例えば，社会秩序の維持を保護法益とする刑法によって，私人の利益が保護されることにもなるからである。

b．主体説

主体説は，法の規律する法律関係の主体により区別しようとするものであり，国家と公共団体との関係，公共団体相互間の関係または国家又は公共団体と個人との関係や国家・公共団体の内部関係を定める法を公法とし，私人相互間の関係を規律する法を私法とする。しかしながら，国家又は公共団体と私人との関係は公法に属することになるが，国家又は公共団体が私人と同

様の資格において私人と同種の関係に立つとき（管理関係）には私法が適用される。例えば地方公共団体の地下鉄やバス事業と乗客の関係と私鉄やそのバス事業と乗客の関係は同じく私法によって規律される。

c．法律関係説

法律関係説は，法律関係の性質によって区別しようとするものである。公法は，権力・服従の関係（権力関係），すなわち不平等者間の関係を規律するものであり，これに対し私法は平等・対等の立場で結ばれた法律関係，すなわち平等者間の関係を規律する法である。したがって国又は公共団体と個人との関係は権力関係の場合は公法によって規律されるが，私人と同様の関係の場合（管理関係）は私法によって規律されることになる。しかしながら，国家間の関係は平等の関係であるから，国際法が公法に属さないことになり，私法に属するという矛盾が生じる。

d．国家統治権発動説

国家統治権の発動による法を公法とし，そうでない法を私法であるという説である。これによれば，国際法は国際社会における国家の統治権の作用を規律するものとして公法に属し，国や公共団体が私人と同様の資格において結ぶ個人との関係は国家の統治権の発動に関するものでないから私法によって規律されることになる。この説が妥当とされている。

2）公法と私法の分化

公法と私法の区別はローマ法においては認められていたが，ドイツの中世における法や19世紀までの英米法ではこのような区別は認められていなかった。公法と私法の区別がなされるようになったのは主として近代以降である。

私法は，元来平等な私人間の関係を規律し，私法の基本原理は個人が自由に法律関係を形成することを内容とする（私的自治の原則）。これに対し，公法は国家の統治の発動に関する法であるから，公法上の法律関係は法によって定められる。

近代市民社会は，すべての個人を自由・平等・独立の市民として認めるとともに，その自由な社会活動を最大限に認めることを建前とする。このよう

な社会においては，国家はこの私人の自由な社会活動を保障するという消極的役割しか認められていなかった（夜警国家・消極的国家）。市民の自由を保障するため，とくに行政権に対し法律の枠をはめることが必要とされ（法律による行政の原則），国家の統治権の発動に関する法が私法と区別されるべきものとしてその独自性が認められた。

　しかし，近代市民社会においては，個人の自由な社会活動の展開によって，各人の幸福が実現し，社会的調和が実現するものと考えられていた（予定調和の思想）が，資本主義が発展すると，経済的・社会的強者と経済的・社会的弱者が生じ，前者が後者の社会的生存まで脅かし，支配服従関係が生まれた。国家は，経済的・社会的弱者の生存を維持するために，経済的・社会的強者の自由な社会活動に対して規制を加えるという積極的役割を担わざるを得なくなった（福祉国家理念・積極的国家）。社会福祉政策，経済政策等を行う行政権の拡大に対応して，公法が私法と融合するに至った。

　3）公法と私法の融合

　すべての人の尊厳と生存の保障と，そのための経済的・社会的活動の自由の制限の必要性についての認識は，現代憲法における生存権を中心とした社会権の保障と財産権の制約という形で実現し，また生存権を中心とする新しい社会法思想の発展をもたらした。

　私的所有権や契約の自由に公法上の制限を課すことによって，公法の私法化または公法と私法の融合といった現象を引き起こすことになった。また，公共企業体は公法的性格と私法的性格の混合した独自の制度として登場し，経済統制法は，生存権思想に基づく社会法とは別個の観点から契約の自由という私法原理に対して公法的制限をもたらした。しかしながら，私人による自由な法関係が否定されない以上，公法と私法の区別をまったく否定することはできない。

　4）司法制度と公法と私法

　大陸法系の国々においては元来二元的な裁判制度に対応するものとして公法と私法の区別が意義を有していた。行政裁判所制度の設立によって，公法と私法の区分は，行政事件と民事事件を区別するために，また具体的な法律

関係に適用されるべき法規を決定するための基準として用いられることになった。わが国では，戦後，行政裁判所が廃止され，一切の法律上の争訟は，司法裁判所の管轄に属することになったが，なお行政事件と民事事件の区別は実定法上存続を認められ，行政の違法な処分の取消し等にかかる訴訟については，行政事件訴訟法による特別の手続が定められている。

（3）国内法と国際法

国内法とは，その法を制定した国家の領域内において効力をもつ法である。それに対して，国際法とは，国家間，あるいは国家と国際機関との間など国際社会において効力をもつ法である。なお，国際結婚した夫婦の離婚の際にどちらの国の法を適用するかなどについて規定する，渉外私法関係の準拠法を規定する国際私法はここにいう国際法とは異なるものである。

このような国内法と国際法の関係について，両者を別個の法体系ととらえる二元論と，統一的にとらえる一元論が存在する。二元論においては，国内法と国際法は別の法体系であるから，両者の抵触などの問題が生じないが，一元論においては，両者が抵触した場合にどちらが優位するか見解が分かれている。もっとも，法律以下の国内法に対する国際法の優位は一般的に認められているので，主として問題となるのは，憲法との関係である（これについては⇒37頁参照）。

国際連合を中心として国際協力が必要とされている現代社会において，国際関係を抜きにして国が存続していくことはできない。国際人権条約についても加入・批准するだけでなく，人権条約の国内法化が要請されている。条約の締結については，内閣による締結・批准だけでなく，国際法を国内法化するためにも，国会の条約承認が必要とされている（憲法73条3号）。また，憲法98条2項は，国家に条約の誠実な遵守義務を課している。

4．効力による区別

（1）一般法と特別法

特別法とは，事柄，人，場所などの点で，法の適用される対象が特別の範囲

に限定されている法をいう。これに対して，一般法とは，特別法に対する概念で，適用の対象がより広範に及ぶ法をいう。例えば，商法は，商人，商行為等商事に関する法であるが，一般の人，法律行為等を定めた民法の特別法ということになる。例えば，債権の消滅時効が，民法では10年（167条），商法では5年（522条）となっている場合，「特別法は一般法に優先する」という原則によって，商取引については商法が民法に優先して適用されることになる。しかし，一般法，特別法という区別は相対的な観念なので，商法も手形小切手法との関係では一般法になり，手形の消滅時効については手形法（70条）で3年の時効が適用されることになる。

（2）原則法と例外法

原則法とは，一般的な場合に適用される法をいう。例外法とは，特別の事情により，原則法を適用することが適当でない例外的な場合にのみ適用される法をいう。例えば，私権の享有主体となるためには出生することが原則であるが（民法3条1項），相続については，例外的に胎児も生まれたものとみなされる（同法886条）（胎児の権利については⇒70頁参照）。この場合，民法3条1項が原則法とされ，民法886条が例外法となる。また，不法行為により他人の権利を侵害したときは，そのことによって生じた損害を賠償しなければならない（同法709条）が，失火の場合には，例外的に民法709条が適用されず，失火ノ責任ニ関スル法律が適用になる。もっとも，失火ノ責任ニ関スル法律は，但書で，「失火者ニ重大ナル過失アリタルトキハ此ノ限ニ在ラス」と規定し，重過失の場合をさらに例外としている。民法709条が原則法で，失火ノ責任ニ関スル法律が例外法となるが，その法律の中でも，但書を除いた部分が原則法で，但書が例外法となる。このように原則法と例外法の関係は相対的である。

例外法の存在が認められると，原則法の適用が排除されるので，例外が認められる事情を十分に考慮し，例外法は厳格に解釈されなければならない。

（3）強行法と任意法

強行法とは，公の秩序を維持するために設けられ，当事者の意思にかかわ

らず，適用される法をいう。任意法とは，公の秩序にかかわらないもので，もっぱら法律行為の当事者の便宜のために設けられた規定で，当事者の意思が尊重される。一般的に，刑法や行政法などの公法は強行法であるが，民法や商法・会社法などの私法の中にも物権や会社の組織など強行法とされるものがある。これに対し，当事者の意思による契約などは任意法である。例えば，民法90条の公序良俗規定は強行法であり，公序良俗に反する法律行為は，無効であり，法的保護がなされない。公序良俗に反する契約の履行を請求することは認められず，またその行為に基づく履行がなされないからといってその不履行の責任追及をすることなども認められない。既に交付した金銭やものの返還を請求することも不法原因給付であるので認められない（民法708条）。それに対して，任意法の場合には，法律行為の当事者が任意法と異なる意思を表示する場合には，意思表示が優先し，任意規定には効力がないものとして扱う（同法91条）。また，任意規定と異なる慣習がある場合に，法律行為の当事者が，慣習に従う意思をもっていたと認められるときは，裁判所はその慣習に従って裁判し，当事者はその慣習に従って行動しなければならない（同法92条）。

5．固有法と継受法

　固有法とは，国家で自律的に，独自に作られて，発達した法をいう。古くはローマ帝国が作ったローマ法などがこれにあたり，欧州各国が市民法を作るときにお手本とされた。継受法とは，他国の法を受け入れて，自国のものとした法をいう。この区別は法の成立の資料の相違に着目した区別である。このように区別することは可能であるが，効力の点で両者に相違はない。しかし，継受することにより，その法の影響を受けることになる。

　わが国は，古くは，中国の律令制度に関する法を継受し，明治期には，ドイツやフランスの法を継受し，さらに戦後，アメリカの法を継受した。

第4講　法の適用と解釈

　法は，人々が社会生活を営む際に，行動の基準として用いられる。しかしながら，社会が法の適用によって円満に営まれるとは限らない。現実の社会では，さまざまな利害の衝突や紛争が，法の適用をめぐる争いとして発生している。かつてはこのような争いを村の長老が判断したり，仲裁者に決めてもらったり，仲間同士で話し合って決めるということも行われていた。しかし，近代法治国家においては，政治的な権力が国家に集中し，法を適用し，争訟を解決する裁判も国家が独占している。

第1節　法と裁判

1．具体的事件への法の適用

　仮に交通事故で歩行者が車にはねられてけがをしたとすると，一方で，加害者の行為を犯罪として処罰するかどうかという問題が起こり，他方で，被害者のけがの治療費などについて加害者から損害賠償を取れるかどうかという問題が生じる。このような具体的な事件をどう処理するかについて，国家の機関である裁判所が法を適用して判断を下すことを裁判という。

　裁判をするためには，そのよるべき基準（法源）が必要である。そこで，あらかじめ裁判の基準となる法を作っておき，具体的な事件が起これば，それに基づいて裁判をするという方法が取られるようになった。裁判の基準となる法のことを裁判規範という。そして裁判は，抽象的な形で存在する裁判規範を，具体的事件に適用することになる。前述の交通事故においては車を運転することによって人にけがを負わせたのであるから，自動車の運転により人を死傷させる行為等の処罰に関する法律の過失運転致死傷罪

（5条）を適用するかどうか，また，治療費については不法行為による損害賠償の規定（民法709条）や自動車損害賠償保障法による損害賠償の規定（3条）の適用が問題になる。そしてこれらの要件が満たされていれば，裁判官はそれに基づいて，加害者を処罰したり，損害賠償を命じたりすることになる。

　裁判とは，国家権力の中にある裁判所が「当事者間の具体的な法律関係や権利・義務の存否に関する争いに，法を適用して，それを終局的に解決する作用」であり，この作用は，憲法76条1項の「司法権」にあたる。また，憲法32条により，裁判を受ける権利が国民に保障されている（刑事裁判については37条）。わが国の裁判所が取り扱う事件としては，民事事件，行政事件，刑事事件の3つがある。さらに，これらの裁判過程において，一切の法律，命令，規則または処分が憲法に違反しないかを判断する違憲審査制が存在する。

2．裁判制度

　裁判所には，最高裁判所と裁判所法の規定する下級裁判所がある（憲法76条1項）。下級裁判所には，高等裁判所，地方裁判所，簡易裁判所，家庭裁判所がある（裁判所法2条）。

　このうち，家庭裁判所では主として家庭に関する事件と少年の保護事件を扱うが，それ以外の裁判所は，一般の訴訟事件を扱う普通裁判所である。

　また，わが国の裁判所は三審制を採用しており，上訴制度によって3回まで裁判を受けることができる。最初に審理する裁判所を一審裁判所といい，その判決に不服がある場合に控訴（決定に対しては抗告）する裁判所を二審裁判所，さらに，その判決に不服があり，上告（決定に対しては特別抗告）をする最終的に裁判が確定する裁判所を三審裁判所という。慎重に審理を重ねて妥当な判断をするためであるが，同じ審理を何度もしても意味がない。そこで事実の認定については，民事事件では二審まで，刑事事件では原則として一審だけで審理することとし，その上の審級の裁判所では法律の解釈についてしか上訴できないこととされている。上訴制度（控訴と上告を合わせて上訴制度という）には，このほか，判例の統一という役割がある。

裁判所の上訴制度は以下のようなものである。

〈訴額が140万円以下の民事事件〉

　　一審　　　　　　　　二審　　　　　　　　三審

簡易裁判所⇒(控訴)⇒地方裁判所⇒(上告)⇒高等裁判所〔→(特別上告)→最高裁判所〕

〈訴額が140万円を超える民事事件, 行政事件〉

　　一審　　　　　　　　二審　　　　　　　　三審

地方裁判所⇒(控訴)⇒高等裁判所⇒(上告)⇒最高裁判所

〈刑事事件, 罰金以下の刑に当たる罪, 例外的に特定の罪に関しては3年以下の懲役〉

　　一審　　　　　　　　二審　　　　　　　　三審

簡易裁判所⇒(控訴)⇒高等裁判所⇒(上告)⇒最高裁判所

〈刑事事件, それ以外のもの〉

　　一審　　　　　　　　二審　　　　　　　　三審

地方裁判所⇒(控訴)⇒高等裁判所⇒(上告)⇒最高裁判所

〈家事事件・少年事件〉

　　一審　　　　　　　　二審　　　　　　　　三審

家庭裁判所⇒(抗告)⇒高等裁判所⇒(特別抗告)⇒最高裁判所

---

3. 民事訴訟

　民事訴訟は, 市民相互間の法的紛争, 市民相互間の権利義務に関する紛争を処理し, その手続は民事訴訟法が規律する。市民相互間の法的紛争については私的自治の原則により, 自分たちで解決することが原則である。例えば交通事故にあって損害を被ったとしても, まずは当事者間で, さらに, 保険の代行者や弁護士を交えて示談 (裁判外の和解) を行う。そこで解決すれば, 裁判所に訴える必要がない。しかし, どうしても解決できないときに, 最後の手段として裁判所に訴えることになる。そして裁判所は, その事件を受理したら, あらゆる法を用いてその事件を解決する義務を負う。

　民事訴訟では訴えを提起した人を原告, その相手方を被告といい, 裁判官の前で, 対等な当事者としてお互いの主張を尽くしあい (口頭弁論主義), 裁

判官は公正中立な第三者として判断するということが原則とされる。この原則から，原告の申立て（訴えの提起）により訴訟が開始され，裁判所の審理対象の範囲が定まり，場合によっては，訴えの取下げによって訴訟を終了させることのできる処分権主義（民事訴訟法133条・261条），判決の基礎となる事実を当事者の主張だけから採用し，その真偽については，当事者に争いのある場合に限って認定する当事者主義などが導き出される。また，原告の立証だけでは事実が明確でない場合には，挙証責任の転換があることもある。例えば，交通事故の被害者が原告として加害者に対して不法行為に基づく損害賠償を求める場合（民法709条），加害者の故意または過失，被害者の権利侵害と損害との因果関係を立証する必要がある。しかし，この場合原告による立証が難しいため，被害者の救済も不十分になる。そこで人身事故の場合に限って，加害者に挙証責任を転換し，加害者に無過失の立証を要請する（自動車損害賠償保障法３条）。同様なことは公害訴訟，医療過誤訴訟でも行われている。

　民事訴訟は，請求の趣旨と請求の原因を記載した訴状を作成し，提出することによって開始される。訴えの種類には，金銭の支払いなどを求める給付の訴え，土地の所有権などの確認を求める確認の訴え，離婚などの法的状態を宣言してもらう形成の訴えの３つがある。原則として被告の住所地にある簡易裁判所または地方裁判所に訴えを提起するが，例外的に，債権者の住所地たる義務履行地，手形・小切手の場合は支払地，損害賠償請求では不法行為地，不動産に関する訴えではその所在地の裁判所に訴えを提起する（民事訴訟法４条・５条）こともある。訴訟の準備及び追行に必要な費用を支払う資力のない者またはその支払いにより生活に著しい支障を生ずる者に対しては，裁判所は，申立てにより訴訟上の救助の決定をすることができる（同法82条）。また民事訴訟では弁護士をつける義務はないが，つけないと不利になるので，弁護士費用の扶助の制度もある。

　訴状の提出を受けると，その手続は，訴状審査，口頭弁論期日の指定，被告人の否認・不知の答弁書の提出（認諾のときは訴訟が終了），準備書面の提出，

証拠の申出，証拠決定，証拠調べ（書証の取調べ，証人尋問，当事者尋問，鑑定，検証），最終準備書面の提出，結審，判決というプロセスを経ることになる。被告が答弁書を提出することなく，第1回の口頭弁論期日に欠席するときは原告の勝訴となる（欠席裁判）。裁判官は自由な心証により判決を下す（自由心証主義―民事訴訟法247条）。判決には，形式上は，事件についての終局的判断を行う判決とそれ以外の決定・命令があり，また，内容上，判決には請求を認める認容，請求に理由がないとする棄却，訴訟要件を満たさないことから実体審理に入らない却下の3つがある。一審判決に不服があるときには2週間以内に控訴することができる（同法285条）。控訴審では，改めて審理を行って判決を下す。控訴審の判決に対して，さらに憲法違反又は民事訴訟法上の定める理由がある場合に限り，上告をすることができる（同法312条）が，上告審では事実問題の審理は行われない（同法313条）。この途が尽きれば，判決は確定し，当事者は同じ問題について重ねて訴訟ができなくなる（既判力）。

4．行政訴訟

　行政事件については，裁判による解決だけでなく，行政機関に直接訴えて迅速な解決を図る行政不服審査という方法もある。行政不服審査法が改正され，処分庁の上級庁に不服申立てをする審査請求に不服申立て手続が一元化された。例外として個別法の特別の定めにより，「再調査の請求」（審査請求との選択制）や「再審査請求」を認める。また，審査請求期間が60日から3ヵ月に延長された。処分件数が多い事案の場合には，審査請求前置主義が取られ，行政機関に訴えた後でなければ，裁判所に訴えられない。裁判所によって異なる判決がでる可能性があり混乱することを避けるためである。

　行政不服審査の中でも，処分件数の多い国税については，国税不服審判所があるので，多少異なる方法がとられている。税務署や国税局から受けた課税などの処分に不服がある場合は，国税不服審判所に審査請求するか又は3ヵ月以内に税務署長などに再調査の請求をし，再調査決定が出てから1ヵ月以内に国税不服審判所長に対する審査請求するかを自由選択できる。国税不

服審判所は，税務署や国税局から独立した国の機関で，3人以上の国税審判官の議決に基づいて裁決という結論を出す。税務署側は自分たちに不利な結果でも従わなければならないが，納税者側はさらに裁判所の判断を求めることができる。今は，審査請求前置主義がとられているが，納税者が選択できる方がいいという意見もあって制度の見直しが議論されている。

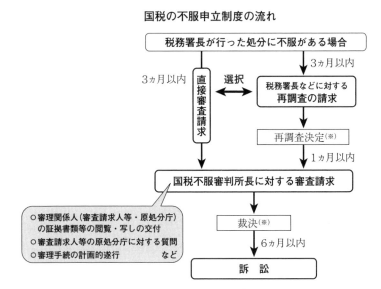

国税の不服申立制度の流れ

税務署長が行った処分に不服がある場合

3ヵ月以内　直接審査請求　選択　3ヵ月以内　税務署長などに対する再調査の請求

再調査決定(※)　1ヵ月以内

国税不服審判所長に対する審査請求

○審理関係人（審査請求人等・原処分庁）の証拠書類等の閲覧・写しの交付
○審査請求人等の原処分庁に対する質問
○審理手続の計画的遂行　　　　など

裁決(※)　6ヵ月以内

訴　訟

(※) 税務署長など・国税不服審判所長から3か月以内に決定・裁決がない場合は，
　　それぞれ決定・裁決を経ないで，審査請求・訴訟をすることができる。

（国税庁のwebサイトより）

　行政事件については，通常，自由選択主義が採られ（行政事件訴訟法8条）行政庁に訴えても，裁判所に訴えても構わない。行政不服審査は行政庁による審査なので，書面審理主義が取られ，行政訴訟（行政事件訴訟法による裁判所による審査）は，民事訴訟と同じく当事者主義，口頭弁論主義が取られている。ただ，憲法が特別裁判所を認めていない（憲法76条2項）ことから，行政庁は前審として裁決や決定ができるが，最終的に裁判所に訴える途が残されていなければならない。

行政訴訟は，刑事事件を除いた，国家又は公共団体の公権力に起因する争いを解決することを目的とする。戦前においては，行政事件は行政裁判所が担当し，司法権の下にある裁判所は，関与できないものとされた。しかし，日本国憲法の下では，行政裁判所は廃止され，一般の裁判所が，行政事件を含め，すべての法律上の訴訟を担当することとなった。当初，行政訴訟では一方当事者が国又は公共団体であるとはいえ，その本質においては民事訴訟であること，また行政権の特殊な地位を保護する必要があったことから，その手続は，民事訴訟法の特例を定めた行政事件訴訟特例法で足りるとされた。しかし，当事者が国又は公共団体であることから特殊な問題が多かったため，現在の行政事件訴訟法が制定された。したがって，行政訴訟の手続的な原則は民事訴訟の原則とほぼ一致するが，行政訴訟が公権力の行使にかかわり，多くの人に影響力を及ぼすため，裁判所の職権による証拠調べや第三者・行政庁の訴訟参加が認められる。

　行政訴訟には処分や行政庁の裁決の違法性を訴えて，処分や裁決の取消しを求める取消訴訟や無効確認訴訟などの抗告訴訟（同法3条1項），当事者訴訟（同法4条），民衆訴訟（同法5条），機関訴訟（同法6条）がある。今日，行政権の拡大が問題とされるにつれて，抗告訴訟が行政訴訟の中でもとくに多く，重要なものとなっている。なお国家や公共団体が私人と同等な関係にある場合の争訟は，当事者の一方が国家や公共団体であっても通常の民事訴訟となる。

5．刑事訴訟

　刑事訴訟は，検察官の公訴に基づいて，犯罪を行った被告人に対して国家刑罰権を行使するための裁判であり，刑罰権の適正な実現を目的とする。刑事訴訟の手続は刑事訴訟法が定める。刑事訴訟の手続も，検察官と被告人とが裁判官の前で対等な当事者として弁論や反対尋問をするという口頭弁論主義を採用している。この原則から，検察官が公訴を提起するときは起訴状だけを提出して，裁判官に予断をもたせないようにする予断排除の原則や起訴

状一本主義（刑事訴訟法２条），判決の基礎となる事実について当事者が主張・立証するという当事者主義などが導かれる。しかしながら，刑事訴訟は被告人に刑罰を科す手続であるから，当事者の立証や証拠が不十分な場合に，裁判官が職権で証拠調べをすることも認められている（同法298条）。刑事訴訟には真実を明らかにする実体的真実主義が要請されるが，戦前に「自白は証拠の王である」とされ，自白を採るために拷問や行き過ぎた取調べが行われたため，戦後は適正手続主義（デュー・プロセス・オブ・ロー）も要請されている。

刑罰は，犯罪への応報と犯罪の予防・抑止という２つの目的をもつが，刑罰には，生命刑として死刑，自由刑として無期と有期の懲役・禁錮や，拘留，財産刑として罰金，科料，附加刑として没収がある。なお初犯で３年以下の懲役または禁錮，50万円以下の罰金が科せられる時には，有罪判決に基づいて宣告された刑の執行を一定期間猶予し，猶予期間の満了をもって刑罰権を消滅させる執行猶予の制度（刑法25条１項）がある。

裁判所が刑罰を科すには次の３つの要件を満たさなければならない。①構成要件該当性，②違法性，③有責性である。

①構成要件該当性は，犯罪の成立する客観的要件と主観的要件を満たすことをいう。例えば，刑法204条の傷害罪が成立するためには，人を傷つける行為（有形力の行使）によって傷害という結果が発生すること（客観的要件）と，さらに人を傷つけるという故意（主観的要件）が必要である。国家の恣意によって処罰されることのないように，刑罰を科すにはあらかじめ構成要件を法律に規定しておかなければならない（罪刑法定主義）。事後法による処罰や類推解釈による処罰は禁止される。したがって刑事訴訟で適用される法は法律だけであり，法律がない場合は無罪にしなければならない。

②違法性とは反社会性をいい，法違反が処罰に値することをいう。しかしながら，刑法は違法性を阻却する事由として，正当業務行為（35条），正当防衛（36条），緊急避難（37条）を定めている。医者が手術をする行為は，傷害罪の構成要件を満たすが，病気やけがの治療行為として行われるのであるから

正当業務行為として罪にならない。正当防衛や緊急避難は自己や他人の生命や身体を守るためやむを得ずした行為に対して処罰するのは酷であるから，罪とはならないが，行き過ぎた行為（過剰防衛や過剰避難）は減軽されるに留まる。

　③有責性とは，刑事責任能力があることをいう。刑法では14歳未満は刑罰を科せられない。精神に障害がある場合（心神喪失）にも罪とはならない（不起訴となる）が，自傷他害のおそれがある場合には，都道府県知事（指定都市の市長）へ通報し，指定医2名の診療を受けた後，行政処分として精神病院に措置入院させることになる。しかし，それより弁識能力のある心神耗弱の場合には減軽されるに留まる。

　犯罪が起きると，司法警察職員（警察官）と検察官は，犯罪事実を捜査し，被疑者を逮捕する。警察官が逮捕したときは48時間以内に検察官に送致する（刑事訴訟法203条）。検察官は24時間以内に裁判官に勾留を請求して（同法205条）取調べを行う。捜査段階での逮捕，勾留などには裁判官の令状を必要とする（令状主義）。検察官は起訴便宜主義（同法248条）によって，被疑者を起訴するか，不起訴や起訴猶予とするかを判断できるが，勾留の請求のあった日から10日以内に裁判所に被告人を起訴しない限り，直ちに被疑者を釈放しなければならない（同法208条）。起訴状には公訴事実（訴因）と罪名（適用罰条）を明記する。

　裁判所では，起訴状の受理，事件担当の裁判部の決定，被告人への起訴状の謄本の送達，私選・国選弁護人の選任（刑事訴訟法272条）の手続を経て，冒頭手続として，人違いでないことの確認のための人定質問，起訴状の朗読，裁判長による黙秘権の告知（同法311条），被告人の罪状認否が行われる。次に，証拠調べが行われ，検察官の論告・求刑，被告人・弁護人の最終弁論を経て判決が下される。判決には，管轄違いの判決，公訴棄却の判決・決定または免訴判決からなる形式裁判と，有罪判決と無罪判決からなる実体判決がある。

　一審判決に不服がある場合には2週間以内に控訴することができ（刑事訴訟法373条），控訴審の判決に対し，一定条件の下で上告することができる（同

法405条・414条)。さらに，一定の理由がある場合にのみ再審請求が認められる（同法435条）。

6．陪審裁判・裁判員裁判

　アメリカでは，刑事裁判において市民から選ばれる陪審員が評決を行う陪審制度が取られている。日本では，大正時代に刑事事件の一部について陪審制度が採用されたが，第2次世界大戦中に停止されたままで現在にいたっている。しかし，「裁判員の参加する刑事裁判に関する法律」（裁判員法）が2004年5月21日に成立し，2009年5月施行された。

　裁判員制度は有権者から無作為に選ばれた裁判員が裁判官とともに裁判を行う制度で，国民の司法参加により市民が持つ日常感覚や常識を裁判に反映するとともに，司法に対する国民の理解の増進とその信頼の向上を図ることが目的とされている。裁判員制度が適用される事件は，地方裁判所で行われる刑事裁判のうち，死刑又は無期の懲役・禁錮に当たる罪に関する事件（法2条1項1号），法定合議事件（死刑又は無期もしくは短期1年以上の懲役・禁錮に当たる罪（強盗等を除く））であって故意の犯罪行為により被害者を死亡させた罪に関するものである（同項2号）。例えば，殺人罪，傷害致死罪，強盗致死傷罪，現住建造物等放火罪，強姦致死罪，危険運転致死罪，保護責任者遺棄致死罪などがこれにあたる。ただし，裁判員や親族に対して危害が加えられるおそれがあり，裁判員の関与が困難な事件，例えば，暴力団関連事件などは対象事件から除外される（法3条）。

　裁判は，原則として裁判員6名，裁判官3名の合議体で行われるが，被告人が事実関係を争わない事件については，裁判員4名，裁判官1名で審理が可能である（法2条2項・3項）。①裁判員は審理に参加して，裁判官とともに，証拠調べを行い，被告人や証人に対し，質問する。②有罪か無罪かの判断と，有罪の場合にどのような刑にするかを裁判官と一緒に評議し，評決する。有罪の判断をするためには，合議体の過半数の賛成が必要で，裁判員と裁判官のそれぞれ1名は賛成しなければならない。ただし，法律の解釈についての

判断や訴訟手続についての判断など，法律に関する専門知識が必要な場合には裁判官が担当する。③裁判長が法廷で判決の宣言をする。裁判官の仕事はその判決の宣告により終了することになる。裁判員は審理に関して終身守秘義務を負う。

2014年の裁判員裁判対象事件の通常第一審の新規受理人員は1,393人，終

裁判員裁判対象事件：通常第一審における判決人員（罪名別・裁判内容別）

(平成26年)

罪名	総数	無罪	有罪 死刑	懲役 無期	懲役 20年を超える	懲役 20年以下	懲役 15年以下	懲役 10年以下	懲役 7年以下	懲役 5年以下	懲役 3年以下 実刑	懲役 3年以下 執行猶予 単純執行猶予	懲役 3年以下 執行猶予 保護観察付	禁錮 3年以下 単純執行猶予	罰金	家裁へ移送
総数	1,202	7	2	23	13	53	131	286	226	191	62	88	119	–	1	–
殺人	255	1	–	2	5	30	44	44	37	28	12	25	27	–	–	–
強盗致死	36	–	2	17	1	3	9	3	1	–	–	–	–	–	–	–
強盗致傷	267	1	–	–	1	4	11	70	70	81	9	6	14	–	–	–
強盗強姦	24	–	–	2	3	5	8	5	1	–	–	–	–	–	–	–
傷害致死	120	1	–	–	–	–	8	31	32	18	10	16	4	–	–	–
強姦致死傷	94	–	–	–	3	3	18	25	25	14	2	2	2	–	–	–
強制わいせつ致死傷	82	–	–	–	–	1	2	4	12	13	15	9	26	–	–	–
危険運転致死	14	–	–	–	–	–	1	10	1	1	–	–	–	–	–	–
現住建造物等放火	117	1	–	1	–	2	5	5	11	22	9	20	41	–	–	–
通貨偽造	11	–	–	–	–	–	–	–	2	1	6	2	–	–	–	–
保護責任者遺棄致死	6	–	–	–	–	–	–	–	1	3	–	1	1	–	–	–
銃刀法	5	–	–	–	–	–	–	2	–	2	1	–	–	–	–	–
覚せい剤取締法	112	3	–	–	–	–	5	16	67	18	3	–	–	–	–	–
麻薬特例法	34	–	–	–	–	–	3	14	14	3	–	–	–	–	–	–
その他	25	–	–	–	–	–	4	8	1	2	3	3	2	–	–	–

注　1．最高裁判所事務総局の資料による。
　　2．上訴審における破棄差戻しの判決により係属したものを含む。
　　3．有罪（一部無罪を含む。）の場合は処断罪名に，無罪の場合は裁判終局時において当該事件に掲げられている訴因の罪名のうち，裁判員裁判の対象事件の罪名（複数あるときは，法定刑が最も重いもの）に，それぞれ計上している。
　　4．罰金が併科されたものは，懲役（無期を含む。）にのみ計上している。
　　5．「殺人」は，自殺関与及び同意殺人を除く。
　　6．「危険運転致死」は，平成25年法律第86号による改正前の刑法208条の2に規定する罪であり，平成26年は，自動車運転死傷処罰法2条，3条，6条1項及び2項に規定する罪はなかった。
　　7．「その他」は，麻薬取締法違反等であるほか，裁判員裁判の対象事件ではない罪名を含む。
　　8．「単純執行猶予」は，保護観察の付かない執行猶予である。

出典：平成27年版犯罪白書より。

局処理人員（移送等を含む）は1,202人である。新規受理人員を罪名別に見ると，①強盗致傷（267人）が最も多く，次いで，②殺人（255人），③傷害致死（120人），④現住建造物等放火（117人），⑤覚せい剤取締法違反（同112人），の順であった。

裁判員裁判がはじまってから12年経ち国民の量刑感覚が反映されるなどの効果が期待される一方で，原則として裁判員就任には拒否権がなく，国民の参加が強制される，志願制でないため有権者全員に参加する機会が得られていない，国民の量刑感覚に従えば，量刑が量刑相場を超える，公判前整理手続によって争点や証拠が絞られ，裁判の日数も限られるため，徹底審理による真相解明や犯行の動機や経緯にまで立ち入った解明が難しくなるといった問題点も指摘されている。

7．犯罪白書

平成27年版の犯罪白書によれば，刑法犯の認知件数は，1996年以降毎年戦後最多を更新し，2002年に369万3,928件を記録したが，その後は毎年減少し，2014年に認知された刑法犯178万2,912件（前年比8.1％減）まで減少した。一般刑法犯（特別刑法犯とは道路交通法違反，覚せい剤取締法違反，軽犯罪法違反等刑法以外の刑罰を定める法律による犯罪である）は121万2,654件であるが，まだ相当高い水準にある。罪名別にみると窃盗89万7,259件（50.9％），自動車運転過失致傷等55万258件（31.2％）が最も多く全体の81.2％を占めているが，窃盗の認知件数が減少したことが認知件数全体を減少させた要因となっている。しかしながら，詐欺の認知件数は2000年から2004年にかけて急増し，2005年は8万5,596件と1960年以降最多を記録したが，2014年は4万1,523件であった。その増加要因の1つは，振り込め詐欺などの急増である。

刑法犯の検挙人員は2014年は81万9,136人であった。同年の一般刑法犯（刑法犯全体から自動車運転過失致傷等を除いたもの）の検挙人員は戦後最少の25万1,605人であった。検挙率は，かつて刑法犯全体では70％前後で推移していたが，1988年から低下傾向にあり，2001年には，刑法犯全体で38.8％，一般刑法

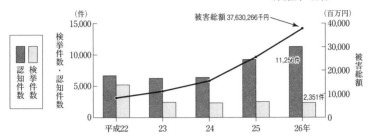

振り込め詐欺（恐喝）認知件数・検挙件数・被害総額の推移
（平成22年〜26年）

被害総額 37,630,266千円

11,256件

2,351件

注　1．警察庁刑事局の資料による。
　　2．金額については，千円未満切捨てである。
出典：平成27年版犯罪白書より。

犯で19.8％と戦後最低を記録した。しかし2002年以降やや回復の兆しをみせ，2014年には刑法犯全体で52.3％，一般刑法犯で30.6％であった。殺人の検挙率は95.8％，強盗で70.5％である。

　裁判確定人員は2000年（98万6,914人）から減少し続け，2014年には33万7,794人と1999年の半数以下であった。その減少は道路交通法違反の人員の減少によるところが大きい。2014年の地方裁判所での終局処理人員を罪名別にみると窃盗が1万763人（20.8％）と最も多く，次いで覚せい剤取締法違反9,559人（18.5％），道路交通法違反5,912人，自動車運転過失致死傷・業務上過失致死傷4,394人（12.6％）の順であった。地方裁判所では5万1,622人が裁判されたが，無罪になったのは116人（0.03％），有罪が確定した人の中で，死刑が2人（罪名別では強盗致死が2人），無期懲役が23人（殺人が2人，強盗致死傷・強盗強姦19人，その他2人），有期懲役・禁錮が5万105人，そのうち執行猶予がついたものが2万9,345人で執行猶予率は57.8％であった。簡易裁判所では6,973人が裁判されたが，罪名別にみると，懲役・禁錮言渡人員については窃盗が5,846人であった。罰金言渡人員についても窃盗が644人と最も多く，次いで，傷害435人，道交法違反284人であった。

　略式手続により罰金又は科料に処せられた者28万4,168人を罪名別にみると道交法違反が18万8,338件，自動車運転過失致死傷・業過が4万9,326件で

大部分を占めている。

　また，平成27年版の警察庁生活安全局少年課の「少年非行情勢」によれば，2014年中における刑法犯少年の検挙人員は４万8.361人と2004年から11年連続の減少となった。しかし，少年２名を自動車で跳ね飛ばし１名を殺害もう１名に重傷を負わせた事件（愛知），同級生の後頭部を殴打したうえ首を絞めて殺害した事件（長崎）や集団で少女に暴行を加えて死亡させた事件（愛媛）など，少年による凄惨な事件が発生したほか，児童虐待事件，児童ポルノ事件の被害が増加するなど少年の非行防止，保護の両面において予断を許さない状況にある。

　成人を含めた刑法犯総検挙人員に占める少年の割合は19.3％で前年より2.2ポイント減っている。凶悪犯は，703人（前年比10.6％減）で，殺人50人，強盗451人，放火80人，強姦122人であり，粗暴犯は6,243人（前年比13.4％減）で傷害3,947人と暴行1,356人が大半を占める。詐欺などの知能犯の検挙人員は987人と前年より109人（12.4％）増加した。また振り込め詐欺の検挙人員は311人と前年より49人（18.7％）増加している。性犯罪の検挙人員は431人と前年より25人（5.5％）減少したが，中学生が高校生の1.8倍となっている。初発型非行とは，犯行手段が容易で，動機が単純であることを特徴とするもので本格的な非行へ進化して行く危険性が高い非行（万引き，オートバイ盗，自動車盗及び占有離脱物横領）をいう。2014年の初発型非行の検挙人員は３万37人（前年比16.6％減）と減少した。刑法犯少年全体に占める初発型非行の割合は約６割であった。

　2014年の触法少年（刑罰法令に触れる行為をした14歳未満の少年の一般刑法犯補導人員）は１万1,846人と減少した（前年比5.9％減）。凶悪犯の補導人員は76人と減少し，このうち放火は44人で凶悪補導人員の約60％を占めている。しかし一番多いのはやはり窃盗犯で7,728人，そのうち万引きが4,797人と約60％を占めている。2014年の不良行為少年の補導人員は73万1,174人（前年比9.7％減）と減少している。深夜徘徊や喫煙が約９割を占めている。

　少年の犯罪被害は，2014年には17万9,915件（前年比10.0％減）であり，凶悪

犯被害は905件，粗暴犯被害は1万911件，窃盗犯被害は15万5,218件，性犯罪被害4,259件といずれも減少したが，小学生の刑法犯被害が増加した。

　少年については，刑法上は「14歳に満たない者の行為は，罰しない」（刑法41条）として14歳未満の少年の刑事無責任を定めている。これを受けて少年法は，少年の健全な育成を期するために，非行のある少年に対して性格の矯正および環境の調整に関する保護処分を行い，少年の刑事事件についても特別な取扱いを行うことにしている。保護処分には，①保護観察所の保護観察に付すること，②救護院または養護施設に送致すること，③少年院に送致することの3つがある。しかし，1989年の女子高生コンクリート詰め殺人事件や1997年6月の神戸児童殺傷事件，2000年5月の西鉄高速バス乗っ取り事件など，少年における重大犯罪の増大によって，刑法や少年法の改正が主張されてきた。2000年9月にはそのような主張を受けて，①刑事処分可能年齢を16歳から14歳に引き下げること，②犯行時16歳以上の少年が故意の犯罪行為について被害者を死亡させた事件については，保護処分を適当と認める場合を除き，検察官送致決定を原則とする（少年法20条）ものと改正された。ただし，刑法が適用される場合であっても，犯罪を犯したとき18歳未満の少年に対しては，依然として死刑を廃止し，無期刑も緩和することとされている（同法51条）。また，少年審判や少年の刑事事件に際して，顔写真や名前など本人との同一性を推知させるような報道が禁止される（同法61条）。少年には判断能力が乏しいので，教育により改善する余地があり，その後の社会復帰を容易にするためである。

第2節　法適用の方法

1．法適用と三段論法

　一般に，裁判で，裁判官は，認定した事実を，あらかじめ定立された法規範に当てはめて結論を出す。このことは，大前提に小前提を当てはめて結論を出す古典論理学における三段論法にあたる。このことを刑法の適用の場面に

見ると，大前提としての刑法199条の「人を殺した者は，死刑又は無期若しくは5年以上の懲役に処する。」という殺人罪の規定に，小前提としての「AはBを殺した」という事実を当てはめると，「Aの行為は殺人罪にあたり，死刑に処する」という有罪判決が導き出される。また，民法においても，大前提として民法709条の「故意又は過失によって他人の権利又は法律上保護される利益を侵害した者は，これによって生じた損害を賠償する責任を負う。」という規定に，小前提としての「Xは過失により車でYをはねて全治1ヵ月のけがをさせた」という事実を当てはめると，「XはYに100万円の損害賠償を支払え」という判決が導き出される。しかし現実にはそのように簡単には判決が導き出されることはない。すなわち，裁判ではまず，具体的にどういう事実があったのかという認定（事実認定），そしてその事実がどのように評価されるべきかの判断（価値判断），最後に，その判断が法のどの部分に当てはまるのかという法律論（法の適用）が裁判官によって行われる。このような判断は裁判官の自由な心証にゆだねられている。このことから法適用のあり方が問題となる。

２．法適用のあり方

　人間の理性に基づく普遍的な規範である自然法が，中世の古い秩序を批判して近代市民社会を確立するという役割を果たし終えると，社会は法に対して法的安定性と予測可能性を要請した。自然法を実定化した制定法の完結性と形式的な論理の万能性が前提とされ，法への事実のあてはめという三段論法によって，いかなる事件も法的な解決が可能であると考えられた。しかし，この考え方は，法を取り巻く社会状況の変化をあまりに軽視し，法学的な概念や形式的論理をもてあそぶものとなってしまい，「概念法学」という批判を受けた。そこで，制定法の不完全性を肯定して，それを社会生活の中の生ける法や事物の本性の下にある条理によって補うことを認め，制定法の文言にとらわれない解釈（目的論的解釈）を行う「自由法運動」の考え方が19世紀末に現れることになった。

以前の三段論法による法の適用においては，裁判官は事件を法に当てはめるだけの「自動販売機」とみなされたが，法の不完全性を認める限り，裁判官には不十分な法を補完するために「法創造的機能」が認められなければならない。しかしながら，法の定立を立法機関にゆだね，法の適用を行政機関と司法機関とにゆだねるという憲法の権力分立の原理の下では，裁判官には立法者としての権限が与えられていない。したがって，裁判官の法創造の余地は否定することはできないとしても，その限界を認識したうえで，問題となっている法規範の対象や種類などを個別具体的に検討していく必要がある。

第３節　法の解釈

１．必要性

制定法の内容が完全無欠である限り，法規範の意味内容を明らかにする解釈を行う必要はない。しかし，そうでない以上，法を適用する際に必要なことは，法規範の個々の文言と法規定の意味を明らかにすることである。とりわけ，法解釈の必要となる場合には，①文言の多義性，②文言の抽象性，③法規範の不存在（欠缺），④法規範の意味変化の４つがある。

①文言の多義性は，立法の不備により，憲法７条４号と公選法31条の「総選挙」のように，同一の文言が異なった意味で用いられている場合とか，慣習法についての法の適用に関する通則法３条と民法92条のように，異なった制定法で異なった内容の法規範が存在する場合である。これらの場合には，意味の使い分けを行ったり，両方の規範内容を矛盾させないように解釈することが求められる。

②文言の抽象性は，刑法199条の「人」という文言のように，不特定多数の者を不特定多数の場合に規律しようとすることから，法規範が必然的に抽象的になる場合や，民法90条の「公序良俗」という一般条項のように，立法者があらかじめ具体的事案の判断を裁判官に委ねるために，抽象的な概念を用いる場合に生じる。これらの場合には，法の適用者は，解釈を通じて法規範の

意味内容を具体化する必要がある。

　③法規範の不存在は，立法の不備によってあるべき法規範がない場合である。刑事訴訟にあっては，適用すべき刑罰法規がない場合には，無罪となるが，民事訴訟の場合には適用すべき法規範がないことを理由に，裁判所は裁判をしないというわけにもいかない。かといって安易に裁判官による法創造を認めることにも問題がある。また，行政機関が法規範の不存在を理由として法創造を行うことも「法の下の行政の原理」から許されない。

　④法規範の意味変化は，法規範を取り巻く社会の変化によって，法規範が社会に適合しなくなった場合である。法規範の不存在と同様に，裁判官による法創造の問題がある。

　なお，国家の行う解釈（有権解釈）として，立法機関による立法解釈，行政機関による行政解釈，裁判所による司法解釈があり，国家によって拘束力が付与されている。これら３つの解釈は憲法の法治国家原理から，行政解釈，立法解釈，司法解釈という順に強くなる。

２．法解釈の方法

　法解釈の方法としては，①文理解釈，②論理解釈，③目的解釈の３つがある。

　文理解釈とは，法規範の言葉と文章を忠実に解釈する方法を言う。ただ，法規範の文理解釈に際しては，民法の「善意」「悪意」という法独特の意味，「又は」と「若しくは」の使い分けなどの法律用語の予備知識が不可欠である。

　①文理解釈は，法解釈の方法の中でもまず第１に行われるべきものである。というのは，文理解釈を行うことが立法者の意思を尊重することになり，文理解釈を確立することで法的安定性が確保されるからである。

　②論理解釈は，法規定や文言の意味に過度にとらわれることなく，法制定の沿革や法体系上の法規定の位置などから法規範の解釈を行うことである。

　③目的解釈　これらの解釈方法を用いてもなお，法規範の意味内容が不明な場合には，法規範の目的から法規範の意味を明らかにする目的解釈を行う必要がある。ただし，何を法規範の目的とするかという点で，法規範を制定

した立法者の目的とすべきか（立法者意思説），それとも法規範が現在の社会において有する目的とすべきか（法律意思説）について意見が分かれている。前者の見解に対しては，立法から何年もたった後も立法者の意思に拘束されなければならないかが問題となる。後者の見解に対しては，現在の社会における目的をどのように確定するかが問題となる。とりわけ，解釈者が考えた法律意思が立法の目的とされてしまうことから，法解釈の客観性に対する疑問が生じる。

3．解釈技術

　法解釈をするための具体的な技術として挙げられるものは，①反対解釈，②縮小解釈，③拡大解釈，④類推解釈，⑤勿論解釈の5つがあるが，その例を「車馬通行止」という法規範についてみていくことにする。①反対解釈とは，一定の法命題から反対の命題を引き出すもので，「車馬通行止」が「人（歩行者）」については何ら禁止していないことから，人は通行できると解釈するものである。②縮小解釈とは，法命題の意味を通常の意味より狭く解釈することを言う。例えば「車」は四輪車を指すものであって，自転車やベビーカーの通行を禁じるものではないと解釈する。③拡大解釈とは，法命題の意味を通常の意味よりも広く解釈することをいう。「馬」にはその科に属する「鹿」も含まれるとしたり，「車」は車輪がついているすべてのものが含まれるとする。そう解釈すると，自転車やベビーカーも通行が禁止されることになる。④類推解釈とは，当該事項について明文の規定がないとき，類似の規定を借りてきて必要な修正を加えて解釈することを言う。「馬」も「牛」も運搬などに使われる点では似ているので「牛」を通行止めとするとか，「馬」も「犬や猫」も動物であることから「犬や猫」も通行止めとするものである。このような解釈は法の欠缺を埋めるために用いられることが多いが，恣意的に拡大して考えることも可能となるため，刑罰規定については罪刑法定主義の観点から類推解釈は禁止される。しかし，民法等では「準用」という形式で明文で認められる場合がある。⑤勿論解釈とは，ある事実に関する法令の規定に

ついて，その趣旨・目的から，法令の規定を欠く他の事実に関しても，条理から当然にその規定を適用すべきであるとの解釈をいう。「車馬通行止」についていえば，この規定の目的が人が通行するのに危険な車両や動物の通行を禁止することにあるので，「馬」よりももっと危険な「ライオン」や「トラ」は勿論通行止めとされると解釈するものである。

第2部　法と社会生活

第5講　人と法的能力

第1節　権利能力と意思能力

　民法3条1項は，「私権の享有は，出生に始まる。」と規定する。私権とは，私人間の生活を円滑に行うために私法が私人に認める権利である。人（自然人）は生まれると同時に，この権利・義務の享有主体となる資格があるが，その能力を権利能力という。それに加えて意思能力の規定がおかれた。民法3条の2は「法律行為の当事者が意思表示をした時に意思能力を有しなかったときは，その法律行為は，無効とする」と明文化された。

1．私　権

　人は，出生により，すべての私権を享有するが，無制約にそれを行使できるのではない。現代社会は資本主義・自由主義を採用しているが，その初期においては，各人が私的利益を追求していけば，おのずから，社会も豊かになると考えられた。しかし資本主義が発展することによって，経済的・社会的強者と弱者の区別を作り出すことになり，前者が後者の人権を脅かすようになった。すべての人が私権を享有し，社会生活を営んでいく以上，私権の行使は公共の福祉による一定の制約を受けざるを得ない。民法1条1項は「私権は，公共の福祉に適合しなければならない。」と規定する。

　また，「権利の行使及び義務の履行は，信義に従い誠実に行わなければならない。」（民法1条2項）。この原則は「信義則」，「信義誠実の原則」と呼ばれる。人が社会に生きている以上，他の人に対して誠意ある行為をすることは当然のことであり，ある種の道徳規定であるが，このような原則は，人との信頼

関係によって社会生活を営んでいく上で必要とされる。例えば，長い間期限内に賃料を支払ってきた賃借人が，何らかの事情があって賃料の支払いの遅延を申し出ることになったり，賃貸人の承諾なしに賃貸家屋を改築したり，転貸しても，その程度がひどくなければ，賃貸人による契約解除は無効とされる（最判昭和39.7.28）。賃貸人と賃借人の間には信頼関係があると考えられ，わずかのキズで大きな不利益を招いてはならないからである（信頼関係の原則）。また，不動産が二重売買された場合，後から買い受けても，登記をすれば，第1の買受人に所有権を主張することができるのが原則（同法177条）であるが，第2の売買がフェアでないときは，信義則が持ち出され，第1の買主に所有権の主張ができないとされている。取引におけるフェア・プレイの原則に反するからである。

　さらに，権利があってもそれを濫用することは許されない（民法1条3項）。宇奈月温泉の旅館は，温泉源である黒薙温泉から木管で7,500m湯を引いて長い間温泉宿を営んでいた。その木管が数m無断で他人の土地を通っていたことに目をつけ，その土地を2坪買い受けた者が，二束三文の自分の荒蕪地とその土地を合わせて法外な値段で買い取らせるために，その所有権に基づいて引湯管の撤去と立ち入り禁止を請求することは権利の濫用として許されない。黒部峡谷はV字谷のため，引湯管を撤去するのは不可能であり，たとえできたとしても法外なお金がかかることになる。それだけでなく，その間，温泉旅館は長期の休業を強いられることになるからである（大判大正10.10.5）。また，信玄公旗掛の松が，汽車の煤煙によって，枯死した事件では，権利の行使が，社会通念上被害者の受忍すべきものと一般的に認められる程度を超えたときは，権利行使の適当な範囲にあるものといえず，不法行為となるとして，松の所有者の損害賠償の請求を認めている（大判大正8.3.3）。

2．享有主体

　自然人は，「出生」により権利能力を享有する。胎児は，まだ出生していないから，原則として権利能力を有しないが，そうすると既に生まれた兄姉と

の間で不均衡が生じたり，出生してから請求すると十分な権利保障が受けられなくなるなどの不都合が生じることがある。そこで民法では，次の場合に，胎児について，例外規定を設けている。①不法行為者に損害賠償を求める場合（民法721条），②相続の場合（同法886条），③遺言で財産を贈られる場合（同法965条）には，胎児は既に生まれたものとみなす。また，胎児は母の承諾があれば，父親から認知を受ける（同法783条）こともできる。

　外国人については，「法令又は条約の規定により禁止される場合を除き，私権を享有する」（民法3条2項）とされるが，重要な財産権について種々の制限がある。諸外国の中には日本人による土地の権利取得を認める国と認めない国があるが，後者の国の外国人に対しては日本における土地の権利取得は認めていない（外国人土地法1条）。国家賠償についてもこのような相互主義がとられている（国家賠償法6条）。また，船舶や航空機にも国籍がある（船舶法1条，航空法4条，海洋法に関する国際連合条約92条，94条）ためそれらについては日本国籍のままでは，日本の船長，機関長がいることが必要なので，権利を取得することはできない。その他，特許権，実用新案権，意匠権，商標権などの工業所有権も条約で特別の規定がない限り権利を取得することができない（特許法25条，実用新案法2条の5，意匠法68条3項，商標法77条3項など）。

　自然人と並んで法人もまた権利をもつことができる。法人といってもその種類は多様であり，国や地方公共団体のような公法人と会社や私立学校のような私法人がある。法人の設立・管理・運営等については，数多くの特別法がある。株式会社には会社法が，地方公共団体には地方自治法が適用され，民法が適用するのは，公益を目的とする法人のうち公法によらず設立されたもので私立学校法，宗教法人法など特別法のない場合に限られる。法人には社団法人と財団法人がある。社団法人は株式会社など組織された人の集合体で団体自身がひとつの社会単位としてその構成員から独立しているものをいう。財団法人は民法上，学術，技芸，慈善，祭祀，宗教，その他の公益事業を目的とする財団で主務官庁の許可を得て法人となったものをいう（民法33条）。また，法人には，①営利を追求することを目的とする商事会社（株式会社）や

民事会社（農業や林業）のような営利法人（すべて社団法人），②公益を目的とする医療法人や学校法人のような公益法人（社団法人と財団法人がある），③公益も営利も目的としない労働組合や生活協同組合などの中間法人がある（特別法による。特別法がなく法人になれない場合は権利能力なき社団となる）。法人は，法令および法人の根本規則である定款・寄付行為に掲げられた目的の範囲内でのみ権利を有し義務を負う（民法34条）。

　外国法人については外国人と同様に種々の制限がある（民法35条）。

3．権利能力の始期と終期

　人は「出生」により権利能力を享有する。2020年の出生者数は84万832人で，前年より２万4,407人減少した。出生率は人口1,000人当たり6.8で，前年の7.0を下回った。合計特殊出生率は1.34で前年より0.02ポイント減少している。権利能力の終期については，民法に直接の規定がなく，「相続は，死亡によって開始する」（民法882条）とだけ規定されている。人は死亡すると，その財産にかかわる一切の権利義務が相続人に受け継がれる（同法896条）ので，権利や義務の主体となる能力である権利能力は，死亡によって消滅すると考えられる。なお，2020年の死亡者数は137万2,648人で，前年の138万1,093人より8,446人減少し，死亡率は人口1,000人当たり11.3で，前年もほぼ同じであった。悪性新生物の死亡者は37万8,356人で，死因順位の第１位となっている。第２位は心疾患，第３位は老衰である。死亡の時点は，今まで心臓死とされてきたが，臓器移植や尊厳死の観点から脳死も死とすべきであるという議論がなされ，1997年10月から施行された臓器移植法では，条件付で法的に脳死も人の死であることを認めている。

　臓器移植法は６条で死亡した者が臓器移植の意思を生前に書面で表示していて，遺族が拒まない場合に限り，「脳死した者の身体」を「死体」に含むとしてその臓器を摘出できると規定する。脳死はすべての脳の機能を完全に失い回復することができない状態，人工呼吸器がないと呼吸できず心停止する。いわゆる「植物状態」は自発呼吸ができるので脳死とは違う。臓器提供の意

思を有効に表示しうる年齢は，厚生労働省の運用指針として民法の遺言可能年齢等を参考として15歳以上の意思表示を有効な者とされたため，15歳未満の臓器提供ができないとされていた。しかし，2009年の法改正により，2010年1月17日から臓器を提供する意思表示に併せて親族に対し臓器を優先的に提供する意思を表示できることとなった。また，2010年7月17日からは本人の臓器提供の意思が不明な場合にも，家族の承諾があれば臓器提供が可能となった。これにより15歳未満の者からの脳死下での臓器提供も可能となった。2015年10月12日には急性脳症で入院中の6歳未満の男児が臓器移植法に基づき脳死と判定された。両親ら6人の総意で臓器提供を決断し，その多くの臓器が移植を待つ人々に届けられた。6歳未満の脳死判定は2010年の改正移植法の施行後4例目である。

　また，不在者の生死不明が一定期間続く場合，家庭裁判所は利害関係者の請求により，失踪宣告ができる。失踪には不在者の生死が7年間わからない場合の普通失踪と，戦争・災害などの危難にあって生死不明になった場合の特別失踪がある（民法30条）。普通失踪の場合は，その期間が満了したときに死亡したものとみなされるが，特別失踪の場合はその危難が去ったときに死亡したものとみなされる（同法31条）。なお，飛行機事故や土砂崩れなどで死亡したことは確実であるが，遺体が確認できない場合については，失踪宣告制度によらずにはじめから死亡したものとして扱うことができる。

　数名の死亡者のうち，いずれが先に死んだか不明の場合には，反証がない限り同時に死亡したものとする。同時死亡の場合には同時死亡者相互間では相続は生じないことになる（民法32条）。

第2節　行為能力

　人は生まれると同時に権利能力をもつが，すべての人が法律行為を理解して行えるとは限らない。行為能力とは，単独で瑕疵のない法律行為をすることができる能力をいう。法律行為には意思表示が必要であるが，自らの意思

に基づいて法律行為を行うには，正常な意思能力が備わっていなければならない。民法は，法律行為をする弁識能力が十分でない者を，制限行為能力者として，保護する制度を採用し，制限行為能力者の行為能力に制限を加え，法定代理人の同意や代理を必要とし，その同意のない行為を取り消すことができるとしている。

　従来，弁識能力が十分でないものを行為無能力者とし，行為無能力者のなした法律行為は取り消しうるものとして，行為無能力者の保護が図られてきた（無能力者制度）。しかし，高齢化社会になるにつれて，自己決定権をできるだけ尊重して欲しいという要望や，禁治産者宣告や準禁治産者宣告が戸籍に記載されることについて抵抗が出てきた。また，諸外国で行われている成年後見制度を導入することが要請されるようになってきた。

　そこで，1999年に民法が改正され，制限行為能力者制度が導入された。制限行為能力者は，未成年者に加えて，自己決定権をできるだけ尊重するという趣旨に基づいて，精神障害の程度によって，成年被後見人，被保佐人，被補助人に分けられ，家庭裁判所に申し立てることにより，成年後見人，保佐人，補助人が付される。従来，家庭裁判所が職権でこれらの法定代理人を選任していたが，自己決定権尊重という観点から，自己の判断能力が不十分になる状態に備えて，自分で後見人等を選任する任意後見契約が登記されている場合には，家庭裁判所は本人の利益のためとくに必要があると認めるときに限り，後見開始の審判をすることができる（任意後見契約に関する法律10条1項）。成年被後見人を除き法定代理人の同意がない行為については取り消しうる点では従来と代わりがないが，戸籍への記載に代えて新しい登記制度が設けられることになった（後見登記等に関する法律4条）。

1．制限行為能力者

（1）未成年者

未成年者とは満18歳未満の者をいう（民法4条。2022年4月1日から施行）。なお，国民投票法が制定され，憲法改正の投票権は18歳以上の日本国民とさ

れた。子どもの権利条約も18歳までの子どもを対象としている。現在のところ未成年者は意思能力がないか，あっても取引に必要な判断能力が十分でないので，制限行為能力者とされている。

　未成年者は法律行為を行うについて，弁識能力が不十分であると考えられるので，その行為を補完するために，法定代理人（保護者）がつけられる。法定代理人には，通常，親権者である父母であるが（民法818条・819条），親権者のいないときは未成年後見人（同法838条〜842条）がなる。

　未成年者が法律行為をするには，その法定代理人の同意が必要である。法定代理人の同意のない行為については取り消すことができる（民法５条２項）。ただし，受贈など単に権利を得たり，債務免除など義務を免れる法律行為については，未成年者にとって不利益にならないので，法定代理人の同意を要しない。例えば，未成年者が父母の同意を得ないで，その所有する土地の売買契約を結んだとする。買主が土地の引渡しを請求してきた場合，未成年者の財産の管理者である父母が，その契約を取り消すといえば，はじめからその契約はなかったことになり，土地の引渡し義務を免れることができる。既に引き渡した土地も契約を取り消して返還を求めることができる。未成年者はその契約の意味がわからずに契約したり，実勢価格がわからずに契約したりして損をすることがあるので，未成年者の財産を保全するために法律行為をする際に，法定代理人の同意を要件としているのである。

　しかしながら，法定代理人が目的を定めて処分を許した財産は，その目的の範囲内において，未成年者が自由に処分することができる。例えば学費や参考書代など目的を定めて渡されたお金は，その目的の範囲内でのみ処分が許されるのであって，それを目的外の処分，例えばそのお金を貸したり洋服代などに使ったりした場合には，取り消すことができる。目的を定めないで処分を許した財産，例えばお小遣いは，その範囲内であれば自由に使うことができる（民法５条１項・２項）。

　また，法定代理人が未成年者に営業をすることを許した場合は，その営業に関しては成年者と同じく，単独で法律行為をすることができる。未成年者

がその営業をするのが無理だと判断した場合，法定代理人は，その許可を取消しまたは制限することができる（民法6条2項）。しかし，相手方にとって営業が取り消されたり，制限されていることはわからないので，取消しや制限をするためにはそのつど商業登記をしておくことが必要である（商法5条・15条）。ただし，取り消されても初めからなかったものになるのではなく，営業許可がされてから取り消されるまでなした行為は有効である。

未成年者の法定代理人は，法律行為に同意を与えるだけでなく，法律行為を代理することもできるし，未成年者の法律行為の取消しや追認もできる。

（2）成年被後見人

成年者であっても精神上の障害（例えば認知症や知的障害など）により常に自分の行為について弁識能力を欠く常況にある者に対しては，家庭裁判所は，民法7条に規定されている者の請求に基づいて，後見開始の審判をすることができる。しかしながら，身寄りのない高齢者，知的障害者，精神障害者については，請求者がいないことも考えられる。そこで，老人福祉法，知的障害者福祉法，精神保健及び精神障害者福祉に関する法律の改正により，市町村長に成年後見開始の審判の申立権が与えられている。

意思能力がない者の行った法律行為は無効であるが，法律行為の無効を主張する人はいちいち意思能力がないことを証明しなければならない。そこでこのような人については，あらかじめ家庭裁判所で後見開始の審判をし，制限行為能力者としておくことが本人にとっても相手方にとっても有益である。

家庭裁判所は，医師等の鑑定結果を踏まえて，本人の意見を聞いたうえで要件を満たすときは，後見開始の審判をしなければならない。ただし，任意後見契約が登記されている場合には，家庭裁判所は，本人の利益のため，とくに必要があると認めるときに限り，後見開始の審判をすることができる。

後見開始の審判を受けた者は，成年被後見人となり，法定代理人として成年後見人がつけられる（民法8条）。成年後見人は，成年被後見人を代理して法律行為を行う権限をもつ（同法859条1項）。なお，成年後見人が，成年被後見人の居住の用に供する建物または敷地について，売却，賃貸，賃貸借の解

除または抵当権の設定などの処分をするには，家庭裁判所の許可を得なければならない（同法859条の３）。成年後見が開始されると，裁判所書記官の嘱託により登記所に備えられる登記簿に登記事項が記録されることにとどまり，従来のように戸籍には記載されることはない。

　成年被後見人の法律行為は取り消すことができる。しかし，日用品の購入など日常生活に関する行為は，本人の自己決定権の尊重，残存能力の活用などを考慮して，成年被後見人が単独で行えるものとし，取消しの対象にはならない（民法９条）。

　成年被後見人が判断能力を回復したり，弁識能力を欠く常況にあるとまでいえなくなった場合には，民法７条に規定された請求者や成年後見人等の請求により，家庭裁判所は，医師等の鑑定結果を踏まえて，後見開始の審判を取り消さなければならない（民法10条）。ただし，本人になお保護が必要な場合には，同時に，保佐開始の審判や補助開始の審判を請求する必要がある。

（３）被保佐人

　精神上の障害があるため，自己の行為についての判断力が著しく不十分な者については，家庭裁判所が民法11条に規定されている者（成年被後見人と同様に市町村長を含む）の請求に基づいて，医師等の鑑定の結果を踏まえて，保佐開始の審判をすることができる（民法11条）。

　保佐開始の審判があると本人は被保佐人となり，その保護者として保佐人がつけられる（民法12条）。改正前の保佐人には準禁治産者が一定の行為を行う場合の同意権が与えられていたに過ぎないが，改正法により本人の同意があることを前提に保佐人には代理権まで与えられる（同法876条の４）。戸籍への記載に代えて，登記されることになったのも，成年後見開始の場合と同様である。なお，保佐監督人の制度も創設されており，家庭裁判所は必要があると認めるときは，被保佐人にその親族あるいは保佐人の請求または職権により保佐監督人を選任することができる（同法876条の３）。

　被保佐人が次に挙げる民法13条１項に定める行為を行おうとする場合には保佐人の同意を得なければならない。①利息や賃料などを生み出す財産（元

本）を受領し，またはその財産を貸したりするなど利用する行為を行うこと，②借金をしたり，保証人になること，③不動産その他重要な財産を，売買などにより取得したり譲渡したりする行為を行うこと，④原告として訴訟行為を行うこと，⑤贈与，和解または仲裁契約を結ぶこと，⑥相続の承認や放棄，または遺産分割協議を行うこと，⑦贈与や遺贈を断わったり，負担付（例えば借入金つきの不動産等）贈与や遺贈を受けること，⑧建物の新築，改築増築または大修繕を行うこと，⑨民法602条に定められた期間（山林10年，土地５年，建物３年，動産６ヵ月等）を超える賃貸借契約を結ぶこと，⑩前各号に掲げる行為を制限行為能力者の法定代理人としてすること，である。いずれも被保佐人の財産について重要な変動をもたらすものであり，弁識能力が不十分なために被保佐人が損をするか，場合によっては被保佐人の生活を脅かすようなものであるからである。

　また，家庭裁判所は，民法11条に規定する者，保佐人もしくは保佐監督人の請求により，被保佐人が13条１項で定める行為以外の行為をする場合でも保佐人の同意を得なければならない旨の審判をすることができる。しかしながら，成年被後見人と同様に，民法９条ただし書に規定する日用品の購入その他日常生活に関する行為は除かれる（民法13条２項）。反対に，保佐人の同意を得なければならない行為について，保佐人が被保佐人の利益を害するおそれがないにもかかわらず同意をしないときは，家庭裁判所は，被保佐人の請求により，被保佐人の自己決定権を尊重して，保佐人の同意に代わる許可を与えることができる（同法13条３項）。

　被保佐人が，保佐人の同意を得なければならない行為であって，その同意またはこれに代わる裁判所の許可を得ないでしたものは取り消すことができる（民法13条４項）。

　保佐開始の要件である「事理を弁識する能力が著しく不十分」でなくなった場合には，民法14条に規定する者の請求により，家庭裁判所は，保佐開始の審判を取り消さなければならない。民法13条２項でとくに同意を必要とする行為を追加した場合において，その必要がなくなったときも，その部分に

ついての審判の一部または全部の取消しをする。

（4）被補助人

　精神上の障害があるため自己の行為に関する弁識能力が不十分な者については，家庭裁判所は民法15条に規定されている者の請求によって補助開始の審判をすることができる。補助開始の審判についても市町村長に申立権が与えられている。成年後見または保佐を開始しなければならないほど判断力に欠ける場合には，そのいずれかを開始する審判がなされるべきであるから，補助開始の審判はなされない（民法15条１項）。また，被補助人は判断力が不十分であるにすぎないので，本人の意思をできるだけ尊重することが望ましい。そこで，本人以外の請求により補助開始の審判をするには，本人の同意がなければならない（同法15条２項）。本人以外の請求によって補助人の同意を要する旨の審判をするにも，補助開始の審判の際と同様に，被補助人の同意が必要である（同法17条２項）。家庭裁判所は，民法15条１項に規定する者または補助人もしくは補助監督人の請求により，被補助人が特定の法律行為をする場合に，補助人の同意を得ることを必要とする旨の審判をすることができる。ただし，その同意を得ることを必要とすることができる行為は民法13条１項に規定する行為の一部に限られる（民法17条１項）。また，補助人に代理権を与える（同法876条の９）旨の審判を同時に行わなければならない（同法15条３項）。

　補助開始の審判を受けたものは被補助人となり，その保護者として補助人がつけられる（民法16条）。被補助人に関しても戸籍への記載は行われず，登記されるにすぎない。

　また，被補助人の利益を害するおそれがないのにもかかわらず，補助人が同意しない場合には，被補助人は家庭裁判所に請求して，補助人の同意に代わる許可を得ることができる（同法17条３項）。逆に補助人の同意が必要とされる行為であるにもかかわらず，被補助人が補助人の同意あるいはこれに代わる家庭裁判所の許可を得ないで行った場合には，その法律行為を取り消すことができる（同法17条４項）。

「事理を弁識する能力が不十分」であるという状態でなくなったときには，家庭裁判所は，民法18条１項に規定される者の請求により，補助開始の審判を取り消さなければならない。家庭裁判所は，前項に規定する者の請求により，補助人の同意を要する審判の全部又は一部を取り消すこともできる（同条２項）。補助人の同意を要する旨の審判の全部を取り消し，補助人に代理権を与える旨の審判も取り消す場合には，補助が必要でなくなったということであるから補助開始の審判自体を取り消さなければならない（同条３項）。

（5）審判相互の関係

後見開始の審判をする際に，本人が既に被保佐人や被補助人である場合には，保護開始の審判が重複することになる。そこでそれらを調整するために，それ以前の審判を取り消すこととした。保佐開始の審判や補助開始の審判も，同様に，それに先行する審判は取り消される（民法19条）。

２．制限行為能力者の相手方の催告権

制限行為能力者が，法定代理人の代理によらないで，あるいは法定代理人の同意を得ないで，法律行為を行った場合には，これを取り消すことができる。制限行為能力者を保護するためにやむをえない効果であるが，その相手方は取消しあるいは追認がされるまでの間，不安定な立場におかれることになる。そこで，相手方に催告権を与えて法律行為を早く完成させようとするのが民法20条の趣旨である。相手方は１ヵ月以上の期間を定めて制限行為能力者の側に取り消されうる行為について追認するかどうかの確答をすべき旨の催告をすることができる。

制限行為能力者（未成年者，成年被後見人，被保佐人および被補助人）の相手方は，その制限行為能力者が行為能力者となった後（未成年者が成年者となるか，成年被後見人が弁識能力を回復して保護開始の取消しがあった場合等）の本人または制限行為能力者の法定代理人に対して１ヵ月以上の期間を定めて催告をし，確答がない場合には，追認したものとみなされる（民法20条１項・２項）。

特別の方式を要する行為（未成年後見監督人の同意）を要する行為について

は，期間内にその未成年後見監督人の同意を得た旨の通知を発しなければ，当該行為は取り消されたとみなされる（民法20条3項）。

　相手方は，被保佐人や被補助人に対しては1ヵ月以上の期間内にその保佐人または補助人の追認を得るべき旨の催告をすることができる。これに対して，期間内に追認を得た旨の通知がない場合には当該行為は取り消されたものとみなされる（民法20条4項）。

3．制限行為能力者の詐術

　制限行為能力者が，変造した登記簿や住民票等を見せて相手を騙したり，能力者と誤信させて法律行為をした場合には，その行為は取り消せなくなる（民法21条）。このような場合には，相手方を保護すべきであって，制限行為能力者を保護する必要はないからである。取引した相手方は，詐欺を理由に取り消すことができるし，損害を被った場合には不法行為を理由に損害賠償を請求できる。

4．制限行為能力者制度の限界

　身分上の行為は，本人の意思を尊重すべきものであるから，制限行為能力者制度はそのまま適用されない。成年被後見人も意思能力を回復していれば，単独で婚姻でき（民法738条），15歳になった未成年者，被保佐人や被補助人は単独で遺言ができる（同法961条）。なお，成年被後見人が事理を弁識する能力を一時回復した時に遺言するときは，医師2人以上の立ち会いが必要である（同法973条1項）。

　親は未成年の子に代わって法律行為をすることができるが，労働契約に関しては代理権をもたない（労働基準法58条1項）。親が子に代わって労働契約を結び，子の収入を搾取するという弊害が生じるからである。また，親は子に代わって賃金を受け取ることもできない（同法59条）。ただし，子が労働契約を締結する場合に，親の同意は必要である（民法823条1項）。

第3節　法律行為

１．法律行為

　法律行為は意思表示を要素とする。例えば売買は，売主がある価格であるものを売ろうとする意思表示をし，買主がその条件でそのものを買うことに同意すれば成立する。それによって売主は，代金請求権をもつとともにものの引渡し義務を負い，買主は代金支払い義務とものの引渡し請求権をもつという私法上の権利義務が生じることになる。法律行為にはこのような双務行為だけでなく，取消しや寄付などの単独行為，会社の設立のような一方向への多数の意思表示を要素として成立する合同行為がある。

　法律行為が有効であるためには，①内容が確定していなければならず，②内容が実現可能なものでなければならず，③内容が強行法規に反してはならず（例えば公序良俗に違反していないもの），④内容が社会的に妥当なものでなければならない。

　なお，これから述べる規定は身分行為には適用がない。身分行為は事実がまず存在してこれを確認・宣言する行為がなされるに過ぎないこと，人の生活における身分行為の重要性から財産行為よりも強い安定性が要請されているからである。

２．公序良俗

　公の秩序または善良の風俗に反する法律行為は，無効とする（民法90条）。例えば，次のような行為は，公序良俗に反するものとされている。①正義の観念に反するもの（犯罪をすることまたは犯罪を援助することを内容とする行為，談合，裏口入学など），②人倫に反するもの（愛人・妾契約など一夫一婦制に反する行為など），③個人の自由を極度に制限するもの（芸娼妓契約による前借金，人身売買など），④暴利行為（高利契約など），⑤動機の不法（売春を目的とする家屋の賃貸借，賭博のための金貸しなど），⑥個人の尊厳，男女の平等に反する

もの（結婚退職，男女別定年制など）である。公序良俗に反する行為は法的な保護には値しないので，その行為に基づく履行がなされないからといって履行や損害賠償を求めることはできない。そのような目的のために支出された財産は，不法原因給付（同法708条）として返還請求ができない。このような公の秩序を維持するために設けられた規定を強行規定といい，これに反する規定は無効となる。

3．任意規定と異なる意思表示や異なる慣習

公の秩序にかかわりなく，もっぱら法律行為の当事者の便宜のために設けられた規定を任意規定という。法律行為の当事者が任意規定と異なる意思を表示する場合は，意思表示が優先し，任意規定は効力がないものとして扱われる（民法91条）。例えば，売買には売るという意思表示と買うという意思表示を欠くことができないが（同法555条），履行の時期，場所，不履行の場合の損害賠償まで決めておかないことがある。任意規定は欠けている部分を補充したり，不明瞭な意思表示を一定の意味に解釈するために一例として規定されたものである。したがって，当事者がこれと異なる意思表示をした場合には，その意思表示を尊重することになる。

債務の履行の時期，場所，不履行の場合の損害賠償など法律行為についての一定の事柄について，任意規定と異なる慣習（地域的慣習や職業的慣習）がある場合に，当事者がその慣習に従う意思をもっていたと認められるときは，裁判所はその慣習に従って裁判し，当事者はその慣習に従って行動しなければならない（民法92条）。

4．意思表示

法律行為は意思表示を要素とするので，法律行為者の内心の意思と表現が一致しない場合の取扱いが問題となる。

（1）心裡留保

うそや冗談を言った場合であっても，自分の発言に責任をもつのが民法の

原則であり，相手方が表意者の真意を知っていたときであってもそのために
その効力を妨げられない。ただし，相手方がその意思表示が表意者の真意で
ないことを知り，又は知ることができたときは，その意思表示は無効となる
（民法93条1項）。93条1項ただし書の規定による意思表示の無効は善意の第
三者に対抗することができない（民法93条2項）。

（2）通謀虚偽表示

　相手方と共謀した虚偽の意思表示は，真意ではないことをお互いに知って
いるわけであるから，無効である（民法94条1項）。しかし，その事情を知ら
ないで利害関係をもつようになった善意の第三者に対しては，無効を主張す
ることができない（民法94条2項）。例えばAが債権者の差し押さえを免れる
ためにBと共謀して，売る気もないのに，Aの所有する不動産をBに売った
ように見せかけて，登記も移転したとする。AとBはこれが虚偽であると知
っているので，この取引は無効である。しかし，この取引を有効だと信じてB
と取引を行った善意の第三者Cに対して，Aは無効の主張ができない。AとB
は法に反する行為を行ったので保護する必要がなく，善意の第三者こそが保
護されるべきだからである。

（3）錯　誤

　錯誤の規定は2017年に全面改正された。95条1項は，意思表示は，次に掲
げる錯誤に基づくものであって，その錯誤が法律行為の目的及び取引上の社
会通念に照らして重要なものであるときは取り消すことができる，として無
効から取消しに変わった。そして2つのことを挙げている。①意思表示に対
応する意思を欠く錯誤，②表意者が法律行為の基礎とした事情についてその
認識が真実に反する錯誤である。また2項では前項2号の規定による意思表
示の取消しは，その事情が法律行為の基礎とされていることが表示されてい
た時に限りすることができる。3項では錯誤が表意者の重大な過失によるも
のであった場合には，①相手方が表意者に錯誤があることを知り，又は重大
な過失によって知らなかったとき，②相手方が表意者と同一の錯誤に陥って
いたとき，を除き第1項の規定による意思表示の取消しをすることができな

いと定めた。4項では第1項の規定による意思表示の取消しは，善意でかつ過失がない第三者に対抗することができないとした。

　錯誤の対象となる場合を表示内容の錯誤と動機の錯誤の場合であることを明らかにした。動機の錯誤の要件に判例は動機が相手方に明示されることを要件としてきたが，2項はその要件を明確にした。錯誤は表意者を保護する規定であるが，表意者に重大な過失があった時まで保護する必要性は低いため3項はそのことを明らかにしたものである。そして善意無過失の第三者を保護するために4項が新設された。

　（4）詐欺と強迫

　相手方からだまされて意思表示をした場合には，表意者を保護する必要からその意思表示を取り消すことができる。また，強く迫られたりして拒むことができなくて，意思表示をした場合にも，その真意ではない意思表示を取り消すことができる（民法96条1項）。しかし，これらの意思表示は，自らの判断で行ったのであるから，当然に無効になるわけではない。ただし，強迫の下で，意思決定の自由が奪われるような状態で，意思表示をした場合には，意思能力のない者がなした意思表示として無効となる。

　当事者以外の第三者の詐欺によって，相手方に対してした意思表示は，相手方がその事実を知り，又は知ることができた場合に限って，取り消すことができる（民法96条2項）。この場合は単に詐欺にあった意思表示者を保護すればよいというわけにはいかない。意思表示の相手方からすれば，その意思表示が詐欺にあってなされたものであるかどうかわからないからである。この場合，表意者とその相手方の利益を調整するため，相手方の善意・悪意を区別し，前者の場合は取り消すことができないが，後者の場合は取り消すことができる。第三者が強迫をしたような場合には，自分の意思で行為をしたのでないから，相手の善意・悪意を問わず，表意者は常に相手に対して取消しができる。

　詐欺による意思表示の取消しは，善意でかつ過失のない第三者に対抗することができない（民法96条3項）。表意者の意思表示を信じて新たに取引関係

に入った善意の第三者が保護されることになる。詐欺にあうということは被害者側にも落ち度があるからである。それに対して強迫による意思表示の取消しは善意の第三者にも対抗することができる。

（5）到達主義

　意思表示は，その通知が相手に到達したときから効力を生じる（民法97条1項）。また相手方が正当な理由なく意思表示の通知が到達することを妨げたときは，その通知は通常到達すべきであった時に到達したものとみなす（同法97条2項）。意思表示の相手方を保護するためである。意思表示をした者が，通知を出した後で死亡したり，制限行為能力者になって取引をする資格を失っても，そのために意思表示が無効になったり，取り消されたりすることはない（同法97条3項）。通知をした段階では，行為能力者であったと考えられるからである。

　意思表示は，表意者が相手方またはその所在を知ることができないときは，公示という方法をとることができる（民法98条1項）。公示は，民事訴訟法の規定に従い，裁判所の掲示場に掲示し，かつ掲示のあったことを官報および新聞紙に少なくとも1回掲載しなければならない。裁判所は，官報への掲載に代えて，市役所や町村役場またはこれに準ずる場所に掲示するよう命令することができる（同条2項ただし書）。公示による意思表示は，最後に官報または新聞紙に掲載した日から2週間経過したときに，相手に届いたものとする。ただし表意者が相手方もしくは相手方の所在を知らなかったことについて過失があった場合には，公示された意思表示は相手に届かなかったものとする（同条3項）。

　公示手続を扱う裁判所は，相手方を知ることができない場合は，表意者の住所地の簡易裁判所，相手方の所在を知ることができない場合は，相手方の最後の住所地の簡易裁判所とする（同条4項）。表意者が公示の費用を支払う（同条5項）。

（6）意思表示を受ける資格のない者

　意思表示の相手方がその意思表示を受け取った時点で，未成年者または成

年被後見人であった場合は，その意思表示の効果を主張することができない。ただし，法定代理人がその意思表示を知ったときには，それ以降意思表示の効果を主張できる（民法98条の２）。

第４節　代　理

1. 代　理

　代理とは，代理人が本人に代わって代理人の権限内の意思表示をすることによって，本人が直接その意思表示の効果（それによって生じた権利・義務）を取得する制度である（民法99条１項）。第三者が代理人に対して意思表示をした場合も同様である（同条２項）。代理には，本人から代理権が与えられる任意代理（証券会社，不動産業者，弁護士等）と法律上代理権が与えられる法定代理がある（未成年者の親権者，不在者の財産管理人等）。代理行為をする際には，代理人は本人のためにすることを示さなければならず，また相手から意思表示を受ける場合には，相手方が本人のためにすることを示さなければならない。代理人が本人の名で意思表示をしなかった場合は，自分のためにしたものとして扱われる。ただし，相手方が本人のためにされた行為であることを知っていた場合，当然そのことを知りうる場合には，本人がしたのと同様に扱う（同法100条）。代理人が相手方にした意思表示の効力が意思の不存在，錯誤，詐欺または強迫等があったことにつき過失による影響を受ける場合には，その事実の有無は，代理人について決することにする（同法101条１項）。相手方が代理人に対してした意思表示の効力が，意思表示を受けた者がある事情を知っていたこと又は知らなかったことにつき過失があったことによって影響を受けるべき場合には，その事実の有無は，代理人について決するものとする（同法101条２項）。特定の法律行為をすることを委託された代理人がその行為をしたときは，本人が知っていることについて代理人が知らなくとも，本人は後になって知らなかったと主張することはできない。本人が過失によって知らなかった事情についても同様とする（同条３項）。代理人には制限行

為能力者でもなれる（同法102条）。

　代理権を与える場合には，委任状を用い，代理の名や代理内容を明示する。代理内容が明らかでないときは管理行為（保存行為，利用行為，改良行為）だけすることができ，処分行為をすることはできない（同法103条）。なお本人に代わって意思表示をすべきでない婚姻・遺言などには代理はない。

　代理人が自己又は第三者の利益を図る目的で代理権の範囲内の行為をした場合において，相手方がその目的を知り，又は知ることができたときは，その行為は，代理権を有しない者がした行為とみなす（同法107条）。

２．無権代理と表見代理

　代理権のない者が代理として行った法律行為は無効であり，本人には何の責任も生じない（無権代理）。しかし，本人がその行為を追認すれば，その行為は有効になる（民法113条）。追認またはその拒絶は，相手方に対してしなければ，その相手方に対抗することができない。ただし，相手方がその事実を知ったときはこの限りではない。無権代理人が本人の追認を得ることができなかった場合には，相手に対し，契約を履行するか，相手の被った損害を賠償しなければならない。ただし，相手が無権代理であることを知っているか，過失によって知らなかった場合，代理人が行為制限能力者の場合には，相手方は契約の履行または損害賠償を求めることができない（同法117条）。

　無権代理人と本人の関係から，無権代理を真の代理人を信じるのに無理がない場合（表見代理）には，善意の第三者は本人に責任を問うことができる（民法109条・110条）。本人が代理権を与えるよう表示したが，実は与えなかった場合のほかに，代理人がその権限外の行為を行うなどした場合，また代理権消滅後の場合（同法112条）に表見代理が認められる。

第５節　時　効

　民法は「権利の上に眠る者は保護しない」ので，権利を有していても一定

期間行使しないと，現在の権利状態が一般の信頼を得ていることを重視して，権利は移転・消滅する。時効には，第三者が所有権を取得する取得時効（民法162条）と権利が消滅する消滅時効（同法166条）がある。

１．取得時効

　所有権その他の財産権は，権利者らしい権利行使の外観が一定期間続くとその外観を備えたものが取得する。これを取得時効という。所有の意思をもって，平穏かつ公然に，20年間，他人の物を占有すれば，占有者がその物の所有権を取得する（民法162条１項）。また，善意無過失で，他人の不動産を占有した者は，10年でその所有権を取得する（同条２項）。前者を長期取得時効，後者を短期取得時効という。動産については取得時効が問題になることはまずない。ＢがＡの動産を，それを知らないＣに売却したり，質入した場合は，即時取得（同法192条）によって動産の所有者となり質権者となるからである。所有の意思がないとき，時効は成り立たない。また時効完成時に登記の有無は関係ないが，旧所有者が第三者に不動産を売却し，登記を済ませると，時効取得者は登記をもつ善意の第三者には対抗できない（同法177条）。

　取得時効の対象となる所有権以外の財産権には，地上権，永小作権，地役権，鉱業権，漁業権，著作権，特許権などがある。

２．消滅時効

　債権は，次に掲げる場合には時効によって消滅する。①債権者が権利を行使することができることを知った時から５年間行使しないとき，②権利を行使することができる時から10年間行使しないとき（民法166条１項），債権または所有権以外の財産権は権利を行使することができる時から20年間行使しないときは，時効によって消滅する（同法166条２項）。前２項の規定は，始期付権利または停止条件付権利の目的物を占有する第三者のために，その占有の開始の時から取得時効が進行することを妨げない。ただし，権利者はその事項を更新するため，いつでも占有者の承認を求めることができる（同法３項）。

旧167条１項では債権の消滅時効期間は10年とされていた。しかし，法律関係の早期安定や，長期間経過による証拠の喪失などを考えると10年間という期間は長すぎるとも言える。そこで，2017年の改正で原則として５年間に短縮されることになった。

　人の生命又は身体の侵害による損害賠償請求権の消滅時効についての前条１項２号の規定の適用については同号中「10年間」とあるのは「20年間」とする（同法167条）。不法行為の場合には724条１項が「不法行為による損害賠償の請求権は」，「被害者又はその法定代理人が損害及び加害者を知った時から３年間行使しないとき」と規定しているところ，３年から５年となる（724条の２）。

　定期金の債権は，次に掲げる場合には，時効によって消滅する。①債権者が定期金の債権から生ずる金銭その他の物の給付を目的とする各債権を行使することができることを知った時から10年間行使しないとき，②前号に掲げる各債権を行使することができる時から20年間行使しないとき（同法168条１項）。定期金の債権者は時効の更新の証拠を得るため，いつでもその債務者に対して承認書の交付を求めることができる（同法168条２項）。

　判決で確定した権利の消滅時効については，確定判決または確定判決と同一の効力を有するものによって確定した権利については，10年より短い時効期間の定めがあるものであってもその時効期間は10年とする（民法169条１項）。前項の規定は，確定の時に弁済期の到来していない債権については適用しない（同法169条２項）。

第6講　暮しと法

第1節　契　約

　「契約」は，契約の内容を示してその締結を申し入れる意思表示（申込み）に
対して，相手方が承諾したときに成立する（民法522条）。契約によって，「特
定の人に特定の行為を要求する権利」である「債権」が生じ，また，「特定の
人が特定の行為を行う義務」である「債務」が生じる。そして，債権を有する
者を債権者，債務を負う者を債務者という。所有権，質権，抵当権などの「物
を直接支配する権利」である「物権」と並んで，「債権」は民法上重要な地位
を占めている。なお，債権は，契約によるほか，「不法行為」に基づく損害賠
償請求権などからも生じる（⇒164頁以下参照）。

1．契約自由の原則
（1）意　義
　封建的身分社会を打破して成立した近代社会において，人は他者の命令や
支配に服さない自由・独立の存在であることが認められた。その結果，①自
由に物を支配し，その上にある権利を行使することができるという「所有権
絶対の原則」，②私的生活関係の形成が個人の自由な意思に基づくという「契
約自由の原則」（私的自治の原則），さらに，③非難されるような状態にある者
のみが責任を負うとする「過失責任主義」が，近代私法の指導原理として成
立することとなった。
　なかでも，「契約自由の原則」から，人はすべて合理的な判断能力をもつと
いうことを前提とし，そのような人の活動を自由にしておけば，調和的な社

会がおのずから生まれるとされ，国家権力の介入をできるだけ排除すべきであるとされた。521条1項では，契約を締結するかしないかを外部から強制されないという契約締結の自由，契約を締結するに際してどのような者を相手方に選んでも良いという相手方選択の自由が明らかにされている。契約の内容はどのようにも定めることができるという契約内容決定の自由は2項に，そして，契約は原則として合意によってのみ成立するという契約方式の自由は522条2項に規定されている。この契約の自由の原則には学説にも争いがないが，民法には規定が置かれていなかった。そこで521条を新設し，契約自由の原則を明文で定めることになった。

（2）変　容

「契約自由の原則」は，資本主義経済社会において，各人の創意と責任に基づいて物事を処理させることによって，その者を向上発展させるだけでなく，国家全体の利益の発展につながるとされた。しかし，契約の自由の名の下に展開された自由競争は，資本の集中や大企業による支配をもたらした。例えば，大企業の独占的な価格設定や，使用者による一方的な雇用契約にみられるように，一般の消費者や労働者は契約を受け入れるか否かの自由しかもたないか，場合によっては拒否する自由ももたないということになり（附合契約），そこには契約当事者の自由な合意による契約はもはや存在しえなくってしまった。現代では，国家が経済的・社会的弱者を保護するために，「契約自由の原則」を修正しようとしている。このことは，①割賦販売法，特定商取引法，出資法，借地借家法，労働基準法などの経済的・社会的弱者保護の法律の制定，②人身売買など，公の秩序や善良の風俗（公序良俗）に違反する契約を無効とする民法90条などの強行規定の拡充にみることができる。

なお，民法の基本原理の変容は，「契約自由の原則」の側面にとどまらず，「所有権絶対の原則」や「過失責任主義」にも現れている。例えば，前者は，憲法29条2項の「財産権の内容は，公共の福祉に適合するやうに，法律でこれを定める」という規定と，民法1条1項の「私権は，公共の福祉に適合しなければならない」という規定にみられる。後者は，民法714条以下での過失の

要件の緩和，民法717条での無過失責任の規定に認められる。さらには，自動車損害賠償保障法や製造物責任法などのように，過失責任の原則を修正・否定する特別立法さえ存在する。

2．契　約

　民法には，売買，交換，贈与，消費貸借，使用貸借，賃貸借，雇用，請負，委任，寄託，組合，終身定期金，和解という13種類の契約（典型契約）が定められている。現実の社会では，これらの典型契約以外にも契約は存在する（無名契約）。契約の中でも重要なものは次のものである。

（1）売買契約

　1）内　容

　Aがある物を引き渡し，Bがこれに対して対価を支払うという売買は，われわれの日常生活において最もなじみがある。民法555条は，当事者の一方（売主）がある財産権を相手方（買主）に移転することを約束し，これに対して買主がその代金を支払うことを約束する契約を売買契約と定める。売買契約は，売主が財産権を引き渡すこと，買主が対価を支払うことを要素とし，この２点について両者の意思が合致すれば成立する契約（諾成契約）である。契約書の作成は不要であるが，土地・建物などの不動産や自動車などの売買においては，契約内容の明確化のために，売買契約書が作成される。所有権（民法206条）だけでなく，地上権（同法265条），債権，無体財産権，株式など，財産的価値があり，譲渡性があるものであれば，すべて売買の対象となる。

　2）効　果

　売買契約が成立すると，まず，売主は，売買の対象である財産権を，買主に完全に移転する義務を負う。他人の有する権利を売買したときも，契約は無効ではなく，売主は，他人からその権利を取得して，買主に移転する義務を負う（民法561条）。また，売主は，売買の対象に問題があったときは，買主に対して責任（担保責任）を負う。買主は，契約の解除，代金減額請求，損害賠償請求という３つの方法で責任を追及できる。例えば，対象たる財産権が他

人に属し，買主に移転できないときは，買主は，その財産権が他人に属していることを知っていたかどうかにかかわらず，いつでも契約を解除することができ，さらに，他人に属していることを知らないときは，損害賠償を請求できる（民法415条・564条）。売買の対象に欠陥（瑕疵）のあることが判明し，買主がそのために契約の目的を達することができないときは追完請求をすることができる（562条）。買主は，不適合を知った時から1年以内に売主に通知しないときは，履行の追完の請求，代金の減額の請求，損害賠償の請求及び契約の解除をすることができない（566条）。

3）売買の特別法

特殊な売買として，代金を分割し，それぞれの額を一定期間ごとに継続して支払う特約のついた売買契約に割賦販売がある。この販売方法は低所得者に高額の商品を購入することを可能とするため，急速に普及した。割賦販売には，ある程度代金が積み上がってから買主に目的物を引き渡す場合（前払い式）と，最初に目的物を買主に引き渡してしまう場合（後払い式＝信用販売）

クーリング・オフの場合の取消しの形式 （本人から）

〈記載例〉

```
          通知書

  次の契約を解除することを通知します。

    契約年月日    平成  年  月  日
    商品名
    契約金額               円
    販売会社    株式会社○○○    ○○営業所
                         担当者  ○○○○
    クレジット会社  △△△株式会社

  支払った代金○○円を返金し，商品を引き取っ
  てください。
                    平成  年  月  日
                    氏名
```

※タイトルとして「通知書」，「次の契約を解除することを通知します。」と記載する。

※次に，契約年月日，商品名，契約金額，販売会社（会社名，営業所名，担当者名），クレジット会社の会社名を記載する。続いて「支払った代金○○円を返金し，商品を引き取ってください。」と記載する。

※最後に，発信日，自分の氏名を記載する。

※訪問購入で，物品を引き渡している場合には，「引き渡し済みの商品○○を返還してください」と記載する。

がある。前払い式については，目的物を引き渡さない間に売主が倒産してしまうと，大勢の買主に迷惑を及ぼし，また，後払い式では，売主が代金債権を担保するため，所有権留保を行ったり，違約罰を定めたりするなど，経済的地位が劣り，知識の乏しい消費者に不利過酷な条件が付されがちであるため，争いが多発した。そこで，割賦販売法によって割賦販売に規制をかけることが要請された。割賦販売法は，割賦販売，ローン提携販売，信用購入あっせん（いわゆるクレジットのこと）の大きく3類型に分けて規制している。

訪問や郵便・電話など通信による販売や，ネズミ講まがいのいわゆるマルチ販売も盛んに行われている。これらの販売方法が，押売りや詐欺のようなものであるため，訪問販売等に関する法律により，一定条件下のクーリング・オフ（特定商取引法9条・9条の2・24条・40条・48条等）などの制度が導入された。

消費者庁の組織図

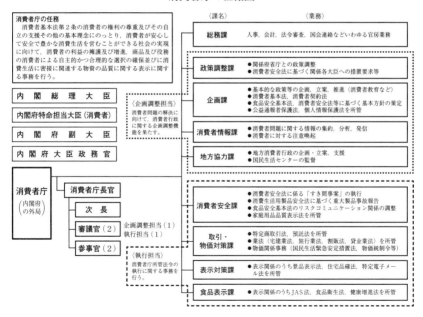

〈課名〉　〈業務〉

消費者庁の任務
消費者基本法第2条の消費者の権利の尊重及びその自立の支援その他の基本理念にのっとり，消費者が安心して安全で豊かな消費生活を営むことができる社会の実現に向けて，消費者の利益の擁護及び増進，商品及び役務の消費者による自主的かつ合理的な選択の確保並びに消費生活に密接に関連する物資の品質に関する表示に関する事務を行う。

課名	業務
総務課	人事，会計，法令審査，国会連絡などいわゆる官房業務
政策調整課	●関係府省庁との政策調整 ●消費者安全法に基づく関係各大臣への措置要求等
企画課	●基本的な政策等の企画，立案，推進（消費者教育など） ●消費者基本法，消費者契約法 ●食品安全基本法，消費者安全法等に基づく基本方針の策定 ●公益通報者保護法，個人情報保護法を所管
消費者情報課	●消費者問題に関する情報の集約，分析，発信 ●消費者に対する注意喚起
地方協力課	●地方消費者行政の企画・立案，支援 ●国民生活センターの監督
消費者安全課	●消費者安全法に係る「すき間事案」の執行 ●消費生活用製品安全法に基づく重大製品事故報告 ●食品安全基本法のリスクコミュニケーション関係の調整 ●家庭用品品質表示法を所管
取引・物価対策課	●特定商取引法，預託法を所管 ●業法（宅建業法，旅行業法，割販法，貸金業法）を所管 ●物価関係事務（国民生活緊急安定措置法，物価統制令等）
表示対策課	●表示関係のうち景品表示法，住宅品確法，特定電子メール法を所管
食品表示課	●表示関係のうちJAS法，食品衛生法，健康増進法を所管

内　閣　総　理　大　臣

内閣府特命担当大臣（消費者）

内　閣　府　副　大　臣

内閣府大臣政務官

消費者庁
（内閣府の外局）

消費者庁長官

次　長

審議官（2）

参事官（2）

〈企画調整担当〉
消費者問題の解決に向けて，消費者行政に関する企画調整機能を果たす。

企画調整担当（1）
執行担当（1）

〈執行担当〉
消費者庁所管法令の執行に関する事務を行う。

消費者庁は，消費者の視点から政策全般を監視する組織の実現を目指し2009年5月に関連法が成立し，同年9月1日に発足した。消費者庁は消費者庁長官の下に202人の職員がいる。主任の大臣は内閣総理大臣であるが，内閣府特命担当大臣が常設される。

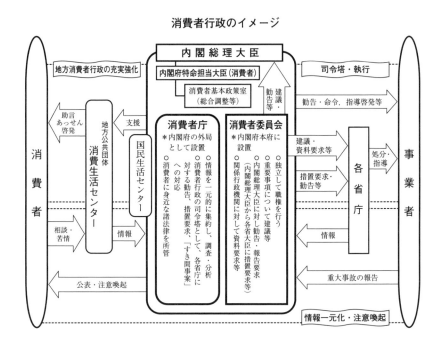

消費者行政のイメージ

　立ち入り調査や処分を行う消費者安全課は20～30人程度の正規職員しか確保できなかったため，捜査や規制の知識や経験が豊富な警察や公正取引委員会のOBを非常勤職員として100人規模で雇用し，立ち入り調査などにこれらの非常勤職員を積極的に投入する方針である。

　また，第三者機関として内閣府に消費者委員会が設置され，内閣府本府の審議会等として位置づけられ，内閣総理大臣によって任命される10名以内の委員で組織される。事務局がおかれる他，必要に応じて，臨時委員，専門委員がおかれる。

（2）消費貸借契約

　消費賃借契約は，当事者の一方（借主）が種類，品質および数量の同じ物を返還する旨を約して，相手方（貸主）から金銭その他のものを受け取ることによって成立する契約である（民法587条）。

　金銭消費貸借契約において，借主が利息を支払う旨の特約がある場合，利息の利率は特約によって決まるが，利率の特約がない場合や法律の規定による場合には，年３％（民法404条２項）となる。なお，金銭消費貸借契約において，高利貸，最近ではサラ金などにみられるように，利息をめぐる争いが多発している。利息制限法１条１項は，利息が元本10万円未満については年20％，元本10万円以上100万円未満については年18％，元本100万円以上については年15％を超える場合にはその超過部分を無効としている。利息制限法の制限を超える利息を支払った場合には，超過部分を返還請求できる（最大判昭和44. 11. 25）。しかし，この法律に違反しても罰則がないため，消費者金融などは利息制限法以上の利息でお金を貸し出していた。1983年に制定された貸金業法は，貸金業者の登録制度（貸金業法３条・６条），過剰貸付けの禁止（同法13条）や取立て行為の規制（同法21条）を定めて，消費者の保護を行いつつも，他方で，貸金業法では任意に支払った利息制限法の規制を超える利息の支払いを有効であるとした（同法43条）。また，同時に改正された出資法も，貸金業者が年28％を超える利息を定め，または受領したとき，５年以下の懲役もしくは1,000万円以下の罰金に処される（出資法５条の２）旨を定めた。このことから，利息制限法の規制を超えつつも，出資法の処罰上限金利に至らない，いわゆるグレーゾーン（20〜29.2％）の金利が野放しになっていた。このように二重の法律が介在することへの疑問と，近年の多重債務者・自己破産者の急増を受けて，金融庁や政府，自民党は貸金に関する法律を改正し，一本化した。

　貸金業法の改正は，消費者金融などの貸金業の業務について定めている法律であるが，多重債務問題を解決し，利用者が安心して借りることができる貸金市場を作るため，2010年６月18日に完全実施された。新しい貸金業法の

ポイントは次の３つである。①総量規制——借り過ぎ・貸し過ぎの防止，②上限金利の引き下げ，③貸金業者に対する規制の強化である。

　まず，総量規制とは，個人の借入れ総額が，原則年収の３分の１までに制限される仕組みをいう。ただし，既に年収の３分の１を超える借入残高があるといってその超えている部分についてすぐに返済を求められるわけではない。またこの総量規制が適用されるのは，貸金業者から個人が借入れを行う場合で，銀行からの借入れや法人名義での借入れは対象外である。また，住宅ローンなど，一般に低金利で返済期間が長く定型的である一部の貸付けについては総量規制は適用されない。また，借入れの際，基本的に「年収を証明する書類」が必要となる。例えば源泉徴収票や給与明細であるが，これを提出しないと借りられない場合があるので注意が必要である。

　次に，法律上の上限金利には，利息制限法の上限金利といわれる貸付額に応じて15〜20％までのものと，出資法の上限金利といわれる改正前に29.2％であったものの２つがあるが，これまで貸金業の場合，この出資法の上限金利と利息制限法の上限金利の間の金利帯でも，一定の要件を満たすと有効になっていた（グレーゾーン金利）。しかし，金利負担の軽減という考え方から，今回の改正により，出資法の上限金利が20％に引き下げられ，グレーゾーン金利が撤廃された。これによって上限金利は利息制限法の水準となる。なお利息制限法の上限金利を超える金利帯での貸付けは民事上無効で，行政処分の対象にもなる。出資法の上限金利を超える金利帯での貸付けは，刑事罰の対象である。

　そして，今回の参入規制の強化などにより，貸金業の業務の適正化が図られる。純資産が5,000万円以上の貸金業者でなければ，貸金業を営むことができなくなった。法令遵守のための助言・指導を行う貸金業務取扱主任者について，資格試験を導入し，合格者（主任登録を受けた者）を営業所ごとに配置することが義務づけられた。貸金業協会を認可を受けて設立する法人とし，貸金業者の加入を確保するとともに，都道府県ごとの支部設置が義務づけられた。これによって日本貸金業協会が設立され，協会は広告の頻度や過剰貸

付け防止等について自主規制ルールを制定し，これを金融庁が認可する枠組みが導入された。さらに加えて，貸金業の行うさまざまな行為についての行政規制も強化された。夜間に加えて日中の執拗な取立て行為など取立て規制を強化，貸付け業者が借り手等の自殺により保険金が支払われる保険契約を締結することの禁止，公正証書作成にかかる委任状の取得を禁止，利息制限法の金利を超える貸付けの契約について公正証書の嘱託を禁止，連帯保証人の保護を徹底するため，連帯保証人に対して，催告・検索の抗弁権がないことの説明を義務づけ，貸付けに当たり，トータルの元利負担額などを説明した書面の事前公布を義務づけるといったことである。さらに規制違反に対して機動的に対処するため，登録取消しや業務停止に加え，業務改善命令が導入された。

（3）賃貸借契約

賃貸借契約（民法601条）とは，AがBに家屋を貸し，BがAに家賃を支払うというように，賃貸人が賃借人にある物を使用・収益させ，これに対して賃借人がその対価を支払う契約をいう。この契約は，消費貸借契約とは異なり，賃貸人と賃借人の合意によって成立する（諾成契約）が，その最も重要なものは不動産の賃貸借であり，その合意は書面によって確認される。不動産の賃貸借契約については，当初は，弱者としての賃借人の利益を守るために借地法と借家法が制定されていたが，現在では，賃借人と賃貸人の利益の調整を図るために，借地借家法が制定されている（⇒112頁）。なお，賃貸借契約は，Aが親戚のBに家屋・部屋を無償で貸すことにして引き渡し，Bがそれを使用・収益した後に返還するという使用貸借契約（同法593条）とは区別される。

（4）雇用契約・請負契約・委任契約

他人の労務の利用を目的とする契約に，雇用契約，請負契約，委任契約がある。一般に，労務の提供それ自体を目的とする契約が雇用契約，労務の結果としての「仕事の完成」を目的とする契約が請負契約，一定の事務処理を相手方の自由な判断を信頼して委ねる契約が委任契約，であるといわれる。

雇用契約（民法623条）における労働者は，自らの労働力を時間単位で使用

者に提供し，対価として賃金を受けるという関係にある。労働者のこのような従属的地位によって，雇用契約は低賃金など劣悪な労働条件となり，平等な当事者による「契約自由の原則」は形式的なものとなる。そこで，労働運動の結果，労働組合法や労働基準法が制定され，個々の労働者と雇用者との雇用契約ではなく，組合と雇用者との労働協約の締結により，労働者の雇用条件の確保が図られている。したがって，現在では，一方が労務を提供し，他方がそれに対して賃金を支払うことについて合意によって成立する民法の雇用契約の規定は，補充的にしか適用されない。

　請負人がある仕事を完成させることを約束し，注文者が仕事の結果に対して報酬を与えることを約束する請負契約（民法632条）は，労務の供給が仕事を完成させる手段でしかない点で雇用契約と異なる。請負契約で最も重要なものは，建築請負契約である。しかし，これについては，民法の規定が不十分なため，公共工事標準請負契約約款や，日本建築学会・日本建築家協会・日本建築協会・全国建設業協会の4団体が作成した4会連合協定工事請負契約約款などが補充的に規定されている。

　委任契約（民法643条・656条）は，当事者の一方（委任者）が法律行為その他の事務を相手方（受任者）に委託することをいう。雇用は，使用者の指図に従ってなされる従属的な労務の供給であるが，委任では受任者が自分の裁量で事務を処理するため，労務供給に独立性がある。また，請負は，労務の供給によって仕事の完成をめざすものであるのに対して，委任では労務の供給自体が重要である。しかし，これらの区別も絶対的ではない。委任には，個々の取引での代理人の選任のような典型的なものから，債権の取立ての委託，弁護士に対する訴訟の委託までさまざまなものがある。受任者は委任の本旨に従って，善良な管理者の注意をもって（民法644条・656条），自ら委任事務を処理することを義務づけられる。民法648条1項によれば，委任に対する報酬は，特約がなければ，受け取ることができないとされるが，現実には，弁護士報酬のように，特約がなくても当然に請求できる場合もある。

　医師から診療・治療などの診療行為を受けるために，患者やその家族が病

院や医師などと結ぶ契約を診療契約という。この契約の法的性質については，雇用契約または請負契約とする見解もあるが，法律行為以外の事務の委任として，準委任契約（民法656条）とする見解（旭川地判昭和45.11.25）が一般的である。診療契約の当事者は，病院・医院の開設者と患者である。医師は病院開設者の履行補助者である。また，患者が乳児や強度の精神障害者である場合には，親権者や後見人などの保護者が代理人となる（⇒73頁）。

第2節　信用と法

1．消費者信用

　現代は，十分な現金が手元になくても物が買え，さらには，お金も容易に借りることができる便利な社会である。そこには，消費者が将来の時点で金銭を支払うこと（返済すること）を約束して，必要とする金銭や品物を取得したり，便益を受けるという「消費者信用」の概念が存在している。消費者信用の利用は，高度成長と消費の増大に伴って，拡大したが，オイル・ショックによる経済成長率の低下とともに，サラ金業者の高い利息による被害をもたらした。また，バブル経済の中で消費者信用の利用が増大したが，バブル崩壊後，多重債務者や自己破産の増加をもたらした。

　なお，一般社団法人日本クレジット協会が，消費者信用実態調査に回答のあった約400社の信用供与額を取りまとめた集計結果によれば，2019年度の消費者信用供与額は73兆4,311億円，2020年度には74兆4,576億円と1.4％増加した。全国の地方裁判所が受理した自己破産事件の件数は2014年度には7万2,913件であったが，2015年度には5万7,559件で減少傾向（前年比21％減）にある。

　このような消費者信用は，まず，特定の商品の売買に結びついた販売信用と，単に金銭の貸借を内容とする金融信用とに分けられる。販売信用には，売主と買主との間の特約で売買代金を後払いする売買型と，売買代金を買主以外の者が買主に代って立替払いし，買主が後にこの立替払者に対して支払

う立替払型がある。これに対して，金融信用の場合，基本的には金銭消費貸借（民法587条）の性質を有するが，借りた金の使い道が特定されているかいなか，担保がついているかいなか，返済が割賦か一括かによってさまざまな形式が存在する。いずれにしても，商品を購入したり，お金を借りたりする際に，クレジット・カードを利用することが一般的である。

２．クレジット・カード

（１）法的構造

わが国において，2020年末のクレジットカードの発行枚数（社数253社）は，２億9,296万枚で，前年比3.2％の増加となり，成人人口（総務省「人口推計」2020年３月１日現在の20歳以上の総人口１億505万人）１人当たり2.8枚所有していることになる。そのサービス内容には，販売信用（ショッピング）と金融信

クレジットカードによる商品の購入の場合

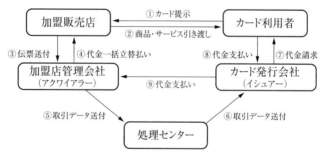

金銭の借入れの場合

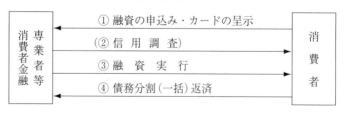

用（キャッシング）がある。カードの発行母体によって分ければ，DC・VISA
などの銀行系カード，ジャックス・オリコ・セゾン・セディナ・ニコス・ア
メリカンエキスプレス・ダイナースなどの信販系カード，デパートやスーパ
ーなどの流通系カード，アコムなどのサラ金系カード，そして，ガソリン・
スタンドやコンビニエンス・ストアの発行する専門店会カードがある。

　最近，信販系や流通系のカードも銀行の傘下に入ったりしている（例えば
ニコスが三菱UFJニコスになったり，プロミスが三井住友系になっている）。利用
代金の支払方法としては，①翌月一括払方式のマンスリー・クリア方式，②
割賦払方式，そして，③あらかじめ利用限度額を定めておき，その範囲内で，
購入金額と関係なく毎月一定の金額または一定の割合の金額を支払うリボル
ビング方式がある。

　（２）カード規約の内容

　クレジット・カードの会員規約は，銀行系のVISAカード，マスターカー
ドの場合（2020年12月現在）を例に説明すると，以下のようになる。

　１）利用代金の支払い

　あらかじめ定められた限度額内での利用代金は，原則として，毎月10日又
は毎月26日に支払う（規約17条）。支払方式には，販売信用の場合，１回払い，
２回払い，ボーナス一括払い，リボルビング払い及び分割払いがある。支払
い期限が10日の場合，前々月16日から前月15日までの利用分，支払い期限が
26日の場合，前月１日から前月末日までの利用分を支払う。また，ボーナス
一括払いは，12月16日から６月15日までの利用分を８月に，７月16日から11
月15日までの利用分を翌年１月に一括して支払う（規約31条）。また，割賦払
いには，２回に分割して支払う２回払方式と，毎月一定の金額を支払うリボ
ルビング方式がある（規約32条）。

　分割払方式は当初，銀行系カードでは認められなかったが，最近認められ
るようになった。金融信用のうちキャッシング・サービスは翌月一括払いで
ある（規約40条）が，リボルビング方式でも借りられることになった（規約37
条）。しかし，支払いが遅れた場合，直ちに債務の弁済や会員資格を取り消さ

れることもある（規約21条）。

　２）手数料（利息）

　販売信用の場合，翌月一括払い，２回払い，ボーナス一括払いには手数料がかからない。しかし，リボルビング払いには年15.0％の手数料がかかり，キャッシング・サービスには年18.0％の手数料がかかる。

　３）カードの紛失・盗難とその補償

　カードの紛失や盗難があったときは，速やかに，カード会社に通知し，警察に届け出る必要がある。この場合，①カードの紛失・盗難が会員の故意・重大な過失によるとき，②会員の家族，同居人，カード受領の代理人による不正使用に起因するとき，③紛失・盗難，被害状況が虚偽であるとき，④損害が紛失・盗難の通知をカード会社が受理した日の61日以前のときなどを除いて，その不正使用によって会員の受けた損失が補償される（規約13条，14条）。

　４）支払停止の抗弁

　商品の購入がリボルビング払い及び分割払いによる場合，①商品の引渡しがないとき，②商品の破損・汚損・故障などがあるとき，③その他販売店と争いが生じたときには，カード会社へ申し出ることによって，会員は支払いの停止を行うことができる。ただし，①商品の購入が商行為のとき，②商品の価格が３万8,000円未満のとき，③日本国外でのカード利用のとき，④支払停止が信義に反するときを除く（規約36条）。

　５）信用情報の登録と利用

　入会に際して，カード会社の加盟する信用情報機関に会員の信用情報の照会が行われ，さらに，会員の取引状況が信用情報機関に登録される（個人情報の取扱いに関する同意事項２条）。何らかの原因で会員の支払いが滞ってしまうと，その事実（ブラック情報）が「５年を超えない期間」登録され，各情報機関で交換されるので，会員が他のカードを作ったり，ローンを組もうとしても拒否されることになる。

　（３）問題性

　金融信用の場合，それが金銭消費貸借による貸金であることから，原則と

して，利息制限法，出資法，貸金業法の規制を受ける。ただ，銀行などの金融機関自体が行う消費者金融については，貸金業法は適用されない。

　問題なのは，安易なクレジット・カードの発行と利用である。経済的な自立ができていない未成年者やカード利用によってさまざまな多額の債務を負っている人々に，安易にカードを発行し，利用させることによって，彼らがいっそうの借金地獄に陥ることになる。未成年者によるカード会員契約は，法定代理人の同意がなければ取り消すことができる（民法５条２項）。貸金業法13条や割賦販売法42条の３は，過剰与信禁止規定をおくが，これには罰則がない。多重債務者を防ぐためには，カード会社の加盟するいくつかの個人情報機関が，個々の会員の利用状況についての情報（ホワイト情報）を交換することが必要である。しかし，これは現在のところ，優良顧客を取られるというおそれから積極的に行われていない。なお，個人情報機関には，銀行系の全国銀行個人信用情報センター（JIC），信販会社系の信用情報センター（CIC），消費者金融業者の全国信用情報センター連合会（JDB），外資系のセントラル・コミュニケーション・ビューロー（CCB）がある。

　個人情報機関との関係では，クレジット・カードなどの発行に際して，個人の財産や社会的地位などの個人情報が収集され，本人の知らないうちに利用されることがある。個人のプライバシー権（憲法13条）の観点からも，個人情報が無断で他に流されることがあってはならないだけでなく，自己のどんな情報が収集されているか，もしそれが誤っている場合には，それを訂正するよう要求できなければならない。信用情報機関は，本人から自己の信用情報について開示請求があった場合には，本人の登録情報を開示しなければならない（1986年３月４日の大蔵省銀行局長および通産省産業政策局長の通達）。

3．負債の整理
　負債の整理は，債務者の健全な日常生活の確保と経済的な更生を目的とする。とりわけ，現代のカード社会における個人の多重債務の増加の中で，負債整理の重要性がますます高まってきている。

（1）負債整理の種類

　負債の整理には，まず，債権者との話合いで負債を整理する方法として，任意整理がある。これは，裁判所を利用しないため，簡易で迅速・柔軟な処理ができるが，まとまった整理資金を必要とすることと，一部の債権者が仮差押をしたり，強制執行をすれば，この方法が困難になる点で問題である。

　次に，法的整理として，民事調停法による調停申立て，和議法による和議，破産法による破産申立てがある。調停の申立ては，裁判所の調停委員の下で，債務の一部免除や支払いの猶予について債権者と話し合い，一定の合意が成立すれば，調停調書に記載し，負債の整理を行うものである。これは，時間がかからず，費用も安くてすむが，債権者の数が多いと解決が困難である。調停が成立すれば，裁判上の和解と同一の効力を有する（民事調停法16条）。支払わないときは，強制執行ができる。和議とは，債務者が支払い不能となったとき，弁済の方法や担保の供与などの和議条件を債権者に提示して，一定数以上の同意がえられたら，裁判所の認可を得たうえで和議条件に基づいた支払いをしていくものをいう。これは，債務者が現在の勤務を続け，収入を得ながら債務の支払いをしていくことができるものであるが，手続に参加する整理委員や管財人の選任が必要なこと，裁判所への予納金の高額なことが難点である。クレジット・カードやサラ金による多重債務の場合，そもそも返済するための財産がないことから，これらの方法はとることができない。そこで，最後の手段として利用できるのは，債務者自身が裁判所に破産宣告の申立てをなす自己破産である。

（2）破産制度

　破産とは，裁判所の監督の下に，債務者（破産者）の財産を金銭に換価し，債権者に配当することによって債務者の更生を図る制度で，債務者自身が裁判所に破産宣告の申立てをなす自己破産と，債権者の申立てによる債権者破産がある。

1）手　続

　債務者が支払不能にあるときは，裁判所は，裁判手続費用の予納がないと

き又は不当な目的で申立てがされたものでないときを除き（破産法30条1項），申立てにより，決定で破産手続を開始する（同法15条1項）。一般的には予納金を50万円程度要するが，破産財団を構成すべき財産が申立人になく，破産手続開始の決定と同時に破産手続廃止の決定がなされる「同時廃止」（同法216条1項）のときは，5万円程度で足りる。その他の費用として，印紙代，予納郵券，弁護士費用として約30万円かかる。破産宣告申立書添付の疎明資料の検討と債務者審尋の結果，同時廃止と判断されれば，破産手続は終了する。

2）法的効果の発生

破産財団が構成される場合には，破産手続中の居住制限（破産法37条），外部との連絡禁止（同法81条）や通信の秘密の制限（同法82条）などの制約がある。また，破産手続終了後には，弁護士，公認会計士，司法書士，税理士，弁理士，公証人，行政書士，株式会社の取締役，検察審査員，宅地建物取引業者，さらに，後見人（民法839条・843条），保佐人（同法876条の2），後見監督人（同法848条・849条の2）などの資格を喪失するが，免責決定を受ければ，「復権」といってこの資格制限もなくなる。また，選挙権・被選挙権は失うことはない（公職選挙法11条）。財産上の効果として，破産者は，破産宣告当時有していた全財産についての管理処分権を失う。旧破産法には破産者名簿の制度があったが，平成17年改正施行された新破産法によって破産者が免責許可の決定を受けていない場合に限って通知すればよいことになった。同時廃止の場合には，破産手続がないため，破産者に課される居住制限，引致・監守，通信の秘密の制限などはない。

3）免　責

破産宣告のあったときから破産手続の解止（終了）に至るまでいつでも，また，同時廃止のときは決定確定後1ヵ月以内に，破産者は裁判所に弁済されなかった債務の支払責任の免除を申し立てることができる（破産法248条1項）。この場合，債権者に異議を申し立てる準備のための調査の機会を確保し，債権者の怒りを鎮める冷却期間として，6ヵ月程度の免責審理期間が設定される（同法251条1項）。免責が認められれば，破産者の支払責任が免除され，

債権者は破産債権について強制執行手続で債権回収を図ることができなくなる。しかし，破産者が借財の大部分をギャンブルやレジャーに消費していた場合には，免責は不許可となる（同法252条１項４号）。

　４）破産制度の問題性

　免責制度が破産手続による配当で弁済した残余の破産債権について，破産者の支払責任を免除する構成となっているため，免責事件は破産事件とは別のものとして処理される。そこで，破産宣告のあったときから破産手続の解止（終了）までの免責申立期間の徒過により，免責が受けられなくなる事例や，長期の免責審理期間中に債権者による強制執行が行われる事例が報告されている。

　破産制度の理念として，誠実な破産者に対する特典と理解する立場と，破産者更生の手段と理解する立場が対立する。両者の違いは，免責不許可事由や免責の範囲などの理解に反映する。免責不許可事由について，①多重債務者が浪費と賭博だけの原因で破産した例は極めて少なく，貧困，病気，失業，離婚，倒産，保証倒れ，軽率，過剰融資，厳しい取立て，高金利などの要因が複合していること，②今日の消費者信用の実態が，サラ金やクレジット会社の過剰・無選別融資の結果であることなどから，不許可事由の削除を求める見解もある（日弁連の免責制度改革試案）。これに対して，破産制度により，「借りた金は返さなければならない」という原則が崩れ，今日の信用社会の根幹が崩れるとの反論もある。また，免責の範囲は，現行法上，全部免責か免責不許可かの二者択一でしかないが，債権者の財産権と債務者の生存権との調和の観点から，一部免責や条件付免責なども考えられる。

第３節　不動産と法

　民法では，土地とそれに固定している物を不動産といい，それ以外の物はすべて動産とする（86条）。不動産には，土地，建物，立木などがある。

1. 不動産の権利と取引

（1）不動産の権利

1）所有権

　地上権（民法265条）や永小作権（同法270条）は，期間や方法を限定して一定の範囲で物を支配する権利である。これに対して，所有権は，排他的，全面的にかつ完全に物を自由に使用・収益・処分する権利である（同法206条）。しかし，所有権も他の財産権と同様，公共の福祉による制約（憲法29条2項）や，国土法や建築基準法など法令による制限，相隣関係からの制限（民法209条〜238条）などを受ける。用益物権（地上権，地益権など），担保物権（先取特権，抵当権など），借地権や借家権などの設定による一時的な制限は，その制限がなくなれば，所有権は再び従来の全面的支配力を回復する（所有権の弾力性）。土地の所有権は，法令の制限する範囲内で，土地の上および地下に及ぶ（同法207条）。所有権に基づく物権的請求権には，所有物返還請求権，所有物妨害排除請求権，所有物妨害予防請求権がある。

2）建物区分所有権

　最近では，分譲マンションや共同ビルなど，建物の区分所有が増えてきたため，1962年に「建物の区分所有等に関する法律」が制定された。その後，建物の老朽化やその管理・登記をめぐる問題が生じ，1983年の改正により，多数決主義が採用された。これにより，建物の共用部分の変更は，区分所有者および議決権の各4分の3以上の多数決により（区分所有法17条1項。ただし，この区分所有者の定数は，規約で過半数まで減ずることができる），建替えは，建物が老朽化し，建物全体の維持が不合理になった場合に限り，区分所有者および議決権の各5分の4以上の多数決により行うことができる（同法62条1項）。また，建替反対者の区分所有権は，時価で買い取られる（同法63条4項）。区分所有者は全員で建物並びにその敷地及び付属施設の管理を行うための団体を構成するが（同法3条），区分所有者および議決権の各4分の3以上の多数決で，管理組合を法人化できる（同法47条1項）。

３）賃借権

　不動産の賃借権には，土地の賃借権と建物の賃借権がある。土地の賃借権には，①建物の所有を目的とする借地権と，②駐車場などそれ以外の利用を目的とする土地の賃借権がある。前者には借地借家法が適用され，貸主が交代しても権利は脅かされず，賃借期間の満了の際には更新が原則とされるが，後者には民法が適用され（601条），契約自由が原則とされる。借地権は，所有権に準ずる強い権利とされ，物権と同じような対抗力を認められる（賃借権の物権化）。建物の賃借権を借家権といい，借地借家法が適用される。借家権は，貸主が交代しても権利が脅かされず，賃借期間の満了に際して，更新が原則で，建物の存続している限り，契約が継続される。

４）抵当権

　借入金などの金銭債権を担保するため，不動産に質権や抵当権など担保物権を設定することがある。不動産質権は，第三者に対抗するためには登記を要し，質物の使用・収益が認められる代わりに，質物の修繕費用，税金など管理費用がかかり，利息の請求ができない（民法358条）ので，あまり利用されていない。抵当権は，債権者が一定の物を担保とするが，それを取り上げずに，所有者や担保提供者（物上保証人）にそのまま使用させ，期限内に債務の弁済のない場合に，裁判所に競売を申立て，換価し，他の債権者より先に取り立てることができる権利である（同法369条）。抵当権を設定できるのは，不動産の所有権，地上権，永小作権など登記できるものに限られ，抵当権の設定登記が第三者に対する対抗要件となる。また，複数の抵当権が設定されている場合には，優先弁済を受ける順位は登記の順序による（同法373条）。

　抵当権には，継続的な取引から生じる権利を担保する根抵当権もある（民法398条の２）。抵当権は特定の債権を担保するため，債務の弁済などにより債権が消滅すると，抵当権も消滅する（附従性）。これに対し，根抵当権は不特定の債権を担保するため，確定するまで個々の債権が消滅しても，消滅しない。根抵当権の設定は，不要式の諾成契約であるが，第三者に対抗するためには登記が必要で，目的不動産，被担保債権の範囲，極度額についての合

意も必要とされる。

5）仮登記担保

不動産質権や抵当権は，流質契約（借金を期限までに返さないと担保物が自動的に債権者にわたる契約）が禁止されており（民法349条），債権者が担保物を換価するには競売にかけなければならない。競売は手間もかかり，換価も不利なので，期限内に債務を返済しない場合に，債権者が目的不動産を引き取る仮登記担保を認める仮登記担保法が1978年に制定された。仮登記担保権も，登記（所有権移転請求権仮登記）が第三者に対する対抗要件である。しかし，この制度は，わずかの債権額で不動産を手に入れるといった弊害をもたらしたため，不動産の時価の方が債権額より大きい場合には，債権者は債権額を超える分を債務者に返還しなければならなくなった。債務者は債権者が清算金を支払うまで不動産の登記や引渡しを拒否することができる（仮登記担保法３条）。

（2）不動産取引

1）不動産売買

不動産の売買は，当事者の売買の意思が合致すれば成立する。これを第三者に対抗するためには，所有権の移転登記と，物件の引渡しが必要である。売買契約（民法555条）の成立後，売買代金を期日までに支払わなかったり，物件を引き渡さないなど契約違反が生じたときは，債務不履行となり，契約を解除して損害賠償を請求することができる（同法541条・543条）（⇒161頁）。また，土地取引の際の地価の高騰を抑制するために制定された国土利用計画法により，監視区域にある土地取引には届出や許可申請が必要である。

不動産の取引では手付金が授受されることが多い。手付金は，代金の一部であり，前払いとしての性格をもつが，代金の10％前後のものは，解約手付とされる。契約の履行に着手するまでは，買主は手付金を放棄することにより，売主は受け取った手付金の倍額を返還することにより，それぞれ契約を解約することができる（同法557条）。手付金の額がさらに少額の場合は，証約手付として，売買契約書を作成しなくても契約が成立したとされる。宅地建

物取引業者から不動産を買う場合，手付金は常に解約手付とされるが，その額は代金額の20%を超えてはならない。

　不動産は，登記によって権利関係が公示される。したがって，土地などを買う前に，登記簿を調べ，所有者を確認するとともに，借地権，抵当権などの登記がないことを確かめることが必要である。また，売買，相続，抵当権設定などの物権変動があっても，登記をしない限り，善意の第三者に対抗できない（民法177条）。売買契約などによって所有権は移転するが，登記簿上売主の所有名義のままになっていると，売主が第三者に二重売買し，第三者が登記すると，登記をしていない買主は，それが自分の物だと主張できなくなる。この場合，買主は売主に対して代金の返還を請求することができるが，その土地を取得できなくなる。できるだけ早く移転登記をすることが必要である。契約の際に手付金だけを払い，所有権の移転登記をしたあとで残金を支払うのも安全策の1つである。

　2）賃借権売買

　賃借権の譲渡または転貸は，賃貸人の承諾がなければできず，賃貸人に無断で行った場合には，賃貸人は契約を解除できる（民法612条）。賃貸人が承諾しない場合には，それに代わる裁判所の許可を求めることができる（借地借家法19条〜21条）。一般に，譲渡または転貸の承諾には，売買代金の10%程度の名義書換料が必要である。借地権価額は，更地価額の60〜80%とされる。

２．借地借家法

　民法の賃貸借契約規定は，借手と貸手が対等な立場にある自由契約を前提としているが，借地人や借家人は，地主や家主よりも弱い立場にあり，不利な契約を締結することになりやすい。そこで，借地人・借家人の地位強化のために，建物保護に関する法律，借地法や借家法が制定された。しかし，土地所有者に正当事由がなければ，更新の拒絶または解約申入れができないとされたため，土地所有者が土地を貸さなくなり，借地権価格の高騰をもたらした。1991年10月に借地法，借家法などを改正する借地借家法が成立し，翌

年8月1日に施行された。ただし，借地借家法の施行以前に成立した契約にはこの法律は適用されず，従来どおりに取り扱われる（同法附則4条）。なお，借地借家法10条，13条，14条の規定に反する特約で，借地権者，転借地権者や建物の賃借人に不利なものは無効とされる（同法16条。なお，17条〜19条までの規定に反する特約については，同法21条。26条〜29条までの規定に反する特約については，同法30条参照）。

（1）借地権

借地権は，建物の所有を目的とする地上権または土地の賃借権をいう（借地借家法2条1号）。

1）借地権の存続期間と契約の更新

建物の所有を目的としない民法上の賃借権の存続期間は最長50年（民法604条）とされ，賃貸借期間が満了したとき，契約の更新・延長には地主（賃貸人）と借地人（賃借人）双方の合意が必要とされる。しかし，建物所有を目的とする借地権については，借地借家法は借地権の存続期間を一律に最低30年としている（借地借家法3条）。30年未満の期間を定めた場合は，期間は30年となり，30年以上の期間を定めた場合にのみ，その合意した期間となる。また，旧借地法の建物の朽廃による借地権消滅は廃止された。

契約期間満了時に，借地人が契約の更新を請求した場合，建物があれば，地主は，正当事由がない限り，契約更新を拒絶できない（借地借家法6条）。正当事由があっても，遅滞なく異議を述べない限り，契約は更新される。契約期間終了後，借地人が借地の使用を続けている場合も建物がある限り同様である（同法5条）。正当事由については，地主と借地人の双方の土地・建物の使用の必要とする事情を中心に，借地に関する従前の経過，土地・建物の利用状況，地主側からの立退料の提供などを考慮して判断される。最初の更新は20年，2回目以降の更新は10年とされ，当事者がこれより長い期間を定めたときはその期間とされる（同法4条）。

2）建物の再築

借地借家法では，契約期間中に建物が滅失した場合，最初の契約期間中と

更新後とを区分し，前者の場合には再築を認めるが，後者の場合には地主の承諾がない限り，再築を認めない。

　建物の滅失には，老朽化や火災や地震などの災害による消滅や再築のための取壊しを含む。最初の契約期間中には，借地人が残存期間を超えて存続する建物の再築ができる。地主の承諾がある場合に限り，借地権は，承諾があった日，または建物が築造された日のいずれか早い日から20年間存続し，承諾がなければ，契約の期間に変更はない。無断再築は，契約の更新時に更新拒否の正当事由の一要素となり，建物買取請求権についても不利に扱われる。借地人が建物の再築を通知した後，2ヵ月以内に，地主が異議を述べなければ，承諾があったものとみなされる（借地借家法7条2項）。

　契約更新後に建物が滅失した場合には，借地人は，地上権の放棄または土地の賃貸借の解約申入れができる。また，地主の承諾を得ないで再築したとき，地主は，地上権の消滅の請求または賃貸借の解約申入れができる。借地権は，消滅の請求または解約の申入れの日から3ヵ月経過すると消滅する（同法8条）。借地人に建物の再築をするやむをえない事情があるにもかかわらず，地主が承諾しない場合は，裁判所に再築の許可を求めることができる（同法18条）。

　3）建物買取請求権

　賃貸借期間が満了した場合，借地人は原状回復の義務を負うことになるが，まだ十分使用できる建物の取壊しと撤去は，借地人に不利益なばかりでなく，社会的にも損失である。借地契約の満了時に更新がない場合，借地人は地主に対して建物の時価での買取りを請求できる（借地借家法13条1項）。ただし，借地人の地代の不払いなどの義務の不履行による契約解除のときには適用されない。借地人の建物再築にあたって，地主の承諾がなかったときには，地主は，買取代金の支払いの猶予を裁判所に求めることができる（同法13条2項）。

　4）借地権の対抗力

　賃貸借契約の効力は，第三者にまで及ばないのが民法の原則である。地主

が土地を第三者に売却すると，借地人は賃貸借の登記がない限り，借地権を新地主に主張できない（民法605条）。しかし，借地借家法によれば，自己名義の建物の登記があれば，第三者に借地権を主張できる（借地借家法10条１項）。また，建物の滅失後も，借地人が滅失した建物の特定に必要な事項，滅失の日時，建物の再築を行う予定を掲示すれば，２年間に限り借地権の対抗力は認められる（明認方法）（同法10条２項）。

5）地代の増減

借地契約期間は長期にわたるため，土地に対する租税公課などの増減により，土地の価格の上昇・低下その他の経済事情の変動，近傍類似の土地の地代などに比較して，地代が不適切なものになることがある。このような場合，特約があるときを除き，契約条件にかかわらず，当事者は将来に向かって地代などの増減を請求することができる。地代などの増減について当事者間に協議が調わないときは，まず民事調停の申立てを行い，合意が成立しない場合に，最終的に裁判所に判断を求めることになる。裁判による決定があるまでは，借地人は相当と思われる額の地代を支払えばよいが，裁判による確定額と支払額に差異がある場合には，借地人はその差額に年10％の利息をつけて支払わなければならない（借地借家法11条）。

6）借地条件の変更

借地に建てる建物の種類・構造・規模または用途を制限する借地条件の内容が，法令による土地利用規制の変更など，その後の事情の変更により不適切になった場合，借地条件の変更について当事者間に協議が調わないときは，当事者の申立てにより，裁判所はその借地条件を変更できる。増改築を制限する借地条件がある場合で，通常の利用上，相当とすべき増改築につき，協議が調わないときは，借地人は裁判所に増改築の許可を求めることができる。裁判所は，当事者間の利益の衡平を図るため必要なときは，他の借地条件を変更し，財産上の給付を命じ，その他相当の処分をすることができる（借地借家法17条）。

7）権利の譲渡・転貸

借地権の譲渡・転貸には地主の承諾が必要であるが，とくに不利になる事情がないのに，地主が承諾をしない場合には，借地人は裁判所に地主の承諾に代わる許可を求めることができる。裁判所は，賃借権の残存期間，借地に関する従前の経過，権利の譲渡・転貸を必要とする事情その他一切の事情を考慮して判断する。裁判所は，許可にあたって，当事者間の利益の衡平を図るため，借地条件を変更したり，財産上の給付を命ずることができる（借地借家法19条）。なお，合法的な転借人は，原則として，借地人と同様の保護を受ける（同法5条3項・7条3項・8条5項・13条3項・17条5項・19条7項）。

8）特別の借地権

借地借家法は，借地の供給を促すため，①一般定期借地権，②建物譲渡特約付借地権，③事業用借地権など，一定期間だけ土地を賃貸借し，「更新なし」で地主に土地を返す定期借地権を新たに設定した。なお，臨時設備の設置やその他一時使用のための借地権の設定であることが明らかな場合には，契約の更新，再築による期間延長，建物買取求権などの規定は適用されない（借地借家法25条）。

a．一般定期借地権

存続期間を50年以上として借地権を設定する場合，契約の更新，建物の再築による存続期間の延長および建物買取請求権の存在しない特約をすることができる。一般定期借地権は，期限が到来すれば確実に消滅し，借地人は建物を収去して土地を明け渡さなければならない。なお，この場合の特約は，公正証書など書面によってしなければならない（借地借家法22条）。建物の所有目的には制約がなく，事業用であるか居住用であるかを問わない。この一般定期借地権を利用した定期借地権付き住宅は，土地付き住宅の40〜70％程度割安とされていて，価格の安さで人気を呼んでいる。定期借地権付きの住宅の場合，住宅建築費と契約満了後に返還される保証金の合計が売出価格となり，別に月々の地代が必要である。定期借地権付き住宅が普及するためには，土地の「所有」から「活用」へと，国民の資産意識の修正が前提となる。

これについては，契約満了前に建物が滅失した場合に，契約の効力がどうなるかについてや，契約満了前に借地人が建物を手放す場合に，現実にその建物を他に売却できるかなどの問題が指摘されている。

b. 建物譲渡特約付借地権

借地権を設定する場合，借地権設定後30年以上を経過した日に，借地上の建物を地主側に相当の対価で譲渡することを特約し，地主は建物の買取により借地権を消滅させることができる。建物の所有目的には制約がなく，事業用であるか居住用であるかを問わない。建物買取時に，借地人または建物の賃借人などその建物の使用を継続している者が請求すれば，借家権が発生する。借家権の期間は定めのないものとなるが，建物買取時になお残存借地期間がある場合は，その期間が借家期間となる。家賃について争いがある場合には，当事者の請求により，裁判所が定める（借地借家法24条）。

c. 事業用定期借地権

もっぱら事業の用に供する建物については，①2008年より社会経済情勢の変化に伴う土地利用形態の多様化に対応するため10年以上50年未満の借地権を設定，②事業用定期借地権にも期間の更新や再築による期間の延長，建物買取請求権がない特約をすることができるようになった。事業用借地権の特約は，公正証書によってしなければならない（借地借家法23条）。

（2）借家権

建物の賃貸借についても借地借家法が適用になる。居住用建物に限らず，営業用や倉庫用であっても同様である。建物賃貸借契約の期間は2年や3年など短期間であるが，期限が来ても自動的に更新されるので，借家人が望めば建物が存続する限り，契約を継続できる。

1）借家期間と更新

借家期間の定めがある場合には，次の条件を満たさないと家主は借家契約を更新しなければならない。すなわち，①期間の満了の1年前から6ヵ月前までの間に，相手方に対し，更新をしない旨を通知するか，条件を変更しない限り，更新をしない旨の通知を行うこと（借地借家法26条1項），②通知をし

ても，期間満了後に建物の借家人が使用を継続している場合には，遅滞なく異議を述べること（同法26条2項），③家主の側に正当事由があることである。正当事由は，家主および借家人が建物の使用を必要とする事情を中心に，建物の賃貸借に関する従前の経過，建物の利用状況，建物の現況，建物の立退料の支払いの申し出などを考慮して判断する（同法28条）。

借家期間の定めのない場合や，1年未満の期間が定められた場合には，家主が解約を申し入れてから6ヵ月後に契約は終了する。期間満了後になお借家人が家屋の使用を続けている場合には，家主が遅滞なく異議を述べることや，家主側に正当事由が存在することが必要である（同法27条）。

2）借家権の対抗力

建物の賃貸借は，借家権の登記がなくても，建物の引渡しがあれば，借家人は家主が家屋を譲渡した場合，新家主などの第三者に対抗できる（借地借家法31条1項）。

3）家賃などの変更

家賃が，土地・建物に対する租税その他の負担の増減により，土地・建物の価格の上昇または低下その他の経済事情の変動により，近傍同種の家賃に比較して不相当となったときは，契約条件にかかわらず，当事者は今後の家賃の増減を請求できる（借地借家法32条1項）。ただし，一定の期間，家賃を増額しない旨の特約がある場合を除く。家賃の増減について，当事者の協議が成立しない場合は，民事調停を申し立て，調停で合意が成立しないときは，裁判により決定する。裁判による決定があるまでは，借家人は相当と思われる金額を支払えばよい。確定額と差異がある場合には，借家人は差額に年10％の利息をつけて支払わなければならない（同法32条2項）。

4）造作買取請求権

契約の終了時に，借家人は家主の承諾を受けて建物に加えた造作（畳，建具など）の時価での買取を家主に請求できる（借地借家法33条1項）。これまでの借家法では，家主に買取を強制していたため，かえって造作の承諾がえられなかった。そこで，借地借家法では，買取を行わないことを条件に，家主が

承諾を与えることも認めている。

5）借地上の建物の賃借人の保護

借地上の建物に借家人がいる場合，借家人が借地権の存続期間が満了することをその1年前までに知らなかったときに限り，明渡猶予期間を裁判所に請求できる。猶予期間は，その事実を知ったときから1年以内の期間を裁判所が決定する（借地借家法35条1項）。

6）居住用建物の借家権の承継

居住の用に供する建物の借家人が，相続人なしに死亡した場合においては，内縁の配偶者または事実上の養子関係にあった同居者が借家権を承継することができる。ただし，相続人なしに死亡したことを知った後1ヵ月以内に，家主に反対の意思表示をしたときを除く（借家借地法36条）。

7）定期建物賃貸借

ａ．家主不在期間の借家権

転勤，療養，親族の介護その他のやむをえない事情により，建物を一定の期間自己の生活の本拠として使用することが困難であり，かつ，期間経過後，再び生活の本拠とすることが明らかな場合には，一定期間を確定し（1年未満でもよい），更新がない旨の特約つきの借家契約を締結できる。この特約はやむをえない事情を記載した公正証書による書面によって行わなければならない（借地借家法38条）。

ｂ．取壊し予定の建物の借家権

法令または契約により，一定期間を経過した後に建物を取り壊すことが明らかな場合には，建物の取壊し時に借家契約が終了する旨の特約を結ぶことができる。この特約は，建物取壊しの理由を明示した書面によって行う（借地借家法39条）。

ｃ．一時使用目的の借家

一時的使用のための建物の賃貸借であることが明らかな場合，借地借家法の規定は適用されない（借地借家法40条）。

第7講　家庭生活と法

第1節　婚姻と結婚生活

　日本国憲法は，14条で法の下の平等原則を規定し，それを具体化するものとして，24条で婚姻が両性の合意のみに基づくこと，夫婦が同等の権利を有することだけでなく，婚姻および家族に関するその他の事項に関して，法律は個人の尊厳と両性の本質的平等に立脚して制定されなければならないと規定している。このような平等の実現を要請する憲法の施行に伴い，前近代的な家父長制度を規定していた民法の親族法と相続法が1947年に大幅に改正された。ここではまず社会の構成単位であり，家庭生活の基礎である夫婦について，婚約，婚姻，婚姻の解消の順に考察する。

1．婚　約

（1）成　立

　婚約は，憲法24条では婚姻が両性の合意のみに基づいて成立するとされているので，男女の将来の婚姻（法律婚）の約束をいう（まだ同性婚は想定していない）。婚約は，婚姻の申込の意思と承諾の意思を明示することによって成立する一種の婚姻予約契約である。そのため，心の中で相手のことを思っているだけでは婚約とはいえない。またいわゆる親同士が子どもの結婚を決める許婚<ruby>許婚<rt>いいなずけ</rt></ruby>は，当事者間の婚姻の意思の合致ではないので，婚約といえない。

　いかなる場合に婚約になるかについて法律の規定はない。判例・学説によれば，婚約は，いつでも，いかなる方式もいらず（不要式行為），理由もいらず，解消も可能である（大判昭和6.2.20）とされている。婚姻適齢に達していない

未成年者同士の婚約も有効とされている（前橋地判昭和25.8.24）。

　本来，婚約は当事者による婚姻の約束である。したがって，結納や婚約指輪の贈与などといった儀式・形式は婚約の成立要件ではない。もっとも，結納などを行い，双方の親や兄弟，友人，知人などに披露することは，2人の結婚の決意を固くすることに役立つだけでなく，婚約の成立や解消について争いとなった場合に，婚約成立を証明する証人や証拠となる。

　すでに配偶者のある者との婚約については，その男女が夫婦になるためには，既婚者の現在の配偶者との離婚を強制することになるので，原則として，民法90条の公序良俗違反により無効とされる（東京高判昭和30.11.11）。しかし例外的に，状況によっては（例えば完全に婚姻関係が破綻している場合）婚約が認められることもある。

　また，婚姻する意思がないにもかかわらず，婚姻すると信じ込ませ，金品を騙し取る行為を結婚詐欺という。結婚詐欺については，金品を騙し取られた場合に詐欺罪（刑法246条）が成立するが，単に貞操を奪われた場合は詐欺罪とならない。もっとも，この場合であっても，精神的苦痛を与えられたような場合には，不法行為として損害賠償（民法710条）を請求することができる。

（2）効　果

　婚約をすることによって，婚姻を成立させる義務を負う。もっとも，この義務違反に対して，法でその婚姻を強制することはできない。なぜなら，そもそも婚姻が両性の合意のみに基づいて成立する（憲法24条1項）からである。一方当事者が強制的に相手に義務を履行させることは，憲法24条1項に違反する。

（3）解　消

　婚約は，解消することもできる。婚約の解消についても，婚約の成立の場合と同様，相手に対し婚約の解消の意思が表示されるだけでよく，時間，形式，特定の理由といった要件は必要としない。

　婚約は，双方の合意があれば解消することができ，また，正当な理由が存在する場合には一方的に解消することができる。正当な理由とされるものに

は，将来の婚姻についての具体的な不安が裏付けられるものであればよい（福岡地判昭和48. 2. 26）とされている。このようなものとして，異性関係，侮辱的な行為，婚姻に差し支える病気など相手方に対する婚約の解消に値する理由や行為がある。

　正当な理由がない婚約破棄については，債務不履行（民法415条）または不法行為（同法709条・710条）に基づく損害賠償が請求できる。相手を嫌いになった，他に好きな異性ができたなど相手方に何の落度もないのに一方的に解消した場合には，損害賠償責任があるとされている。損害賠償で請求できるものには，結婚式場や新婚旅行の予約金，新居の準備費用などの積極損害，さらに結婚退職したために，賃金の安い会社にしか再就職できなかった場合の賃金の差額などの逸失利益，精神的損害に対する慰謝料，がある（⇒158頁）。損害賠償を請求できる相手方は不当な婚約破棄をした当事者である。場合によっては，不法な手段を弄してその婚約を破棄させた親などの第三者にも請求できる（最判昭和38. 2. 1）。

　なお，結納金は，将来の婚姻成立を目的とした贈与であるから，婚姻不成立のときには不当利得となるので，原則として，返還しなければならない（民法703条）。しかし，婚姻不成立の原因が贈った側にある場合には，信義誠実の原則違反あるいは権利の濫用として返還義務は認められない（奈良地判昭和29. 4. 13）。もっとも，地方の慣習によりこれと異なることもある。

２．婚　姻

　2020年の婚姻の届出件数は52万5,490組で，前年の59万9,007組より7万3,517組減少した。婚姻率は人口1,000人当たり4.3で，前年の4.8を下回った。平均初婚年齢は，夫31.0歳，妻29.4歳で，前年より下がった。夫・妻とも，もっとも初婚年齢が高いのが東京で，夫32.1歳，妻30.4歳である。高学歴社会，女性の社会進出などに伴い，晩婚化は都会を中心に進行している。民法は，婚姻の成立，効果について，以下のように詳細に規定している。コロナ禍の影響で結婚や出産を控える人が増えているとも考えられる。

（1）成立要件

婚姻の成立要件として挙げられるのは，①当事者間の婚姻の意思の合致，②民法の禁止事項に該当しないこと，③届出（婚姻届）の提出である。

1）当事者間の合意

婚姻の成立要件として，当事者間の婚姻の意思の合致が必要であることを，民法は直接規定していない。しかし，憲法24条が「婚姻は，両性の合意のみに基いて成立し」と規定していること，また，当事者間に婚姻をする意思のないことが婚姻の無効原因として規定されている（民法742条1号）ことからすれば，当事者間の婚姻の意思の合致は婚姻の成立要件となる。ただし，憲法24条が「両性の合意」としていることから，日本では憲法を改正しなければ同性婚は認められないと考えられる。

2）民法上の婚姻要件

民法は，婚姻の成立のための要件として以下の事柄（731条〜737条）を挙げており，これらの事柄に反していないことを必要とする。

ａ．婚姻適齢（民法731条）

婚姻は18歳にならなければすることができない（2022年4月1日より施行）。以前は男子18歳，女子16歳であり，これは義務教育の終了と早婚防止のために設けられた制約であるが，男女平等という観点からも，高校の進学率が男女とも95％を超えていることからも，男女共に18歳になったことは望ましい。

ｂ．重婚禁止（民法732条）

一夫一婦制を維持し，性秩序を維持するために，重婚が禁止されている。故意に重婚した場合には2年以下の懲役（刑法184条）に処せられる。

ｃ．待婚期間の経過（民法733条）

改正前の民法は，女性が再婚する場合，6ヵ月の再婚禁止期間が経過していることを要すると規定していた。これは，父子関係を明らかにするために，女性だけに設けられる制約である。しかし，このような制約が果たして実効性を有するかどうか疑わしく，平等に反する疑念がある。待婚期間について，男女平等の原則に反するとして損害賠償請求が提起されたが，最高裁判所は，

父の推定の重複をあらかじめ防止するという立法目的が不合理ではないという判決を下した（最判平成7.12.5―再婚禁止期間の合理性事件）。しかし2015年になってようやく最高裁判所は全員一致で，100日を超える女性の再婚禁止期間は違憲であるという判決を下した（最大判平成27.12.16）。1996年法制審議会が答申した法改正案で民法の別の規定で父親を決める上で必要な「100日」への短縮がようやく判決に盛り込まれた。

d．近親婚の禁止

道義上，また優生学上の理由から，①直系血族間の婚姻または三親等内の傍系血族（民法734条），②直系姻族（同法735条），③養親子関係者（同法736条）間の近親婚が禁止されている。

3）届出の提出

民法は法律婚主義（739条）をとっており，戸籍法の定める届出（婚姻届）をすることにより夫婦の新戸籍ができ，はじめて法律上の婚姻の効力が生じる。このように法律婚主義をとる目的は，一夫一婦制の維持と法律上好ましくない婚姻の防止にあるとされる。婚姻以外に男女が一緒に生活していることを，同棲や事実婚（内縁関係）と呼ぶ。同棲は，単なる共同生活にすぎず，なんら法的保護を受けることもない。事実婚（内縁関係）は，①終生夫婦として生活を共にするという合意が存在し，②社会的にみても夫婦とみなされる場合をいう。しかし，婚姻届を提出していないので，婚姻とはみなされず，戸籍はそのままで，配偶者の相続権（890条）など婚姻の法的効果は及ばず，税法などの法的保護も受けられない。もっとも，同棲の場合とは異なり，貞操義務，同居協力扶助義務（752条），婚姻費用の分担義務（760条），日常家事債務の連帯責任（761条）など一定の範囲で，婚姻に準じた保護が認められている。

（2）無効と取消し

婚姻は，一定の場合に無効または取消しになる。民法は，①人違いその他の事由により当事者間に婚姻する意思がないとき（742条1項），および②婚姻の届出をしないとき（742条2項），婚姻が無効になると規定している。したがって，結婚式を挙げても，夫婦として共同生活をしている状態があっても，

婚姻の届出をしない場合には内縁関係にとどまり，法律上婚姻の効力は発生しない。届出があっても婚姻する意思のない外縁関係も同様である。

　また，①民法の禁止事項（731条ないし736条）に違反している婚姻は，当事者双方，その親族あるいは検察官からその取消しを家庭裁判所に請求することができる（744条）。②詐欺や強迫により婚姻した者も，裁判所に請求することにより，その婚姻を取り消すことができる（747条）。取消しの効果は遡及せず，また取消原因が消滅したり，あるいは追認することにより，取り消すことができなくなる（748条）。

（3）効　力

　旧民法では，妻は法律上無能力者とされ，財産上の取引きをするには，原則として，夫の許可が必要とされ，妻の財産は夫が管理していた。また，姦通の場合，夫からは離婚請求できるが，妻からはできないとされていた。このように大日本帝国憲法下では，男女の平等が実現されないまま，家制度の下で婚姻制度が存在した。これに対し，現行民法は，個人の尊厳と両性の本質的平等を実現しうるような婚姻制度を規定している。

1）夫婦同氏

　民法750条は，「夫婦は，婚姻の際に定めるところに従い，夫又は妻の氏を称する」と規定し，夫婦は，どちらか一方の氏にしなければならないとする。手続的にも，婚姻届には夫婦の氏を選択する欄があり，どちらか選択しないと受理されず，婚姻は成立しなくなる。最高裁判所は平成27年12月16日の判決で夫婦同姓の制度について，社会に定着しており，家族の姓を一つに定めることに合理性があると指摘し，どちらの姓を選ぶかは当事者に委ねられており，性差別には当たらないと判断した。

　現実には妻が改姓することが多く（97.8％），アイデンティティーの喪失感を抱くなどの不利益が特に近年増していることを認める一方，旧姓の通称使用が広まることで「一定程度は緩和され得る」と指摘し，夫婦同姓が憲法の定める「個人の尊厳」や「男女の平等」に照らし，合理性を欠くとは認められないと結論づけた。ただこの判決は，選択的夫婦別姓は合理的でないと判断

したのではないとも述べており，「この種の制度の在り方は，国会で論ぜられ，判断されるべき」と国会での議論を求めた。15人の裁判官のうち10人が合憲，5人が違憲とした。3人の女性裁判官は全員が「違憲」とした。

2）同居協力扶助義務

夫婦は，同居，協力，扶助する義務を負う（民法752条）。この義務は，相手方にその履行を請求しうるにすぎない。意に反して同居を強制できるとすると，本来愛情と信頼に基づく夫婦関係に国家が干渉することになり，憲法の予定する家族制度の趣旨に反することとなるからである。

a．同居義務

夫婦が同居する場所は，双方が話し合いで決定すべきことで，単独で決めることではない。住宅，仕事，病気などの事情により，互いに協議して一時的に別居することは，この義務違反とはならない。しかし，正当な理由がないのに同居に応じない場合，同居を命じる審判を求めることができるが，同居は，本来愛情に基づくことであるから，強制執行になじむものではない（東京高判昭和31.12.1）。したがって，この義務違反は，離婚原因（悪意の遺棄）（民法770条1項2号）となりえても，それ以上の強制方法は存在しない。

b．協力扶助義務

夫婦は，互いに協力し，助け合って，夫婦の共同生活を維持しなければならない。一方が他方を扶養するということではなく，夫婦が一体となって生活を維持しなければならない。夫婦間の扶助義務は「最低限度の生活を保障する」という生活扶助義務ではなく，自分と同程度の生活を維持させる生活保持義務である（広島高判昭和36.1.16）。一方が協力扶助義務を果たさないとき，その履行を裁判所に請求できる。この場合は，収入や財産を差し押さえることにより，義務を強制的に履行させることもできる。また，破綻して離婚の訴えを起こした後でも，扶助義務の請求はできる。

3）夫婦間の契約取消権

夫婦間でなした契約については婚姻中，いつでも取り消すことができる（民法754条）。家庭に法律は入らずという格言が示すように，夫婦間の問題は，

たとえ法的問題であっても，愛情と信頼とにより解決することが望ましいとされるからである。しかし，夫婦が離婚の危機に瀕している場合のように，夫婦間に愛情と信頼がなくなり，破綻している状況においては，民法754条の適用はないとされている（最判昭和33. 3. 6）。国家がなるべく夫婦の中に介入しないという観点からすれば，このような制度には，一応の存在意義も認められるが，信義誠実の原則や権利の濫用という観点からすれば問題が残る。

４）夫婦財産制

夫婦の財産関係については，契約財産制と法定財産制とがある。契約財産制とは，夫婦が婚姻の届出前にその財産関係について契約を締結することにより生じる財産関係である（民法755条）。契約財産制については，婚姻の届出前に夫婦財産契約を締結することを要し，しかも，法定財産制と異なる契約を締結する場合，これを婚姻の届出までに登記しなければ対抗できない（同法756条）。さらに，婚姻後はこれを変更することができない（同法758条）。しかし，日本では，契約財産制がとられることはまれである。婚姻前に夫婦の財産関係についてこのような契約をしなかった場合には，法定財産制がとられる（同法760条〜762条）。

ａ．婚姻費用の分担

婚姻生活を維持するために必要な費用は，夫婦でその資産や収入その他一切の事情を考慮に入れて分担する（民法760条）。必要な費用とは，夫婦とその未成熟の子を中心とする家族が，その財産，収入，社会的地位などに応じた生活をするのに必要な費用（大阪高判昭和33. 6. 19）をいう。

ｂ．日常家事債務の連帯責任

家庭という共同体を維持するための費用を日常家事債務といい，これについて夫婦は連帯責任を負う（民法761条）。日常家事債務は夫婦の社会的地位，職業，資産，収入などにより，また，地域社会の慣習によって異なる。衣服代，食事代，家賃，光熱費，教育費，医療費，娯楽費などが日常家事債務になる。家賃については，夫婦が共同生活を営む家屋でないということが明らかでない場合を除き連帯責任を負う。日常家事債務の支払いのための借金も日常家

事債務に含まれる（横浜地判昭和42. 11. 15）。ただし，目的のはっきりしない金銭消費貸借（大判昭和16. 11. 28），不動産の売却，担保提供（東京地判昭和45. 12. 17）は日常家事債務に属さず，額の大きい借金も日常家事債務に入らない（東京高判昭和37. 6. 19）。また，日常家事債務の範囲を超えるものや，あらかじめ取引の相手方に責任を負わないと告げている場合には，夫婦は責任を負うことがない（民法761条ただし書）。もっとも，同意を与えた場合や，保証人になっている場合を除く。

　ｃ．夫婦財産の帰属

　民法は，契約で別の取決めがある場合を除き，夫婦別産制をとっている。婚姻前から所有していた財産や婚姻中自己の名義で取得した財産は，その個人の特有財産になる。そして，夫婦のどちらに帰属するかわからない財産が共有財産となる（762条）。しかし，夫名義で購入した住宅に対する専業主婦の妻の内助の功による共有持分請求について，最高裁は「配偶者の一方の財産取得に対して他方が常に協力寄与するものであるとしても，民法には，別に離婚の際の財産分与請求権，相続権ないし扶養請求権等の権利が規定されており，夫婦相互の協力，寄与に対しては，これらの権利を行使することにより，結局において夫婦間に実質上の不平等が生じないよう立法上の配慮がなされている」（最判昭和36. 9. 6）として請求を認めなかった。

　５）貞操義務

　民法は，夫婦の貞操義務については直接規定していない。しかし，不貞行為が裁判上の離婚原因となる（770条）ことの反対解釈として，夫婦間に貞操義務があると考えられる。

3．婚姻の解消

（1）解消原因

　婚姻の解消の原因としては，①一方当事者の死亡と，②離婚とがある。婚姻は，両当事者の合意により行われる行為であるから，当事者の一方が死亡すれば，もはや2人の関係は存在しなくなる。したがって，この場合，婚姻

が解消されるのは当然のことである。夫婦一方の死別の場合の配偶者の氏は，そのままでもよいし，婚姻前の氏に戻ることもできる（民法751条）。問題となるのは，離婚である。

（2）離　婚

　厚生労働省発表の人口動態統計によると，2020年の離婚件数は19万3,251組で，2019年より1万5,245組減少した。離婚率は人口1,000人当たり1.57で，2019年の1.69より0.12ポイント低下している。最近の特徴として熟年離婚が増加している。離婚はその手続により，協議離婚，調停離婚，裁判離婚に区別される。

　1）協議離婚

　両性の合意により婚姻できる（憲法24条1項）のと同様に，夫婦双方が離婚に合意し，離婚届を提出すれば離婚できる（民法763条・764条）。これを協議離婚といい，離婚全体の90％を占めている。協議離婚では，裁判離婚をするのに必要な離婚原因に該当していなくとも，当事者双方の離婚の合意が存在しさえすればよい。協議離婚の場合は，財産分与，慰謝料，また未成年の子のいるときにはその親権者，監護権者など離婚の条件について，当事者で協議して決定する。離婚届に未成年の子の親権者の記載のない場合には，子どもの福利を図る観点から，離婚届は受理されない（同法765条）。

　2）調停離婚

　夫婦の一方が離婚に反対していて協議離婚ができない場合には，まず，家庭裁判所に調停を申し立てなければならない（家事事件手続法244条・257条）。これを調停前置主義という。調停は第三者（裁判官，調停員）の意見を聞いて当事者の合意を図る方法で，裁判離婚をするのに必要な離婚原因がなくとも，双方が合意すれば，離婚成立となり，離婚原因があっても，一方が離婚に応じなければ，成立することはない。調停離婚は裁判離婚と同じ効力をもつ。調停が成立しなかった場合には，家庭裁判所が審判離婚（同法284条）をすることもあるが，当事者が審判手続をとることに同意しているような場合を除き，実務であまりとられることはない。

３）裁判離婚

　裁判離婚は，家庭裁判所に離婚訴訟を提起して離婚する方法で，判決が確定した時に離婚が成立する。今までは地方裁判所に離婚訴訟を起こさなければならなかったが，2004年４月に人事訴訟法が改正され，家庭裁判所に訴訟を起こすことになった。民法770条は，離婚の訴えを提起することができる場合を限定列挙している。裁判離婚をするために必要な離婚原因は，①配偶者に不貞行為があったとき（770条１項１号），②配偶者から悪意で遺棄されたとき（770条１項２号），③配偶者の生死が３年以上明らかでないとき（770条１項３号），④配偶者が強度の精神病にかかり，回復の見込みがないとき（770条１項４号），⑤その他婚姻を継続しがたい重大な事由があるとき（770条１項５号）とされている。その他婚姻を継続しがたい重大な事由に暴力は含まれるが，人生観のちがい，性格の不一致などは含まれない。

　結婚生活を主として破綻させた責任のある配偶者を有責配偶者といい，身勝手，不誠実な有責配偶者からの離婚請求は認めないというのが従来の判例であった。しかし，実体の欠如した夫婦を戸籍上認めることはかえって不自然ではないか，破綻した夫婦には新たな人生を歩ませた方が本人たちのためでもあり，社会のためでもある，といった見直し論が活発になり，1996年に答申された「婚姻制度等に関する民法改正要綱」にもあるように，婚姻の破綻の事実を重視するようになった。

　最高裁判所は，昭和62年９月２日，35年ぶりに判例変更し，「有責配偶者からの離婚請求であるとの一言をもって離婚請求が許されないとすることはできない」とした。本判決は画期的な判決とされているが，①夫婦の別居が，両当事者の年齢および同居期間との対比において相当の長期間に及んでいること，②夫婦の間に未成熟の子がいないこと，③離婚によって相手方配偶者に物心面できわめて苛酷な状態におかれるなどの特別な事情が認められないことを条件としている。本件は，夫婦の別居期間は35年にも及び，当事者も相当に高齢になっており，未成熟の子もなく，苛酷な状態にならないとして認められたものであって，有責配偶者の離婚請求を解禁したとまではいえな

い。その後別居期間10年の夫婦が離婚訴訟を起こしたが認められなかった。

　4）離婚の効果

　離婚の効果には，身分上のものと財産上のものがある。

　まず，身分上の効果としては，①離婚後の未成年の子の親権者の決定，および監護権者の決定，②離婚による復氏の問題がある。協議離婚に際し，未成年の子がいるとき，当事者は協議して，一方を親権者と定めなければならない（民法819条１項）。裁判離婚の場合には，裁判所が決定する（同法819条２項）。未成年の子の親権者は離婚届に記載しなければならない（戸籍法76条）。子の監護者について，協議が調わないとき，協議ができないときは家庭裁判所が定める（民法766条）。

　協議離婚が成立すれば，婚姻によって氏を改めた夫または妻は，婚姻前の氏に戻るが，仕事の継続や親権行使などのために離婚の日から３ヵ月以内に届（戸籍法77条の２）を出せば，離婚の際に称していた氏を称することができる（民法767条）。子の氏は，原則として離婚の際における父母の氏であるが，家庭裁判所の許可を得て，届を出すことにより復氏した父または母の氏を称することもできる（同法790条・791条）。

　次に，財産上の効果としては，①財産分与請求権，②祭祀財産の継承，③慰謝料の問題がある。財産分与は，婚姻中に夫婦が形成した財産を当事者で分配することを意味する。その際，財産分与は，離婚についての責任の有無とは関係がない。財産分与について，協議が調わないとき，または協議ができないときは，家庭裁判所に対して協議に代わる処分を請求することができるが，離婚の時から２年経過すると請求できなくなる（民法768条）。

　離婚に際し，夫婦の間に系譜，祭具，墳墓などの継承すべき祭祀財産があるとき，その継承者を決定しなければならない。協議離婚の場合は，協議によるが，協議が調わないとき，または協議できないときは，家庭裁判所が定めることとなる（民法769条）。離婚は当事者に多くの負担をもたらすことになる。そこで，離婚について責任のない配偶者（無責配偶者）は，有責配偶者に対し，慰謝料を請求することができる（民法709条・710条）。

4. 家族法改正の動き

すでに触れたような現行の家族法の問題や不備などに対処するため，これを改正しようという動きがある。法制審議会民法部会では，身分法制委員会において，婚姻および離婚に関する法制度などの見直しのための検討が行われた。このような検討の結果，1994年7月には「婚姻制度等に関する民法改正要綱試案」が承認され，1996年2月には「婚姻制度等に関する民法改正要綱」が答申されている。

「婚姻制度等に関する民法改正要綱」によれば，婚姻の成立については，男女平等の視点から，婚姻適齢を男女とも18歳とすること，待婚期間については100日とすることなどの意見が示されている。夫婦の氏についても，夫婦同氏は原則とするが，各自の婚姻前の氏を選択することもできるとし，婚姻時に子の称する氏を定めなければならないとしている（選択的別姓制度）。そして，この点についての経過措置として，一定の要件の下で，現行法により同氏を称している夫婦にも，各自の婚姻前の氏を称することができることを認めている。また，民法754条の夫婦間の契約取消権の規定の削除も予定されている。

同要綱案によれば，協議離婚の際の子の監護権について，「面会及び交流，子の監護に要する費用の分担その他監護について必要な事項」と，離婚後の子と親の関係などを明確に決定するようにしている。裁判上の離婚については，離婚原因として，現行の民法770条1項4号の強度の精神病の罹患を削除し，新たに「5年以上の別居」および「回復の可能性のない婚姻関係の破綻」といった破綻主義的な要素をも導入している。同時に，身勝手な離婚を認めないために信義則の規定等の導入もされている。また，夫婦の一方が受けた失踪宣告が後に取り消された場合であっても，失踪宣告は婚姻の解消などには影響が及ばないなど，実務上問題があった点についても，立法的に解決しようとしている。

平成27年12月16日に2つの民法に関する判決が最高裁判所で下された。1つは夫婦同姓について合憲とするが，さらなる国会での議論を求めるものである。もう1つは，女性のみの6ヵ月の再婚禁止期間について100日を超える期間を違憲とするものである。

確かに夫婦同姓については議論もあるが，世論調査によれば，70歳未満の人の過半数が夫婦別姓を認めるとしている。同氏は人格権の中の氏名権の侵害であり，合憲とはいえ夫婦の一方が強制的に氏を変更しなければならないことになる。世界的にみても，このような制度は少ない。選択的夫婦別姓に向けて議論が進むことを望む。

第2節　親子関係と親権

厚生労働省の人口動態統計によれば2020年の出生数は84万832人で前年の86万5,239より2万4,407人減少している。出生率は6.8で前年の7.0より低下し，合計特殊出生率は1.34と前年の1.36より低下した。ますます少子化の道をたどっているようである。

親子関係は，子の出生によって始まる。婚姻しているときは父母の子として，または事実婚のときは母の子として出生届がなされ，戸籍にその事実が記載される。また，養子縁組によっても親子関係が発生する。親子関係は，婚姻関係とともに人間社会の基礎である家族の構成要素である。親子は，原則的に相互に相続人となり，相互に扶養義務を負う。法律上の親子には，実親子関係と養親子関係がある。

1．法律上の親子

（1）実親子関係

血縁関係のある生物学的親子関係に法的判断を加えたのが実親子関係である。一夫一婦制を基礎とした法律婚を保護する民法は，法律婚をしている父母の子である嫡出子と，法律婚をしていない父母の子である非嫡出子を区別する。嫡出子は父母の氏を称し，父母の戸籍に入る。非嫡出子は母の氏を称し，母と子が新戸籍を作る。戸籍上，嫡出子は「長男」，「長女」と記載されるが，非嫡出子については以前は「男」，「女」とされたが，現在は母の「長男」，「長女」という記載がされる。なお，1995年3月1日より，住民票の記載につ

いては，この区別が廃止され，すべて「子」で統一された。戸籍についても記載の変更が検討されている。

1）嫡出子

婚姻（法律婚）している父母に生まれた子を嫡出子という（民法790条1項）。嫡出子には「推定される嫡出子」と「推定されない嫡出子」があり，これらの生来的嫡出子に対して準正嫡出子がある。

a．推定される嫡出子

民法は，妻が婚姻中に懐胎した子を夫の子と推定（772条1項）し，子のために父の挙証責任を免除する。また，婚姻成立の日から200日後に生まれた子や，婚姻解消もしくは取消しの日から300日以内に生まれた子も，婚姻中に懐胎したものと推定される（772条2項）。夫婦は，婚姻生活を営み，共に貞操義務を負うので，血縁関係がある親子の可能性が高いからである。また，内縁関係が先行していて，その後に婚姻届をした場合，内縁成立の日から200日後に出生したのであれば，嫡出子として取り扱う（大判昭和15.1.23）。これらを「推定される嫡出子」といい，この推定を覆すには，夫が子または子の親権者である母に対し，子の出生を知った日から1年以内に嫡出否認の訴えを提起しなければならない（774条・775条・777条）。ただし，夫が，子の出生後，その嫡出であることを承認すると，否認権は消滅する（776条）。

b．推定されない嫡出子

婚姻届出後200日以内に出生した子は，「推定されない嫡出子」である。戸籍実務上では，結婚後200日をすぎて生まれた子かどうかを審査することなく，一定の形式が整っている出生届であれば，これを嫡出子として戸籍に記載するため，「推定される嫡出子」と区別して，内縁関係の先行しない子は「推定されない嫡出子」とされる（最判昭和41.2.15）。また，婚姻中であっても，長期にわたり夫婦の実態が失われている場合，夫が不能の場合，長期不在中の場合に生まれた子は「嫡出推定の及ばない子」とされる（最判昭和44.5.29）。これら推定されない嫡出子に対して，確認の利益がある者はいつでも親子関係不存在の確認の訴えを提起できる。

c．準正嫡出子

父の認知後，父母が婚姻したとき，婚姻届にその旨を記載すれば，その子は嫡出子として父母の籍に入る。父母の婚姻後，父が子を認知したときも，認知届だけで嫡出子となる（準正）。この規定はすでに死亡した子で，直系卑属がある場合にも準用される（民法789条）。

2）非嫡出子

婚姻（法律婚）していない父母に生まれた子を非嫡出子という。非嫡出子は，父または母の認知によって親子関係が発生する（民法779条）とされるが，母子関係は出産・分娩という事実から発生するので，「母の認知は不要」とする当然発生説が通説・判例である（最判昭和37.4.27）。父子関係は認知によって初めて発生する。認知には，①自発的に自分の子であることを認める任意認知と，②子の側からの申立てに基づき判決，審判で確認する強制認知がある。

a．任意認知

任意認知は認知届によりなされる（民法781条1項）が，遺言でもできる（同法781条2項）。また，胎児の認知（母の承認を必要とする）や，直系卑属がある場合に，死亡の子の認知もできる（同法783条）。ただし，成年に達した子を認知する場合には，子の承諾が必要である（同法782条）。認知すると，詐欺や強迫による認知であっても，親子の事実が存在する限り，認知を取り消すことができない（同法785条）。認知が事実に反する場合，子その他の利害関係人は，認知無効確認の訴えを提起できる（同法786条）。意思に基づかない認知は，親子関係があっても無効とされる（最判昭和52.2.14）。

b．強制認知

子，その直系卑属またはその法定代理人は，認知しない父に対して，家庭裁判所に認知調停を申し立てた後に，子の住所地の家庭裁判所に，認知の訴えを提起できる（民法787条）。認知の訴えは，出生後何年たっても提起でき（最判昭和37.4.10），父や母の死亡後も，死亡の日から3年間に限って，検察官を相手にして訴えを提起できる（同法787条ただし書）。裁判所は，懐胎期間中被告と継続的に情交を結んだ事実があり，他の男と情交関係のあった事情

が認められず，血液型の背馳もないときは，別段の事情のない限り，父子関係を認めている（最判昭和32. 6. 21）。最近では血液鑑定に代わり，DNA鑑定が行われている。また，内縁関係にある場合には，民法772条の趣旨が類推され，特別の事情のない限り，内縁の夫の子と推定される（最判昭和41. 12. 22）。なお，扶養料や金銭的対価を支払う代わりに認知を請求しないという契約は無効である（最判昭和37. 4. 10）。

　　ｃ．認知の効果

　認知の効果は，出生のときに遡るが，第三者の既得権を侵害できない（民法784条）。その間の父が分担すべき養育費の支払いを請求でき，認知後の養育費は父母の協議または家庭裁判所の審判により決定する（同法879条）。子の監護者の決定については，離婚の場合の手続（同法766条）を準用する。親権者は，認知後も母であるが，協議により，または裁判所の審判により，父を親権者と定めたときに限り，父は親権者となることができる（同法819条4項）。監護者についても同様である（同法788条）。また，父の認知がある場合，家庭裁判所の許可を得て，父の氏に変更することができる。認知により，父の財産の相続権も発生する。遺言認知の場合，遺産分割や処分が終了しているときは，価額のみによる支払い請求権をもつ（同法910条）。非嫡出子の相続分は嫡出子の相続分の2分の1（同法900条4号ただし書）としていた規定が最高裁判所の決定（最大決平成25. 9. 4）によって違憲とされ，相続分は平等となった。ただし，法的安定性のため平成13年7月からこの決定までの間にすでに確定的なものとなっている法律関係には影響を及ぼさないとしている。

（2）養親子関係

　養子制度は，血縁関係がない者の間に法律上の親子関係を擬制するもので，家の維持，存続に重要な役割を果たしてきた。また，戦前は貰い子を嫡出子として出生届を出すことができたが，戦後の戸籍法が出生届に医師または助産婦の出生証明書の添付を求めた（戸籍法49条3項）ため，貰い子をするためには，養子縁組をして養親の戸籍に入籍する方法しかなくなった。1973年に，「母子の幸せのため」に，虚偽の出生証明書を作成し，新生児を実子として斡

旋した菊田医師事件が表面化し，裁判所は「実子斡旋行為は，法律上許されないだけでなく，医師の職業倫理にも反する」(最判昭和63. 6. 17) と判決を下した。しかし，1987年の民法改正で「子のため」の養子制度である特別養子制度が新設され，翌年1月1日から施行された。

1）普通養子

a．成　立

普通養子は，当事者で縁組の意思が合致し，縁組の届出をすることにより成立する (民法799条)。普通養子の3分の2が，成年養子で，老後の扶養，遺産相続，祭祀の継承を目的としている。

養子縁組の成立には，次の要件を満たさなければならない。①養親が20歳に達した者であること (民法792条)，②養子が養親より年長，尊属でないこと (同法793条)，③後見人が被後見人を養子にするときは裁判所の許可を必要とすること，④配偶者のある者が未成年者を養子とする場合，夫婦共同縁組が原則とされること (ただし，配偶者の嫡出子を養子とするとき，配偶者が意思を表示することができないときは，一方のみで縁組ができる (同法795条))，⑤配偶者のある者が縁組をするには，原則として配偶者の同意を得なければならないこと (同法796条)，⑥養子になる者が15歳未満の場合には，法定代理人が代わって承諾をし，監護をすべき者が他にあるときは監護者の同意を必要とすること (同法797条)，⑦未成年者 (自分または配偶者の直系卑属を除く) を養子とするには，家庭裁判所の許可 (同法792条) を必要とすることである。

b．効　果

養子は，養子縁組の日から養親の嫡出子たる身分を取得し (民法809条)，養親の氏を称し (同法810条)，戸籍上「養子」と記載され，養親の戸籍に入る (戸籍法18条3項)。ただし，夫婦の一方のみが養子となる場合には婚氏を優先させる (民法810条ただし書)。養子が未成年の場合には，養親の親権に服する (同法818条2項)。その場合実親との親族関係は継続し，親権のみが養親に移る。養子と養親，その血族との間には養子縁組の日から，血族間と同一の親族関係が生じるが，養親と実親との間には親族関係は生じない (同法727条)。

c. 解　消

　養子あるいは養親が死亡したときは，養親子関係は消滅する。しかし，養子あるいは養親を通して発生した法定血族関係は当然には消滅しない。生存当事者は単独の意思により，家庭裁判所の許可を得て養親子関係を解消（死後離縁）することができる（民法811条6号）。

　当事者の一方の死亡による養親子関係の解消以外，養子縁組を解消するには離縁しなければならない。離縁には，協議離縁（民法811条〜813条），調停離縁（家事事件手続法257条），審判離縁（同法284条），裁判離縁（民法814条）があり，離縁には調停前置主義がとられている。協議離縁は，当事者の協議によるが，15歳未満の養子については法定代理人が代わって協議する（同法818条2項）。養親が夫婦である場合の未成年者との離縁は共同離縁でなければならない（同法811条の2）。裁判所への離縁の訴えは，①悪意の遺棄，②3年以上生死不明，③その他縁組を継続しがたい重大な事由があるときに限り，提起できる（同法814条）。離縁後は縁組前の氏に復するが，養子縁組から7年を経過した後に離縁する場合は，離縁の日から3ヵ月以内に届け出ることによって，離縁の際に称していた氏を称することができる（同法816条2項）。

2）特別養子

　特別養子は，子どもの健全な育成と利益の保護を図ることを目的とし，実方の父母や親族との親族関係を終了させて，養親子関係を唯一の法律上の親子関係とする制度である。菊田医師事件や愛知方式（児童相談所で始まった特別養子縁組のあっせん）を経て，1987年に民法改正によって導入され，翌年に施行された。しかし，認知度が低いことや促進させる法律の不整備などから数は増えていない。2019年度は711件の縁組が成立している。なお里親制度は，一時的に子どもを養育する制度で戸籍上のつながりは発生しない。

a. 成　立

　特別養子は，養親になる者の請求により，次の要件を満たすとき，家庭裁判所の審判によって成立する（民法817条の2）。家庭裁判所は，実父母の監護が，著しく困難または不適当であること，その他特別の事情がある場合に，

子の利益のためとくに必要であると認めるときに，特別養子縁組を成立させることができる（同法817条の7）。①養親は，原則として，25歳以上の婚姻中の者に限られ，夫婦がともに養親になること，ただし，夫婦の一方が他の一方の嫡出子の養親となる場合には単独縁組ができる。また，夫婦の一方が25歳以上であれば，他方は成年者であればよい（同法817条の3・817条の4）。②養子は，審判のときに15歳未満でなければならないが，15歳に達する前から養親となる者に監護されている場合には，17歳までであること（同法817条の5），③養子となる者の実父母の同意を必要とすること（同法817条の6）（ただし，父母が意思を表示することができない場合，または，父母による子の虐待，悪意の遺棄その他養子となる者の利益を著しく害する事由がある場合には，父母の同意は要しない（同法817条の6ただし書）），④家庭裁判所は，養親となる者が養子となる者を6ヵ月以上監護した状況，その監護能力，適格性などを考慮しなければならないこと（同法817条の8），が特別養子の要件である。

　b．効　果

　特別養子は，養親の嫡出子たる身分を取得し（民法727条・734条ただし書・809条），養親の氏を称し，養親の親権に服する。届出がされると，実親の本籍地に特別養子を筆頭者とし，養親の氏で記載された単身戸籍が編製され，そこから養親の戸籍へ入籍し，単身戸籍は除籍となる（戸籍法20条の3・30条3項・18条3項）。戸籍上の記載は養親の「長女」「長男」などとされ養子であることが一見してわからないように記載される。縁組成立の時から，特別養子と実方の父母およびその血族との法律上の親族関係が終了する（民法817条の9）。ただし，近親婚の禁止は残る（同法734条2項・735条）。

　c．解　消

　特別養子の場合は，普通養子と異なり，協議による離縁は許されず，養親による虐待，悪意の遺棄，その他養子の利益を著しく害する事由があるとき，かつ実父母が相当の監護をすることができる場合で，養子の利益のために必要なときに限り，養子，実父母または検察官の請求により，家庭裁判所の審判による離縁ができる（民法817条の10）。離縁の効果として，その子と実父

母・血族間に親族関係が復活する（同法817条の11）。

2. 親　権

（1）親権者

　親権は，未成年の子を一人前に成熟した社会人とするために養育する親に認められた権利であり，また義務であると考えられている。親権に服する子は，未成年者である（民法818条1項）。未成年者でも婚姻した者は成年者として取り扱われ（同法735条），親権の対象にはならない。親権者には，嫡出子のときは実父母が（同法818条1項），非嫡出子のときは母がなる。未成年者が婚姻をしないで子を産んだときには，その子の親権者となれず（同法833条・867条），未成年者の親権者や未成年後見人が親権を行う。子が養子であるときは養親の親権に服する（同法818条2項）。離婚をするときは，協議または裁判で，父母の一方を親権者と定めなければならない（同法819条1項・2項）。離縁のときは，実父母の親権が復活するが，養親の死亡のときは，縁組は解消せず，（未成年）後見が開始される。その際，実父母は未成年後見人となることができる。

（2）父母共同親権行使の原則

　父母が婚姻中は，父母が共同して親権を行使する（民法818条3項）。ただし，重病，心神喪失，長期不在など事実上の理由，または親権喪失の宣告，親権行使禁止の仮処分などの法律上の理由により，一方が親権を行使できないときは他の一方が行使する。

　また，協議離婚の場合には協議で（民法819条1項），裁判離婚の場合には裁判所が（同法819条2項），父母のどちらかを親権者と定める。数人の子があるときは，それぞれ親権者を指定しなければならない。離婚後に生まれた子は，母が親権者となるが，父母の協議で父が親権者となることもできる（同法819条3項）。非嫡出子は，母が親権者となるが，父が認知した子は，父母の協議で父が親権者となることもできる（同法819条4項）。協議ができないときは，調停がされ，それでも決まらないときは，父または母の請求により，家庭裁

判所が審判する（同法819条5項）。また，子の利益のため，必要あるときは，親権者を他の一方に代えることができる（同法819条6項）。家庭裁判所は，子の意思，親子間の愛情，熱意と能力，現に養育している事実，経済力など一切の事情を斟酌して，親権者を決定する。

（3）親権の効力

1）身上監護権

a．監護・教育権

監護・教育権（民法820条）は，身上監護についての包括的な権利で，他の者が親権の行使を妨げるような場合の排除請求権と，未成年の子を保護・育成し，国や社会に役立つ人間を形成するために与えられた権利・義務の総称である。親の未成年の子に対する扶養義務は，自分と同程度の生活を維持させる生活保持義務であり，怠った場合は，父母は連帯して損害賠償責任を負う。親権を濫用した場合や子に対して虐待やネグレクトをした場合には，親権が剥奪される（同法834条）。

児童虐待は子ども・未成年者に対する虐待であり，2000年に制定された「児童虐待の防止等に関する法律」において「保護者（親権を行う者，未成年後見人その他の者で，児童を現に監護するものをいう。以下同じ。）がその監護をする児童（18歳に満たない者をいう。以下同じ。）について行う次に掲げる行為をいう」と定義されている（同法2条）。つまり，①身体的虐待，②性的虐待，③ネグレクト（育児放棄，監護放棄），④心理的虐待である。2004年の改正では，①保護者以外の同居人による虐待を保護者が放置，②子どもの夫婦間暴力（DV）の目撃も虐待に該当するとの定義の見直しが行われ，2007年の改正では，児童相談所の権限を大幅に強化し，裁判所の令状に基づく家庭への強制立ち入り調査や保護者に対し児童との接見禁止や通信制限などを命じる権限を与えた。

2012年より施行された改正民法では，家庭裁判所は，「父又は母による親権行使が困難又は不適当であることにより，子の利益を害するとき」に，2年以内の期間を定めて親権停止の審判をすることができる（民法834条の2）と

して親権停止制度が創設された。

親として監護教育ができないわけであるから，親権の剥奪もされることになる。児童虐待はもはやしつけの範囲を超えた犯罪である。早期に発見するために，児童相談所の権限強化や警察との連携がいわれているが，社会全体が子どもに目を配らなければならない。

親権者は，親権者から強制的にその子を奪い去る者がある場合には，監護教育権の侵害としてその子の引渡しを求めることができ，相手が応じないときは訴えを起こすことができる。ただし，意思能力をもつ子がその自由意思に基づいて居所を選定した場合には，引渡しを求めることができない。

b．居所指定権

生活の場が精神や肉体に影響を及ぼすことから，親権者は，監護・教育を行う必要上，居所を指定することができる（民法821条）。通常は，父母の居所と同一の場所を指定する。

c．懲戒権

親権者は，子の利益のために行われる子の監護・教育に必要な範囲内でその子を懲戒することができる（民法822条）。懲戒は，非行を戒めるために精神・身体に苦痛を与えることで，体罰は禁止されている。懲戒権を濫用すると，親権が剥奪され，刑事責任を負うことにもなる。

d．職業許可権

親権者は職業許可権をもつ（民法823条）。職業許可は，営業の許可，職業の許可，職業の特定を指す。しかし，職業に就くことが子の教育・監護を行うために適しないとき，取消しや制限ができる。未成年者は，親権者の職業許可により，成年者と同一の行為能力を取得する。子が働いていることを知りながら，反対しないときは，黙示の同意があるとされる。

2）財産管理権・代理権

未成年者は，民法上，制限行為能力者とされ，法律行為をなすには親権者や後見人など法定代理人の同意が必要とされる。そして同意のない行為については取り消すことができる（民法4条）。

a．子の財産の管理

　親権者は，子の財産を管理する（民法824条）。親権者は，自己のためにすると同一の注意をもって財産管理を行わなければならない（同法827条）。後見人による財産管理は，善良なる管理者の注意をなすことで足りる。注意義務を怠った場合には，損害賠償責任を負わなければならない。子が満20歳に達したとき，親権が終了し，親権者は，財産管理の計算をし，収支，財産の確定，報告などをしなければならない。ただし，その子の養育および財産管理費用は，その子の財産の収益と相殺したものとみなす（同法828条）。しかし，無償で財産を与える第三者が反対の意思を表示したときは，相殺しえない（同法829条）。

b．財産的行為の代理・同意

　財産に関する法律行為について，その子を代表する法定代理権は，一切の財産的法律行為に及ぶが，営業を許可した場合の営業に関する財産，目的を定めもしくは目的を定めずに処分を許した財産，親権者に管理させない意思を表示して子に無償で贈与した財産，労働契約に基づく賃金請求権，および受け取った賃金などは除外される（民法830条）。また，子の行為を目的とする債務については，本人の同意が必要とされ（同法824条ただし書），子の労働契約を親権者が締結することはできない（労働基準法58条1項）。未成年者の締結した労働契約が未成年者にとって不利益な場合，親権者は将来に向かってこれを解除することができる（同法58条2項）。父母が共同親権者である場合，共同の名義で父母の一方が行った代理・同意（民法825条）は，他の一方の意思に反したときでも有効とされる。ただし，悪意のときは無効となる。

c．利益相反行為

　親権者と子の利益が相反する行為については，親権の濫用を防ぎ，子の利益を守るために，特別代理人を選任しなければならない（民法826条）。これには，未成年者の債権の親権者への譲渡，養子からの不動産の買受け，親権者の財産の有償譲渡，債務つきの財産の無償譲渡などがある。相続などの単独行為については，判例は，この規定を適用しないが，学説は適用すべきとする。この規定に違反した親権者の代理は，無権代理となる（⇒87頁）。

（4）親権等の喪失

子の死亡，成年，婚姻により，親権は消滅する。2012年の民法改正により，親権喪失原因の見直しがされ，家庭裁判所は「父又は母による虐待又は悪意の遺棄があるときその他父又は母による親権の行使が著しく困難又は不適当であることにより子の利益を著しく害するときに」親権喪失の審判をすることができるとされた（民法834条）。さらに，管理権喪失原因の見直しもされ，家庭裁判所は「父又は母による管理権の行使が困難又は不適当であることにより子の利益を害するときに」管理権喪失の審判をすることができるとされた（民法835条）。

親権喪失を請求できるのは，子の親族及び検察官のほか，子，未成年後見人，未成年後見監督人である（民法834条・834条の2・835条）。この他，児童相談所長も親権喪失，親権停止，及び管理権喪失の審判を請求することができる（児童福祉法33条の7）。これらの原因がなくなったとき，本人や親族の請求により，家庭裁判所は宣告を取り消すことができる（民法836条）。

親権者は，家庭裁判所の許可を得て，やむをえない事由があるとき，親権または管理権を辞することができる。その事由がなくなったとき，親権者は，家庭裁判所の許可を得て，親権または管理権を回復できる（民法837条）。

第3節　相続と相続税

相続とは，人が死亡したとき，その者（被相続人）がもっていた財産に関する一切の権利義務を相続人が受け継ぐことをいう（民法896条）。2014年の死亡者数は127万3,004人で前年より4,568人増加している。相続は，①残された家族の生活保障，②被相続人の財産に対する相続人の貢献分（潜在的持ち分）の清算，③取引きの安全を保障する，といった役割をもつ。

1．相続の開始

相続は死亡によって開始する（民法882条）。相続は，自然死の場合には，現

実に死亡の事実が発生したとき，水難，火災などの事故で死亡したとみられる場合には，死体が確認できなくても，取り調べた官公署が死亡を認定したとき，開始する。普通失踪（生死不明7年間）により失踪宣告を受けた場合は期間満了のときに，特別失踪（危難に遭遇し，生死不明1年間）により失踪宣告を受けた場合は，危難の去ったときに死亡したものとみなされる（同法30条・31条）。また，死亡した数人中1人が他の者の死亡後生存していたかどうか明らかでない場合には，同時に死亡したものと推定される（同法32条の2）。同時死亡者間では相続は生じない。なお，相続は，被相続人の住所で開始する（同法883条）。

2．相続人と相続欠格・廃除

（1）相続人

相続人は，相続開始のときに生存していなければならない。胎児は，相続および遺贈についてすでに生まれたものとみなされる（民法886条・965条）。

被相続人の配偶者は，常に相続人となる（民法890条）。被相続人の子が第1順位の相続人となるが，相続の開始以前に死亡または欠格・廃除により相続権を失ったときはその者の子（直系卑属）が代襲相続人となる（同法887条）。親と子が同時に死亡した場合は，直系卑属がいればその者が代襲相続する。子がいない場合には，直系尊属（近い親等を優先）が第2順位の相続人に，子および直系尊属がいない場合には，兄弟姉妹（いないときには甥，姪などその直系卑属）が第3順位の相続人となる（同法889条）（本書18頁の親等図参照）。

相続人がいない場合，遺産は国庫に帰属する（民法959条）が，家庭裁判所は，被相続人と生計を同じくしていた者，被相続人の療養看護に努めた者，その他被相続人と特別の縁故があった者の請求により，清算後残存すべき相続財産の全部または一部を与えることができる（同法958条の3）。

（2）相続欠格と相続人の廃除

1）相続欠格

被相続人に対して著しい非行がある者や被相続人の遺言について不正行為

をした者は，相続人となることができない（民法891条）。これを相続欠格という。欠格事由には，民法891条の5つの事由に限定される。①殺人の意思をもって被相続人，同順位・先順位の相続人を殺害し，または殺害しようとして刑罰を受けたこと，②被相続人が殺害されたことを知っていながら，告訴・告発しなかったこと，③詐欺または脅迫により，被相続人が遺言したり，それを取り消し，または変更することを妨げたこと，④詐欺または脅迫により，被相続人に遺言をさせ，取り消させ，または変更させたこと，⑤遺言書を偽造し，変造し，破棄し，または隠匿などをしたこと，があげられる。なお，相続欠格がある場合には，遺贈を受ける資格も失う（同法965条）。

　2）相続人の廃除

　遺留分を有する相続人が被相続人を虐待したり，もしくは重大な侮辱を加えたり，または相続人に著しい非行がある場合に，被相続人は家庭裁判所に相続人の廃除の申立てをすることができる（民法892条）。相続人の廃除は遺言によってもできる（同法893条）。病老の父を見舞わず，音信不通にしているのは，重大な侮辱を加えたことに当たる（大判昭和14.12.22）。しかし，老齢の尊属親に対する甚だしい非行があっても，一時の激情に出たものである場合には重大な非違とはいえない（大判大正11.7.25）し，父が子を非道に待遇したために，その子の非行を誘発するようになった場合には，廃除権は常に生じるものでない（大判大正15.6.2）。被相続人はいつでも相続人の廃除の取消しを家庭裁判所に請求できる（同法894条）。

3．相続の効力

　相続により，相続される遺産の範囲，相続人が数人ある場合の相続分などが問題となる。

　（1）相続される遺産の範囲

　相続開始時に被相続人に属していた権利義務は，相続により相続人に帰属するが，この権利義務は財産上の権利・義務であって，一身専属権や身分上の権利・義務は除外される（民法896条）。損害賠償請求権については，特別の

事情のない限り相続される（最大判昭和42.11.1）。一身専属権には，身元保証債務，信用保証債務，生活保護受給権，公営住宅を使用する権利などがある。民法上，相続人が保険金受取人の場合，生命保険請求権は相続人の固有財産となり（最判昭和40.2.2），死亡退職金の受給権は，受給者の遺族が固有の権利として取得する（最判昭和55.11.27）。しかし，相続税法では，被相続人の死亡によって相続人が取得した保険金や退職金をみなし相続財産として相続税の対象とする。香典や弔慰金は，喪主に贈られるものであり，相続される遺産には含まれず，相続税の対象にもならない。なお，祖先の祭祀財産は，それを主宰する者が受け継ぐ（同法897条）。

（2）相続分

相続分は，相続人の相続財産に対する持ち分で，指定相続分と法定相続分があり，遺言があれば，その指定相続分に従い，遺言のないときは，法定相続分による。相続人が数人ある場合には，相続開始から遺産分割が終わるまで，遺産は全員の共有になり（民法898条），各人の相続分の割合に応じて権利・義務を受け継ぐ（同法899条）。

1）指定相続分

指定相続分は被相続人が遺言で相続分を決めるか，またはこれを第三者に委託して決めさせるもので，法定相続分に優先する。被相続人は，遺言で抽象的な相続分の指定だけでなく，具体的に遺産の分割を指定したり，5年以内の分割禁止もできる（同法908条）。相続分の指定があると，債務も原則としてその割合で承継される。

2）法定相続分

相続分指定の遺言がないときは，各相続人の相続分は民法900条の法定相続分の規定による。子，直系尊属または兄弟姉妹が数人あるときは，同順位間では各自の相続分は相等しいものとする（民法900条4号）。なお，代襲相続する直系卑属の相続分は，その直系尊属が受けるべきであったものと同じである（同法901条）。相続人間の公平をはかるために，被相続人から贈与や遺贈を受けた特別受益者である相続人は，その額分が減額され（同法903条・904条），

相続財産の維持増加に貢献した相続人がいれば，その寄与分が加算される（同法904条の2）。

　a．子と配偶者が相続人であるとき

　子と配偶者が相続人であるときは，法定相続分は配偶者が2分の1，子が2分の1であり（民法900条1号），配偶者がいないときは，子が遺産の全部を受け継ぐ。子が数人あるときは，各自の相続分は相等しいものとする（同法900条4号）。ただし，一夫一婦制を基礎とした法律婚を保護する民法は，親が法律婚をしているかどうかによって嫡出子と非嫡出子を区別し，非嫡出子が嫡出子と一緒に相続する場合は，嫡出子の相続分の2分の1としていた（同法900条4号ただし書）。しかし，どの親から生まれるかは偶然性の問題であり，憲法の定める個人の尊厳と人格価値の平等の原理に反するとして，民法900条4号ただし書を違憲とする判決（東京高判平成5.6.23）が出たが，最高裁判所はこれを合憲とした（最大決平成7.7.5）。その後，最高裁判所は平成25年9月4日，非嫡出子の相続分を嫡出子の相続分の2分の1とする民法の規定を違憲であると判断した決定を出し，本件規定は遅くとも平成13年7月当時において憲法14条1項に違反していたものというべきである，とした。ただし，平成13年7月以降になされた非嫡出子の相続分を2分の1とした遺産分割等がすべてこの決定によって覆されると法的安定性を著しく害するとして，この決定までにすでに確定的なものとなっている法律関係には影響を及ぼさないと判示している。

　b．配偶者と直系尊属が相続人であるとき

　子がいないときは，配偶者および直系尊属（父母）が相続人となる。法定相続分は配偶者が3分の2，直系尊属が3分の1であり（民法900条2号），父母が死亡し，祖父母がいれば，父方・母方の区別なく相続人となり，配偶者がいなければ，直系尊属だけで全遺産を相続する。同順位者が数人あるときは均等に分ける。子のいない普通養子が死亡した場合は，実父母も養父母も相続人になる。

c．配偶者と兄弟姉妹が相続人であるとき

　子も直系尊属もいないときは，配偶者と兄弟姉妹が相続人となる。法定相続分は配偶者が４分の３，兄弟姉妹が４分の１である（民法900条３号）。兄弟姉妹が数人いれば，均等に分ける。兄弟姉妹の中に父母双方とも同じである兄弟姉妹（全血兄弟）と一方だけが同じ兄弟（異父兄弟，異母兄弟―半血兄弟）がいるときは，後者は前者相続分の２分の１となる（同法900条４号ただし書）。

　兄弟姉妹の中で被相続人よりも先に死亡した者がいる場合は，その者の子（甥・姪）が相続人になる。ただし，甥・姪の子には相続権はない。

　３）遺産の分割

　遺産の分割は，相続人の共有となっている遺産を相続分に応じて具体的に分配することをいう。遺産に関する財産または権利の種類および性質，各相続人の年齢，職業，心身の状態や生活の状況その他一切の事情を考慮して遺産の分割をする（民法906条）。被相続人が遺言で分割を指定した場合（同法908条）にはこれに従い，遺言がない場合には共同相続人全員の協議によって遺産の分割を行い（同法907条１項），遺産分割協議書を作成し，全員が署名押印する。制限行為能力者のいるときは，法定代理人が代理し，法定代理人と相続人の利害が対立するときには特別代理人を選任する（同法826条）。遺産分割ができない場合には，家庭裁判所に申し立て，調停または審判によって分割をする（同法907条２項）。分割財産は，相続開始時から，その相続人の財産として取り扱われる（同法909条）。遺産分割後に認知された者は，自分の相続分に相当する金額の支払いを求めることができる（同法910条）。

４．相続の承認と放棄

　相続により，被相続人の一切の権利・義務が相続人に承継される（民法896条）が，財産よりも債務のほうが多い場合には，相続人に過度の負担を課すことになる。そこで相続人の保護のために，相続放棄と限定承認が認められている。相続人は相続の開始があったことを知ったときから３ヵ月以内に，相続の単純承認，限定承認または相続放棄をしなければならない（同法915

条）。制限行為能力者は限定承認や相続放棄を単独ではできず，法定代理人
と相続人の利益が相反する場合には特別代理人を選任しなければならない。
いったん，限定承認または相続放棄をすると取り消すことができない（同法
919条）。

（1）単純承認

相続人は単純承認をすると，被相続人の権利・義務をすべて受け継ぐ（民
法920条）。相続人が遺産の全部あるいは一部を処分したとき，3ヵ月以内に
限定承認も相続放棄もしなかったとき，限定承認・相続放棄をした後でも遺
産の全部または一部を隠したりしたときには，単純承認をしたものと扱われ
る（同法921条）。

（2）限定承認

相続人は，相続した財産の範囲内で債務や遺贈を負担するという条件付き
で，相続を承認（限定承認）できる（民法922条）。ただし，相続人が数人いると
きは，全員が承諾しなければ，限定承認をすることができない（同法923条）。
限定承認は，相続があったことを知った日から3ヵ月以内に財産目録を作成
し，家庭裁判所に申し出なければならない（同法924条）。限定承認した者は，
限定承認後5日以内に債権者・受遺者全員に対して限定承認をしたこと，一
定の期間内に権利の申し出をするよう官報などで公告しなければならない
（同法927条）。限定承認をした者は，権利を申し出た債権者または以前から判
明していた債権者，受遺者，期間後申し出た債権者，受遺者の順で債務の負
担や遺贈を行う。質権や抵当権がついている債権は，他の債権に優先して支
払わなければならない（同法929条・931条・935条）。

（3）相続放棄

相続放棄は，相続があったことを知った日から3ヵ月以内に，家庭裁判所
に申し出なければならない（民法938条）。相続放棄をすると相続人は初めか
ら相続人でなかった者として取り扱われる（同法939条）。相続を放棄すると
いうことは，債務だけでなく，財産も放棄することである。債務だけを放棄
することはできない。

5．遺言・遺留分・寄与分

（1）遺　言

　遺言は，被相続人の最後の意思を尊重し，法的効果を与えようとする制度である。遺言により相続分の指定（民法902条），特定の具体的財産を与える特定遺贈や包括遺贈ができる（同法964条）。子の認知（同法781条2項），後見人の指定（同法839条），未成年後見監督人の指定（同法848条），相続人の廃除（同法893条）などもできる。

　遺言は，民法が定める方式に従わなければならない（民法960条）。また，遺言者はいつでも遺言の方式に従って，遺言の全部または一部を取り消せる（同法1021条）。15歳以上の者は自由に遺言でき（同法961条），未成年者，被保佐人，被補助人も法定代理人の同意なく遺言できる（同法962条）。成年被後見人は，本心に復しているときは遺言ができるが，2人以上の医師の立会いが必要である（同法973条）。遺言は，遺言者が死亡したときから効力が発生する（同法985条）。受遺者は，遺言者の死亡後，いつでも遺贈を放棄できる（同法986条）が，いったん，承認や放棄をすると撤回は許されない（同法989条）。包括受遺者は相続人と同一の権利・義務をもつ（同法990条）。

　民法の認める遺言の方式には①普通方式と②特別方式がある。

1）普通方式

　普通方式の遺言には，①自筆証書遺言，②公正証書遺言，③秘密証書遺言がある（民法967条）。

a．自筆証書遺言

　民法968条は，1項で自筆証書遺言は，遺言者が，その全文，日付および氏名を自書（代筆は無効）し，押印しなければならないと規定する。2項では，前項の規定にかかわらず，自筆証書にこれと一体のものとして相続財産の全部又は一部の目録を添付する場合には，その目録については自書することを要しない。この場合において，遺言者は，その目録の毎葉に署名し，印を押さなければならない。また3項は，自筆証書（2項の目録を含む）の内容を加除その他変更をしたときは，必ずその場所を指示し，変更したことを付記し

たうえ，その後に署名し，かつ変更した場所に印を押しておかなければ効力がない。日付は，年月日が必要で，封筒に自署されていてもよい。氏名は，本人が確認できれば氏だけか名だけでもよい。遺言書を保管している者は，遺言者の死亡後，速やかに，家庭裁判所に提出し，検認を受けなければならない。

ｂ．公正証書遺言

公正証書遺言は，公正証書の形で作成して，公証人役場に保管されるものである。公正証書遺言をするには，2人以上の資格のある証人の立会いを必要とし，遺言者が遺言の趣旨を公証人に口頭で述べ，公証人がこれを筆記し，遺言者や証人に読み聞かせ，承認後，各々が署名・押印し，公証人がこの様式に従い作成した旨を付記して，署名・押印する。遺言者が署名できない場合には，公証人が理由付記して署名に代えることができる（民法969条）。制限行為能力者，相続人，受遺者は証人になれない（同法974条）。

ｃ．秘密証書遺言

秘密証書遺言は，遺言者が遺言証書を作成して署名・押印した後，封をし，証書に用いた印鑑で封印する。この封書を公証人，2人以上の証人の前に提出し，自己の遺言書であることと，住所・氏名を申述する。公証人は，その証書を提出した日付，遺言者の申述を封書に書き留め，遺言者および証人とともに署名・押印する（民法970条）。証書は，代筆してもワープロなどを用いてもよいが，署名は自署でなければならない。秘密証書は家庭裁判所で相続人または代理人が立ち会ったうえで開封され，検認を受けなければならない。

2）特別方式

特別方式の遺言には，①臨終遺言，②伝染病隔離者の遺言，③船舶中にある者の遺言，④遭難船での臨終遺言がある。なお特別方式の遺言は臨時のものであって，遺言者が普通様式によって遺言ができるようになったときから6ヵ月以上生存する場合には効力を失う（民法983条）。

（2）遺留分

遺留分は，被相続人による遺贈や生前贈与などにより遺産の処分があって

も，相続人に一定限度の相続財産を留保して，家族生活の安定を維持し，この財産に対する家族の寄与を認めようとするものである。民法1043条では遺留分を算定するための財産の価額は，被相続人が相続開始の時において有した財産の価額にその贈与した財産の価額から債務の全部を控除した額とする。同法1042条1項にはその価額に対し，兄弟姉妹以外の相続人は，直系尊属のみが相続人の場合は3分の1，その他の場合は2分の1の遺留分を受けることができる旨を規定している。同法1046条は制度上，遺留分侵害の限度を超えたとしても有効で，遺留分権が行使されて初めて侵害額相当の金銭債権が生じるとしている。2018年改正前の遺留分減殺請求が侵害行為の効果を失効させて目的財産を取り戻すという物権的処理をしていたのに対し，債権的処理へと変更されたことになる。そして同改正では遺留分に関する規定は相続人が受贈者の場合，相続開始前の10年間の贈与が対象となった（民法1044条3項）。

（3）寄与者の相続分と特別寄与者制度

民法904条の2が，相続人が被相続人の財産の維持・増加に寄与した場合，その寄与分を相続財産から控除，寄与分を加えて寄与者の相続分に加えるとしているが，相続人以外の親族（例：相続人の配偶者）が無償で被相続人を療養看護していたような場合にはその親族を評価する規定は2018年の改正前には存在していなかった。そこで今回の改正によって，同法1050条1項に規定し，特別寄与者は自身の「無償」の労務の提供によって相続財産の維持・増加があった場合に，相続開始後に相続人に対して寄与に応じ価額の金銭を請求できることとされた。ただし内縁など，戸籍上の親族でない者は請求できない。対価を得て手伝ったような場合にも請求はできない。

6．相続税

（1）相続税

相続税は，死亡した人（被相続人）の財産を相続したときや，遺言によって財産を取得したときに納める税金である（相続税法1条・66条）。被相続人の正味遺産額が基礎控除額（同法15条）（3,000万円＋［600万円×法定相続人の数］）を

相続税額速算表（2021年現在）

課税額	税率	税率控除額
1,000万円以下	10%	―
3,000万円以下	15%	50万円
5,000万円以下	20%	200万円
1億円以下	30%	700万円
2億円以下	40%	1,700万円
3億円以下	45%	2,700万円
6億円以下	50%	4,200万円
6億円超	55%	7,200万円

国税庁webサイト

超える場合には，遺産の分割ができない場合でも，被相続人の住所地の税務署に被相続人の死亡したことを知った日の翌日から10ヵ月内に相続税の申告及び納税をしなければならない（同法27条）。申告期限を過ぎると，税額軽減などが適用できなくなり，無申告加算税などが課される。また，配偶者の税額軽減や小規模宅地の評価減などの特例を適用した場合には，税額はゼロとなっても相続税の申告書を提出しなければならない。

（2）相続人・相続分

相続人や相続分は民法に定められているところに従うのが原則であるが，相続税の計算は，法定相続分によって分割したと仮定して，相続税の総額を求め，それを実際の遺産の取得に応じて按分する方法をとる。相続人の数については，相続税の計算をする場合に限って，次のように取り扱う。①相続放棄をした者も含む，②養子は，実子がいない場合2人，いる場合1人とする，③特別養子，連れ子養子，代襲相続人は実子とみなす（相続税法15条）。

（3）相続財産の範囲

1）相続財産（相続税法2条・3条）

相続財産には，土地，家屋，預金，有価証券などの財産のほか，相続人が受け取った生命保険金，死亡退職金などの「みなし相続財産」も含まれる。相続開始前3年以内の贈与財産も相続税の課税価額に加算される。

土地・家屋は相続税評価額（土地は市街地の場合は路線価方式，その他の場合は倍率方式により評価，家屋は固定資産税評価）で評価される。相続開始前3年以内に取得した場合は時価評価となる。しかし，時価評価額が地価の値下がりなどで相続税評価額よりも低くなった場合には，財産権侵害の問題が生じる（大阪地判平成7.10.17）。

２）非課税財産（相続税法12条）

非課税財産になるものには，①墓，仏壇，祭具など，②相続人が受け取った生命保険金のうち500万円×法定相続人の数までの部分，③相続人が受け取った死亡退職金のうち，500万円×法定相続人の数までの部分，④国や特定公益法人に寄付した財産などがある。

３）債務の控除（相続税法13条・14条）

借入金などの債務，未払いの税金，お通夜や葬式費用は債務控除として相続財産から差し引くことができる。ただし，法事や香典返しは含まれない。

（４）相続税の計算（相続税法11条）（平成27年現在の相続税法に基づく）

①総遺産額＝相続財産＋みなし相続財産

②正味遺産額（1,000円未満切捨て）

　　　＝総遺産額－非課税財産－債務・公課・葬式費用

③課税遺産額＝正味遺産額－基礎控除（3,000万円＋600万円×法定相続人の数）（1,000円未満切捨て）

④課税遺産額を法定相続分で按分（1,000円未満切捨て）

⑤相続税の総額の算出（100円未満切捨て）

　速算表により，法定相続分にそれぞれ相続税率（相続税法16条）をかけて求めた税額を加算

⑥各人の相続税額

　相続税の総額を実際に取得した相続分の割合（合計は1.0，小数点以下２位まで）で按分（相続税法17条）

⑦税額控除

　ａ．配偶者の税額軽減（相続税法19条の２）

$$相続税の総額 \times \frac{配偶者の法定相続分相当額（最低１億6,000万円）と配偶者が相続した正味遺産額のいずれか少ない方の金額}{遺産の総額}$$

　ｂ．未成年者控除（相続税法19条の３）

　相続人の年齢が20歳未満のときは，成人に達するまでの年数（端数切

上げ）１年につき10万円が相続税額から控除（平成26年12月31日以前に
　　相続開始した場合は６万円）
　ｃ．障害者控除（相続税法19条の４）
　　相続人が障害者に該当するときは85歳に達するまでの年数（端数切上
　　げ）１年につき10万円（特別障害者は20万円）が相続税額から控除（平成
　　26年12月31日以前に相続開始した場合は６万円と12万円）
なお，一親等の血族と配偶者以外，税額が２割加算される（相続税法18条）。
⑧納付税額（100円未満切捨て）＝各人の相続税額－税額控除

　具体例として，夫Ａ，妻Ｂ，25歳の長男Ｃと18歳の障害者である長女Ｄという
４人家族で，夫Ａが死亡した場合の相続税額を計算してみることにする。なお，
遺産として現金・預金・株式4,500万円，土地・建物１億円（相続税評価額），そ
の他500万円（うち祭壇，墓所200万円）あり，Ａの死亡のため，生命保険金5,000
万円，死亡退職金2,000万円を受け取ったとする。また，債務として，借入金が
500万円あり，葬式費用が300万円かかったとする。
①総遺産額　4,500万円＋１億円＋500万円＋5,000万円＋2,000万円＝２億2,000万円
②正味遺産額　２億2,000万円－（500万円×３人＋500万円×３人＋200万円）
　　　　　　　　　－（500万円＋300万円）＝１億8,000万円
③課税遺産額　１億8,000万円－（3,000万円＋600万円×３人）＝１億3,200万円
④法定相続分で按分（法定相続分は，妻１／２，長男１／４，長女１／４なので）
　　妻Ｂ　　１億3,200円×1/2＝6,600万円
　　長男Ｃ　　１億3,200円×1/4＝3,300万円
　　長女Ｄ　　１億3,200円×1/4＝3,300万円
⑤相続税の総額の算出　妻Ｂ　　6,600万円×30％－700万円＝1,280万円
　　　　　　　　　　　　　長男Ｃ　　3,300万円×20％－200万円＝460万円
　　　　　　　　　　　　　　長女Ｄ　　3,300万円×20％－200万円＝460万円
　　1,280万円＋460万円×２人＝2,200万円
⑥各人の相続税（法定相続分で分割したとする）

妻B　2,200万円×6,600万円／1億3,200万円＝1,100万円

長男C，長女D　2,200万円×3,300万円／1億3,200万円＝550万円

⑦納付税額

妻B　1,100万円－1,100万円＝0円　　　　　　長男C　550万円

長女D　550万円－{10万円×(20才－18才)＋10万円×(85才－18才)}＝0円

7．配偶者居住権・配偶者短期居住権

（1）配偶者居住権

　2018年の民法の改正で，被相続人死亡との配偶者の居住権を長期的に保護するため，配偶者居住権の規定が新設された。配偶者が被相続人と同居していた場合，引き続きその自宅に住み続けたいと考えるのが通常であり，そのため，遺産となる建物の価値を，居住権としての価値と所有権としての価値に分け，居住権としての価値を配偶者居住権として規定した。そうすることで，例えば，建物の所有権は子に，居住権は配偶者に残すことを可能として配偶者は所有権がなくても居住権を取得することで，終身，自宅に住み続けることができるようになる。この配偶者居住権が認められるための要件としては①遺産分割で配偶者が居住権を取得するか，②配偶者居住権が遺贈の目的とされることが必要である（1028条1項）。

（2）配偶者短期居住権

　配偶者短期居住権は，配偶者が相続開始時に受けている居住利益をその後も一定期間保護するためのものである。配偶者が高齢な場合など，被相続人が死亡したあとで遺産分割が行われ，すぐに配偶者が転居しなければならないようになっても，配偶者もすぐに対応できない場合があるために設けられた。配偶者短期居住権は，遺産分割によって建物の帰属が確定した日か相続開始時から6ヶ月経過した日のどちらか遅い日，つまり少なくとも相続開始から6ヶ月は認められる（民法1037条）。

第8講　トラブルと法

第1節　損害賠償

　科学技術が進歩するとともに生活様式も高度化し，ライフスタイルが多様化することにより，私たちの生活環境は複雑になり，交通事故，医療過誤，学校での事故，公害による生活環境の侵害，プライバシー権の侵害などさまざまなトラブルが発生している。このようなトラブルにあったとき，不当に受けた損害を回復するために，損害賠償請求をすることが，正当な権利主張として認められる。

1. 損害賠償制度

（1）損害賠償

　損害賠償とは，損害が発生した場合に，被害者の受けた損害を加害者が賠償することである。損害賠償制度は，被害者の救済と損害の公平な負担を目的とする。

　損害賠償には，①当事者間の契約上の義務（債務）を履行しないために損害が発生した場合の契約責任に基づく損害賠償（民法415条以下）と，②契約関係がない当事者間で違法な権利又は法律上保護される利益の侵害があり，損害が発生した場合の不法行為責任に基づく損害賠償（同法709条以下）がある。債務不履行や不法行為に基づき，損害賠償を請求するためには，それが故意又は過失によるものであることが必要である（過失責任の原則）。前者では債務者側に帰責事由のなかったことの挙証責任があるのに対して，後者では被害者側に加害者の故意又は過失を証明する責任がある。両者の責任が重複す

る場合，どちらの責任も追及できるとする請求権競合説と，両者は特別法と一般法の関係にあり，契約責任を優先すべきとする法条競合説がある。通説・判例は，請求権競合説をとっている（大判大正6.10.20）。

現代では，社会構造の多様化に伴い，さまざまなトラブルが生じるため，損害の態様に応じた特別法も制定されている。この特別法には，自動車損害賠償保障法（⇒172頁），失火ノ責任ニ関スル法律，大気汚染防止法，水質汚濁防止法，製造物責任法（⇒183頁）などがある。

（2）損害の種類

契約責任に基づく損害には，遅延したことによる損害と目的物を手に入れられなかったことによる損害がある。また，不法行為責任に基づく損害は，違法行為によって受けた損害である。その財産的損害には，生命権の剥奪，治療費の支払い，所有物の滅失・毀損など現実に生じた積極的損害と，逸失利益や休業補償など将来の転売や労働によって得られるはずであった利益の損失である消極的損害がある。また，精神的損害についても慰謝料という形で損害賠償が請求できる。

（3）過失相殺

被害者に過失がある場合には，損害の公平負担の見地から，損害賠償の算定にあたって，過失相殺がなされる。債務不履行に基づく損害賠償の場合，裁判所は，損害の公平な負担の見地から過失を考慮し，賠償責任の免除または損害賠償額の減額をしなければならない（民法418条）。不法行為に基づく損害賠償の場合，過失相殺をするか否かは，裁判所の裁量に委ねられている（同法722条2項）。被害者の過失は，加害者の過失よりも注意義務の程度が軽く，損害の発生を避けるのに必要な注意能力があればよいとされる。

（4）賠償の方法

契約責任による損害賠償の方法は，特約がない限り，損害を金銭に評価して支払う（金銭賠償の原則）（民法417条）。このことは，不法行為による損害賠償にも準用される（同法722条1項）。ただし，名誉毀損などの場合には，裁判所は，被害者の請求により，金銭賠償の代わりに，または金銭賠償と合わせ

て，謝罪広告などの適当な方法で名誉を回復するよう命ずることができる（同法723条）。

（5）賠償紛争の解決方法

損害賠償請求の問題が生じたときの解決方法としては，①裁判外の和解（示談），②紛争処理機関の利用による解決，③調停，④訴訟上の和解，⑤裁判などがある。

1）裁判外の和解（示談）

当事者間の協議による解決が，民事に関する紛争処理の基本である（私的自治の原則）。交通事故では，示談という言葉が使われることが多いが，民法には示談という用語はなく，一般に，和解（民法695条）が示談に相当する。和解とは，当事者またはその代理人が協議をして賠償額を決める方法で，お互いに譲歩して争いを止めることを約束するものである。譲歩の方法について，法律は定めていないので，賠償額を加減したり，分割払いにすることもできる。和解に際して示談書を作ると，取り消すことができなくなる。錯誤や詐欺・強迫などを理由とする取消しが認められるのは稀である。また，示談書に不履行の場合の措置を明示するとともに公正証書や和解調書を作成しておけば，その後の紛争を回避することができる。

2）紛争処理機関の利用による解決

国民生活センター，交通事故紛争処理センターなどの紛争処理機関は，紛争を簡便に解決するための裁判外の紛争処理機関である。その解決方法として，相談や斡旋などがある。

3）調　停

調停とは，「民事に関する紛争につき，当事者の互譲により，条理にかない実情に即した解決を図ること」（民事調停法1条）で，主任の裁判官と民事調停委員2人で組織する調停委員会による紛争解決方法である。当事者間に合意が成立すると，調停調書が作られ，訴訟上の和解と同じ効力をもつ。

4）訴訟上の和解

裁判所は訴訟がいかなる程度にあるかを問わず，和解を試み，又は受命裁

判官もしくは受託裁判官に和解を試みさせることができる（民事訴訟法89条）。

裁判所又は受命裁判官もしくは受託裁判官は，当事者の共同の申立てがあるときは，事件の解決のために適当な和解条項を定め（同法265条1項），口頭弁論等の期日における告知その他相当と認める方法による告知によってする（同3項）。告知が当事者双方にされたときは，当事者に和解が調ったものとみなす（同法5項）。訴訟になってからでも互譲の余地があるため，公害訴訟，薬害訴訟などが裁判所の和解勧告で終結している。和解調書は確定判決と同じ効力をもち（同法267条），強制執行の元になる債務名義になる。

5）裁　判

紛争解決の最終手段は，民事訴訟による解決である。訴訟は，訴状の提出によって開始し，取下げや和解の場合を除き，原則として判決により終了する。公開の法廷で，当事者の主張と立証（口頭弁論主義）に基づき，その範囲内で審理し，判決する当事者主義を原則とする。確定判決の効力は，絶対で，当事者を拘束する。確定判決による義務者が義務を履行しない場合，強制執行を申し立て，その強制力によって判決内容の実現を図ることができる。

2．契約責任に基づく損害賠償

（1）債務不履行に基づく損害賠償

日常生活における法律行為は契約関係で結ばれている。債務者が正当な理由なく，その債務を履行しないとき，債権者は，裁判所に強制履行を請求するか（民法414条），または損害賠償を請求する（同法415条）ことができる。また，相当の期間を定めて履行を催告し，履行のないときは契約を解除することができる（同法541条）。

1）債務不履行の態様と効果

債務不履行には，①債務の履行が可能にもかかわらず，期限が到来しても債務を履行しない「履行遅滞」，②契約期限の前後を問わず，債務の履行が火災などの突発的な事故によって不可能となる「履行不能」，③期限通り債務が履行されたが，履行内容の完全でない「不完全履行」がある。

債務不履行の効果として，債権者は，契約を解除できるほか，損害賠償を請求できる。損害賠償には遅延賠償と塡補賠償がある。①履行遅滞の場合，遅延賠償を請求でき，遅滞後の履行が債権者にとって利益がないときに限って，塡補賠償を請求できる。②履行不能の場合，債務の一部の履行不能により債権の目的が達せられないときに，全部の塡補賠償を請求でき，そうでないときは，不能部分の塡補賠償を請求できるにとどまる。③不完全履行の場合，瑕疵のない給付が追完可能なときには遅延賠償を請求でき，追完が不可能なときには塡補賠償を請求できる。

2）過失責任主義

損害賠償を求めるためには，債権者は債務不履行に基づく損害の発生と損害額を立証しなければならない（最判昭和28.11.20）。これに対し，債務者は自己の側に故意又は過失がないことを証明しない限り，債務不履行に基づく責任を免れない。債務者側の帰責事由には，債務者本人の故意又は過失のみならず，履行補助者の故意又は過失も含まれる（最判昭和35.6.21）。このように，民法は，債務者側の帰責事由（故意・過失）を要件とする過失責任主義をとる（民法415条）。

3）損害賠償の範囲

損害賠償の範囲は，当事者間の損害の公平な負担を図るため，債務不履行によって，通常，発生する範囲内の（相当因果関係にある）損害に限定される（民法416条1項）。その損害が財産上のものであるか，精神上のものであるかを問わず，実際の損害（積極損害）だけでなく，将来得られるはずであった利益の損失（消極損害）についても賠償を請求できる。また，特別の事情のため損害の範囲が拡大したとき，当事者がその事情を予見できるときに限り，拡大した部分についても賠償を請求することができる（同法416条2項）。

4）金銭債務の特則

金銭債務の不履行の場合，当事者間に特約のない限り，損害賠償額は年3％の法定利率による（民法404条・419条）。この場合，債務者側に故意又は過失がなくても，債務不履行の責任を免れない（無過失責任主義）。債権者は，損

害の発生，損害額の証明をする必要がない。

　5）当事者間の特約

　損害賠償請求において，債権者が損害の発生と損害額を証明することは容易ではない。そこで，当事者はあらかじめ損害賠償の金額に関する取決めをすることにより，損害賠償の履行の確保を図ることができる（民法420条）。特約があれば，金銭以外のものによっても賠償することができる（同法421条）。賠償額の予定は，公序良俗に反しない限り有効で，当事者を拘束する。裁判所も当事者の予定した賠償額に拘束される。ただし，法外な損害金や，不正な手段による賠償を定める場合には，信義則上，支払いが認められないこともある。当事者の違約金契約は，損害賠償の契約をしたものとして取り扱われる（同法420条3項）。ただし，労働契約について，使用者は，労働者の契約不履行について違約金を定めたり，損害賠償額を予定してはならない（労働基準法16条）。また，経済的弱者保護のため，利息制限法（⇒97頁），宅建業法などでは損害額の上限を定め，これを上回る額を無効としている。

　6）時　効

　契約責任に基づく損害賠償請求権は，債権者が権利を行使することができることを知った時から5年間行使しないと消滅する（民法166条1項）（⇒88頁）。また，権利を行使することができる時から10年間行使しないとき時効によって消滅する。

（2）買主の損害賠償請求及び解除権の行使

　564条は，売買の目的物に不具合があった場合に，買主の追完請求権（562条）や代金減殺請求権（563条）が行使できる場合であっても損害賠償（415条）や解除（541条，542条）ができることを規定している。

　売主が種類又は品質に関して契約の内容に適合しない目的物を買主に引き渡した場合において，買主がその不適合を知った時から1年以内にその旨を売主に通知しないときは，買主はその不適合を理由として履行の追完の請求，代金の減殺の請求、損害賠償の請求及び契約の解除をすることができない。ただし，売主が引渡しの時にその不適合を知り，又は重大な過失によって知

らなかったときは、この限りでない（566条）。

3．不法行為責任に基づく損害賠償

　不法行為責任とは，契約関係にない当事者間で，故意又は過失によって，他人の権利又は法律上保護される利益を違法に侵害し，損害が発生した場合の損害賠償責任である。民法は，一般の不法行為の成立要件による不法行為責任と，これに特殊の要件が加わる特別の不法行為責任とに分けて規定する。数人が共同して他人に損害を与えたときは，全員が連帯責任を負う（民法719条）。この連帯責任は，不真正連帯債務とみるのが判例・通説である（最判昭和53.3.4）。

　不法行為に基づく損害賠償請求については，胎児もすでに生まれたものとみなされる（民法721条）。不法行為責任に基づく損害賠償請求権は，被害者又はその法定代理人が損害及び加害者を知った時から３年間行使しないと消滅する（同法724条。人の生命身体の損害の場合は724条の２）（⇒90頁）。

（１）一般の不法行為責任

1）故意又は過失

　近代法は，すべての人が個人として尊重され，権利能力や行為能力をもつとともに，自分の行為について責任を負うことを原則としている（自己責任の原則）。親権者や使用者の責任も，監督義務者としての注意を怠ったという自己の過失に基づく責任である。

　「故意」とは，一定の結果が発生することを知りながらあえて行為をすることで，他人の権利又は法律上保護される利益を侵害する事実の認識があれば足りる（最判昭和32.3.5）。「過失」とは，一般人が事物の状況に応じて通常なすべき注意義務を怠ったことをいう（大判明治44.11.1）。不法行為における過失は，一般人を基準とした抽象的過失である。この判断に際しては，加害者の職業，地位なども考慮される。過失と重過失は程度の量的な差異であり，著しく注意義務を怠った場合には重過失となる。失火の場合には，民法709条は適用されず，重過失があるときにのみ，損害賠償責任を負う（失火ノ責任

ニ関スル法律)。

　不法行為に基づく損害賠償は,「故意又は過失により」と規定されているので,刑法のように両者を区別する実益はあまりない。しかし,損害賠償額の算定の際には,故意であるか過失であるかや過失相殺の割合などが考慮されることになる(民法722条2項)。

　2)違法性

　保護に値する法律上の利益を侵害することを権利侵害といい,侵害する利益の種類・性質や侵害行為の態様などを考慮し,社会生活上受忍限度を超えるものについて,違法性が認定される。しかし,正当防衛や緊急避難などの場合には,違法性が阻却される(民法720条)。

　3)損害の発生

　損害は現実の損害に限られる。損害には財産的損害と精神的損害がある。財産的損害には,現実に支払った積極損害と将来得られるはずであった利益の損害である消極損害がある。精神的損害の中心は,精神的苦痛や悲しみに対する慰謝料である。

　a.財産的損害

　死亡事故の場合には,積極損害として治療費や葬式費用(最判昭和43.10.3)など,消極損害として死亡までの休業補償や死亡しなかったら将来得られたであろう逸失利益(最判昭和43.8.27)が賠償の対象となる。逸失利益は基礎収入(事故前の年収)から,一定割合の生活費を控除(30〜50%)し,就労可能年数(67歳まで)のライプニッツ式係数または新ホフマン式係数を乗じ,中間利息を控除して算定する。専業主婦の場合は,女子労働者の平均賃金を基礎とし,パート収入が多いときは,パート収入を基礎に算定する。年少者や無職の者は男子または女子の平均賃金を基礎とする。しかし,子どもの場合,将来どのような職に就くかわからないので,女子労働者の平均賃金を基礎とすることが必ずしも適正であるとは限らないので,全労働者平均賃金を用いて算定した例もある(奈良地判平成12.7.4)。ますます女性が社会進出し,男性並みに賃金を得ている例も増えてきており,算定方法も変更されつつある。

傷害事故の場合，積極損害としては入院費・治療費，入院・通院の交通費，入院雑費，義足，車椅子のような保護具などの費用，消極損害としては休業補償，後遺症障害による労働能力の減損分の逸失利益などが賠償の対象となる。逸失利益は基礎収入に労働能力喪失割合を乗じ，喪失期間に対応するライプニッツ式係数または新ホフマン式係数を乗じて算定する。労働能力喪失の割合は，後遺障害別等級表（1級から14級まであり，喪失割合は100％から5％まで）を参考にする。

　所有物の滅失の場合は滅失当時の交換価格が，棄損の場合は修理費が損害となる。所有物の回復に要する費用，回復まで所有物を利用できない損失なども損害として賠償の対象となる。例えば，車両事故の場合は，修理費（修理不能なときは時価の賠償額），破損により時価が低下した場合は評価損，車の修理中の代車料，休車による損失などが認められる。

　b．精神的損害

　精神的損害とは，精神的苦痛や悲しみなどの精神的損害に対する慰謝料をいう。慰謝料の請求権者は，被害者本人であるが，死亡事故の場合には被害者の父母，配偶者，子が請求できる（民法711条）。また，同様の生活関係がある精神的苦痛を受けた兄弟姉妹，内縁の夫や妻にも，慰謝料請求権が認められることがある。慰謝料の額は，職業，資産，年齢，加害行為の態様など諸般の事情を斟酌して決められる。交通事故の場合には，死亡に対する慰謝料について一応の基準があるが，それ以外の場合の慰謝料の算定は非常に難しい。

　4）因果関係

　因果関係については，行為と損害との間に何らかの原因と結果の関係があればよいとする条件説と，通常生ずべき損害に限定する相当因果関係説がある。債務不履行の場合に，相当因果関係説をとることを民法は規定しており（民法416条），不法行為の場合にも類推適用されるとするのが通説・判例である（大判大正2.4.26）。

　損害賠償責任を負うのは，自己の行為について法律上の責任を弁識できる能力（責任能力）がある行為者に限られる（大判大正6.4.30）。刑法は14歳未満

の者を責任無能力者とする（41条）が，民法では規定がない。判例では，10歳未満の行為者を責任無能力者とし，15歳以上の行為者には責任能力を認めている。10歳以上15歳未満の者については，事例に則して判断される（大判大正4.5.12）。

（2）特別の不法行為責任

特別の不法行為責任とは，一般の不法行為責任の過失責任主義を修正するものである。

1）責任無能力者の監督者の責任

行為の責任を弁識できない責任無能力者（幼児や心神喪失者）は，不法行為責任を負わず（民法712条・713条），法的監督義務のある親権者や後見人が賠償責任を負う（同法714条）。ただし，監督義務者は，十分その義務を尽くしたにもかかわらず，損害が発生したことを証明すれば，賠償責任を免れることができるが，その証明は非常に難しい。幼稚園・小学校の教員，精神病院の医師など，法定の監督義務者に代わって監督する者も，同様の責任を負う。

2）使用者責任

「事業のため他人を使用する者」は，事業の執行について，被用者が故意又は過失によって第三者に加えた損害の賠償責任を負う（民法715条1項）。雇用関係は，雇用契約に基づくことを要せず，事実上，指揮監督と服務の関係があれば足りる（大判大正6.2.22）。事業の執行であるかどうかは，行為の外形を客観的に観察して判断される（最判昭和39.2.4）。ただし，使用者は，その加害者である被用者の選任・監督に相当の注意をしたとき，または相当の注意をしても損害が生じたことを証明すれば，責任を免れることができるが，その証明は非常に困難である。部課長など，客観的にみて使用者に代わり現実に事業を監督する地位にある代理監督者（最判昭和42.5.30）も，同様の責任を負う（同法715条2項）。

この場合，被害者は，使用者か加害者である被用者のいずれかに損害賠償を請求できる。使用者が負担する債務と加害者である被用者の債務は不真正連帯関係にあるとされる（大判昭和12.6.30）。使用者が損害を賠償した場合は，

支払った損害賠償金を加害者である被用者に対して求償できる（民法715条3項）。

　学校での事故については，私立学校の場合，教員の故意又は過失による損害については，教員自身が不法行為責任を負うと同時に，学校の設置者である学校法人ないし学校経営者が使用者責任を負う。国公立学校の場合は国家賠償法により，学校の設置者である市町村，都道府県，国が国家賠償を負う。

　3）土地の工作物の責任

　土地の工作物の設置・保存に瑕疵があったために，損害が生じた場合には，工作物の占有者が賠償責任を負う。占有者が十分な注意をしたにもかかわらず，損害が発生したときは，工作物の所有者が賠償責任を負う（民法717条1項）。土地の工作物とは，道路，橋，建物，塀など，土地に接着し，人工的に設備された物をいう。瑕疵とは，その物が通常備えるべき安全性を欠いていることをいう。瑕疵については，客観的に判定し，占有者や所有者の故意又は過失の有無を問わない（無過失責任主義）。植樹・植林やその管理に瑕疵がある場合も同様である（同法717条2項）。他に責任のある者がいる場合には，損害を賠償した占有者や所有者は，この者に求償できる（同法717条3項）。

　4）動物占有者の責任

　動物が損害を加えたときは，その動物の占有者または保管者（飼い主など）が賠償責任を負う。ただし，動物の種類や性質に従って相当な注意をして保管したときは，責任を免れる（民法718条）ことができるが，その証明は難しい。

　5）注文者の責任

　注文者から請け負った仕事によって，請負人が第三者に損害を加えても，注文者に賠償責任はない。ただし，注文や指図について注文者に過失のあったときは，注文者が賠償責任を負わなければならない（民法716条）。

4．国家賠償

　憲法17条は，公務員の不法行為に基づく損害に対する国又は公共団体の賠償責任を一般的に定め，これを実施するために国家賠償法を制定している。国家賠償法は，民法の不法行為に基づく損害賠償の特別法である。

（1）公務員の不法行為

　国または公共団体の公権力の行使にあたる公務員が，その職務を行うについて，故意又は過失によって，違法に他人に損害を加えたときは，国又は公共団体が賠償責任を負う（国家賠償法1条1項）。民法の使用者責任（715条）には免責規定があるが，国家賠償法1条には免責事由はない。ただし，公務員に故意又は重大な過失があったときは，国又は公共団体はその公務員に対して求償できる（同条2項）。

　1）公権力の行使

　「公権力の行使」とは，国または公共団体の作用のうち，純粋な私経済作用と国家賠償法2条によって救済される営造物の設置または管理作用を除く，すべての作用を意味する（東京高判昭和56. 11. 13）。これにあたるものとしては，公立学校における体育の時間中の教員の教育活動（最判昭和62. 2. 6），公立中学校の課外クラブ活動中の事故についての教員の監督（最判昭和58. 2. 18），旧陸軍の砲弾の爆発の危険性を未然に防止する措置がなかったこと（最判昭和59. 3. 23）や，他人の生命・身体に危害を及ぼす蓋然性が高い者が所持するナイフを警察官が一時保管しなかったこと（最判昭和57. 1. 19）などがある。加害者が国または公共団体の公務員であることを確定できれば，加害者個人を特定する必要はない（東京高判昭和43. 10. 21）。

　2）職務を行う

　「職務を行う」とは，民法715条の使用者責任の「事業の執行について」と同義で，公務員が主観的に権限意思をもって行う場合に限らず，自己の利益を図る意図をもって行う場合でも，客観的に職務執行の外形を備える行為をいう（最判昭和31. 11. 30）。

　その他の要件である故意又は過失，違法性，損害の発生，因果関係については，民法の一般的不法行為（⇒164頁）と同様である。

（2）公の営造物の設置・管理の瑕疵

　公の営造物の設置・管理に瑕疵があったために，損害が生じたときは，国または公共団体は賠償責任を負う（国家賠償法2条）。対象が公の営造物であ

ること，免責規定がないこと以外は，民法717条の土地の工作物の賠償責任と内容的に同じである。

「公の営造物」とは，広く公の目的に供される有体物および物的施設をいう。建物ないし土地の定着物に限られない。公の目的に供されているのが一時的か継続的かを問わない（東京高判昭和29.9.15）。道路，河川，公園，橋，国公立の学校・病院などがこれにあたる。営造物の設置または管理の瑕疵とは，営造物が通常有すべき安全性を欠いていることをいう。国および公共団体の賠償責任については，過失の存在を必要としない（最判昭和45.8.20）。この場合，国または公共団体が無過失賠償責任を負う。しかしながら損害の原因について責に任ずべき者が他にあるときは，国または公共団体は，この者に求償できる（国家賠償法2条2項）。

第2節　交通事故

2021年7月末現在の自動車保有台数は，四輪車が約7,860万台，二輪車が約384万台，運転免許保有者数は8,198万人と依然として増加し続けている。2020年中の交通事故（人身事故に限る）発生件数は30万9,000件で，これによる死者数は2,839人，負傷者数は36万8,601人であった。前年と比べると，発生件数は7万2,237件（19％），死者数は376人（11.7％），負傷者数は9万3,174人（20％）減少した。交通事故による死者数も，1952年（死者数4,696人）以来57年ぶりに4,000人台となった2009年以降も引き続き減少（14年連続）し，ピーク時（1970年，1万6,765人）の17％以下となった。統計調査開始以来最少を更新し，初めて3,000人を下回った。

交通事故が発生したら，当該車両の運転手その他の乗務員は，ただちに車両の運転を停止し，負傷者を救護し，道路における危険を防止するなど必要な措置を講じなければならない。また，警察官に事故について報告しなければならない（道路交通法72条1項）。これに違反すると5年以下の懲役，50万円以下の罰金に処せられる（同法117条）。また，事故について保険会社にも速

道路交通事故による交通事故発生件数, 死者数, 負傷者数及び重傷者数の推移

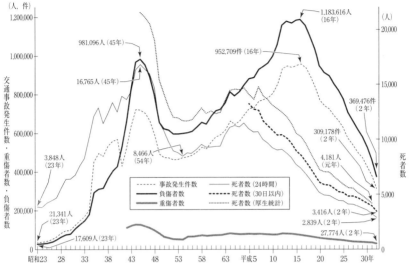

注 1　警察庁資料による。
　　2　「死者数 (24時間)」とは, 交通事故によって, 発生から24時間以内に死亡した者をいう。
　　3　「死者数 (30日以内)」とは, 交通事故によって, 発生から30日以内 (交通事故発生日を初日とする。) に死亡した者をいう。
　　4　「死者数 (厚生統計)」は, 警察庁が厚生労働省統計資料「人口動態統計」に基づき作成したものであり, 当該年に死亡した
　　　者のうち原死因が交通事故によるもの (事故発生後1年を超えて死亡した者及び後遺症により死亡した者を除く。) をいう。
　　　なお, 平成6年以前は, 自動車事故とされた者を, 平成7年以降は, 陸上の交通事故とされた者から道路上の交通事故では
　　　ないと判断される者を除いた数を計上している。
　　5　昭和41年以降の交通事故発生件数には, 物損事故を含まない。
　　6　死者数 (24時間), 負傷者及び交通事故発生件数は, 昭和46年以前は, 沖縄県を含まない。

出典：内閣府『交通安全白書〔令和3年版〕』より

やかに連絡することが大切である。

　交通事故を起こした運転者は, 民事責任, 刑事責任, 行政責任を負う。

1．民事責任

（1）損害賠償責任

　民事責任には, ①民法上の不法行為に基づく損害賠償責任と, ②民法の特別法である自動車損害賠償保障法に基づく運行供用者の損害賠償責任がある。

　1）不法行為に基づく損害賠償

　民法709条によれば, 故意又は過失によって, 他人の権利または法律上保護

される利益を侵害し，損害を与えた場合，加害者は被害者に対して不法行為に基づく損害賠償責任を負う（⇒164頁）。交通事故の場合も，運転者が，故意又は過失によって，契約関係のない他人に損害を与えるので，不法行為に基づく損害賠償責任を負うことになる。運転者の使用者も，業務中の事故については，使用者責任を負う（同法715条）。被害者が不法行為に基づく損害賠償を請求するには，加害者の違法な行為によって損害が生じたことのほかに，加害者に故意又は過失があったことを立証しなければならない。なお，この損害賠償請求権は，損害および加害者を知ったときから５年以内，不法行為が生じたときから20年以内に請求しないときは，時効で消滅する（同法724条の２）。

2）自動車損害賠償保障法上の損害賠償責任

1955年に交通事故の被害者救済のために，自動車損害賠償保障法が制定された。人身事故については同法が民法に優先して適用される。運行供用者（自己のために自動車を運行の用に供する者）は，その運行によって他人の生命または身体を害したとき，損害賠償責任を負う（３条）。運転者，自動車の所有者や使用者など，自動車の運行を支配する，また，運行に利益ある法的地位にある者が，運行供用者とされる。車を他人に貸与した場合（最判昭和46. 11. 16），車の管理が十分でなく他人に無断運転された場合（最判昭和39. 2. 1），車を盗まれて運転された場合（最判昭和48. 12. 20）でも，車の所有者は運行供用者とされる。被害者は，損害賠償を請求する際に相手がその車の運行供用者であること，車の運行によって生命・身体を害され，損害が生じたことを立証するだけでよい。賠償責任を免れるには，運行供用者でないことを証明しなければならない（東京地判昭和44. 1. 16）。

また，運行供用者が賠償責任を免れるには，①自己および運転者が運行に関し注意を怠らなかったこと（無過失），②被害者または第三者に故意又は過失があったこと，③自動車に構造上の欠陥または機能上の障害がなかったことを証明しなければならない（自動車損害賠償保障法３条ただし書）。同法の運行供用者責任は，過失責任主義の立場をとっているが，事実上無過失責任に

等しいといわれている。なお，同法上の損害賠償請求権は，事故発生から2年を経過したとき，時効によって消滅する（同法19条）。

（2）損害賠償の請求権者

被害者が死亡した場合は，原則として，被害者の相続人が損害賠償の請求権者（大判大正15. 2. 16）になる。相続人でない父母兄弟なども慰謝料の請求権者になりうる。生計を共にする内縁の夫や妻にも，慰謝料請求権や扶養権侵害による損害賠償請求権があるとされている（最判昭和49. 12. 17）。

傷害事故の場合は，被害者が損害賠償の請求権者である。被害者が未成年者の場合には，法定代理人である親が，子に代わって損害賠償請求権を有する。また，被害者の傷害の程度が死亡に匹敵する場合には，被害者の親や配偶者，子などが損害賠償を請求できる（最判昭和33. 8. 5）。

自動車や家屋などを破損された場合には，所有者が，自動車が割賦購入のときも，実質的所有者である割賦購入者が，損害賠償の請求権者になる。

（3）支払義務者

1）不法行為に基づく損害賠償の支払義務者

加害者である運転者は不法行為者として人身・物損事故に対して損害賠償責任を負う（民法709条）。加害者が死亡した場合は，その相続人が損害賠償債務を相続する（同法896条）。

被用者の事業の執行中の事故については，使用者および部課長など代理監督者が損害賠償責任を負う。ただし，免責事由に該当したときは責任を免れる（民法715条）（⇒167頁）。

未成年者や心神喪失者など責任無能力者が事故を起こした場合には，親権者，後見人など法定監督義務者が損害賠償責任を負う。これについても免責事由に該当したときは責任を免れる（民法714条）。

2）自動車損害賠償保障法上の支払義務者

自動車損害賠償保障法では，運行供用者が賠償支払義務者になる（3条）。運行供用者は免責事由にあたることを立証しない限り，責任を免れえない。

（4）損害賠償の範囲

1）損害賠償の対象

損害賠償の対象は，事故と損害の間に相当因果関係があるものに限られる。

ａ．人身事故

死亡事故の場合は，①葬式費用など死亡によって実際に支払った費用などの積極損害，②事故により死亡しなかったら，将来得られたであろう逸失利益などの消極損害，③精神的損害である慰謝料が請求できる。

傷害事故の場合は，①入院費，治療費などの積極損害，②入院などによる休業・休学補償などの消極損害，③精神的損害である慰謝料が請求の対象となる。後遺症が残って，これまでしていた仕事ができなくなり，収入の少ない仕事につくことを余儀なくされる場合は，精神的損害も単なる傷害の場合より大きい。そのような場合には，傷害の場合の損害に加えて，後遺症による逸失利益や慰謝料が請求できる。

ｂ．物損事故

交通事故により相手の自動車や店舗・家屋などを損壊した場合には，修理代，代車料，営業補償などが損害賠償の対象となる。物損による慰謝料はほとんど認められていない。

2）過失相殺

損害賠償額の確定に際して，加害者と被害者との間の公平な損害賠償の負担の理念から，被害者にも過失があるときは，過失相殺がなされる（民法722条2項）。交通事故の場合，日弁連交通事故相談センターの交通事故損害額算定基準の中に過失割合認定基準表があり，これを基準として，具体的事例により，5〜20％の間で損害賠償額が加算・減算される。

好意で車に乗せてもらった（好意同乗）場合の事故については，従来損害の10〜20％を減額すべきとか，慰謝料を減額すべきとかいわれてきたが，現在では，酒気帯びを知りながら同乗したなど，被害者に減額されてもやむをえない事情がない限り，通常，減額されない（最判昭和56.2.17）。

（5）強制保険と任意保険

　賠償責任保険は，加害者側の負担する損害賠償額を塡補する。交通事故の賠償責任保険には強制保険と任意保険がある。強制保険（自動車損害賠償責任保険：自賠責保険）は，交通事故の被害者の救済のために，すべての車やバイクを運行に供する者が必ず加入しなければならない保険である（自動車損害賠償保障法５条）。自賠責保険の証明書を車に積んでいないとそれだけで３万円以下の罰金（同法88条），また自賠責保険の有効期間が切れている場合は１年以下の懲役または50万円以下の罰金に処せられ（同法86条の3），さらに違反点数６点となり，免許停止処分になる。任意保険は，法律上加入が義務づけられていない保険で，加入は個人の自由意思による。強制保険と任意保険は，損害保険会社や共済組合が取り扱う。共済組合の扱う保険は，保険料が安いのと示談代行制度がないことを除けば，基本的には損害保険会社の保険と同じである。任意保険の対人保険は，強制保険の上積保険で，その保険額を超える賠償部分について塡補する。保険金請求権の時効は，双方とも２年である。

　１）強制保険（自賠責保険）

　この保険は人身事故のみに適用される（自動車損害賠償保障法３条）。被害者１名についての支払い限度額は，死亡の場合には最高3,000万円，後遺障害の場合には14級から１級まで75万円から4,000万円，傷害の場合には最高120万円である（同施行令２条１項）。加害者が不誠実で被害者が賠償を受けられない場合には，被害者が加害者の保険会社に直接請求することが認められている（同法16条１項）。当座に必要な費用については，被害者が請求すれば，保険金の一部を内払いや仮渡金として受け取ることができる（同法17条）。加害者が治療費を払ってくれなかったり，被害者も立て替えることができず，病院への支払いができないような場合のための，内払い制度である。仮渡金制度は，交通事故の被害によって明日の生活にも困るような場合の救済的制度で，請求は被害者に限られている。仮渡金の金額は死亡に対しては290万円，傷害に対しては程度に応じ，40万円，20万円，５万円の三段階である（同施行令５条）。ただし被害者に重過失がある場合には，保険金は減額される（同法14条）。

最近，事故対応にお金がかかることから，保険料の値上げが予定されている。

　加害者の車が無保険車であったり，不明の場合には，被害者が自賠責保険金すら受け取れなくなる。その場合には，自動車損害賠償責任保険で保障される範囲内で，国から保険金を受け取ることができる（自動車損害賠償保障法72条）。

　2）任意保険

　重大な事故の場合には1）の保険だけでは不足し，また物損事故には対応できないが自力で十分な補償能力を有する者は稀なので，任意で他の保険にも加入することが推奨される。

　任意保険には，①対人賠償保険，②無保険者傷害保険，③自損事故保険，④搭乗者傷害保険，⑤人身傷害保険，⑥対物賠償保険，⑦車両保険がある。基本的な保険としては，対人賠償保険と自損事故保険だけが担保されている自動車保険（B.A.P）がある。その他に，すべての用途，車種の自動車を対象とし，車両保険（特約により契約）以外のすべての保険を担保する自動車総合保険（P.A.P）や，すべての保険が担保されている自家用車向けの自家用自動車総合保険（S.A.P）もある。自動車総合保険では対人賠償について，自家用自動車総合保険では対人・対物賠償について，保険会社が加害者に代わって示談交渉を行う。最近ではインターネット対応の格安な保険も売りに出されている。

　任意保険は人身事故の損害のみならず，契約によって物損事故の損害や自損事故の損害なども支払いの対象とする。任意保険は，強制保険で保障される額を超える額を塡補するものである。1回の事故で，被害者1名につき，契約した1名の保険金額を限度とするが，契約期間中は何回事故があっても，契約した保険金額を限度として支払われる。ただし仮渡金の制度はなく，被害者に過失があるときは，過失相殺が行われる。

２．刑事責任

　「自動車の運転により人を死傷させる行為等の処罰に関する法律」（平成25年11月27日法律第86号）の施行により，それまで刑法に規定されていた自動車運転過失致死傷罪は同法に規定されることになった。自動車による交通事故

の加害者のうち飲酒運転などその原因が悪質とされるものに対して厳罰を望む社会的運動の高まりを受けて，刑法に危険運転致死傷罪が規定された。しかし，その構成要件は運転行為の中でも特に危険性の高いものに限定されていたため公判廷における法の適用は困難を伴っていた。これら悪質な運転者が死亡事故を起こしている現状にそぐわないとの意見により，構成要件に修正を加えると共に刑法から関連規定を分離して独立した法律として新たに制定されたものである。「危険運転致死傷罪」（準酩酊等運転と病気運転を除く）は，飲酒運転など悪質・危険な運転で人に死傷を負わせた場合に適用され，負傷させた場合は15年以下の懲役，無免許のときは6月以上の有期懲役（20年以下），死亡させた場合には1年以上の有期懲役（加重した場合最高で30年）が科せられる。また，準酩酊等運転と病気運転の場合には，死亡させたときは15年以下の懲役（無免許のとき6月以上の有期〔20年以下〕の懲役），負傷させたときは12年以下の懲役（無免許のとき15年以下の懲役）に処せられる。飲酒運転の発覚を免れようとした場合には発覚免脱罪として12年以下の懲役（無免許のとき15年以下の懲役）に処せられる。

　一般的な過失運転致死傷罪は今まで通り7年以下の懲役もしくは禁錮又は100万円以下の罰金（無免許のときは10年以下の懲役）に処せられる。同法に規定されているのは，危険運転致死傷罪（2条，3条），酩酊運転致死傷罪・薬物運転致死傷罪（2条1項），準酩酊運転致死傷罪・準薬物運転致死傷罪，病気運転致死傷罪（3条2項），制御困難運転致死傷罪（2条2項），未熟運転致死傷罪（2条3項），過失運転致死傷罪（5条）等である。それぞれの構成要件が詳細に規定されている。

　また，このまま車を走らせれば，死ぬかけがをするかもしれないという認識がありながら，あえて車を走らせた場合には，殺人や傷害の故意または未必の故意があるとされ，殺人罪（刑法199条。死刑又は無期もしくは5年以上の懲役）や傷害致死罪（同法205条。3年以上の有期懲役）などが適用されることになる。

　道路交通法上も，危険性の高い運転，悪質な運転や人身に危険を及ぼすお

それの高い運転については，刑罰が適用される。道路交通法および道路交通法施行令が改正され，2002年6月1日から施行された改正法で罰則が強化された。事故を起こさなくても酒酔い運転は，3年以下の懲役または50万円以下の罰金，酒気帯び運転は1年以下の懲役または30万円以下の罰金，過労運転等は1年以下の懲役または30万円以下の罰金となった。さらに飲酒運転を中心とした悪質・危険運転対策として2007年6月12日施行の刑法の一部改正と9月19日の道路交通法の改正でさらなる厳罰化を決め，国会で可決された。

　また，2019年12月1日から運転中の携帯電話の使用の罰則が強化された。運転中に携帯電話を手に持つなどして会話したり，メールの送受信などで画面を注視するだけで3月以下の懲役又は5万円以下の罰金に処せられる。

　尚，2020年6月30日より妨害運転（「あおり運転」）に対する罰則が創設され，著しい交通の危険を生じさせた場合，最長5年の懲役または100万円以下の罰金を科され，免許取消処分となる。

　裁判所は，刑法上の罪と道交法上の罪を併合罪として刑を加重することができる（刑法45条・47条）。民事責任について示談が成立している場合は，被害者の救済に対する加害者の誠意や，事故に対する反省があると斟酌され，不起訴となったり（刑事訴訟法248条），情状酌量されることもある（刑法66条）。

3. 行政責任

　行政責任とは，免許の取消し・停止処分や，反則金の請求といった行政処分を受けることである。自動車の運転をするには，公安委員会の免許を受けなければならない。この免許制度は，道路交通の安全という行政上の目的から設けられたものである。事故を起こしたり，違反を重ねると，運転に不適当として，公安委員会が免許の取消し・停止処分（道路交通法103条〜107条）を行う。

　処分を公正に行うため，点数制度が採られている。具体的には，過去3年間の免許停止処分回数を考慮して，基準点数の累積により，免許停止と，免許取消しを行う。例えば，前歴のない場合は，点数6〜8点で免許停止30日，点数9〜11点で免許停止60日，点数12〜14点で免許停止90日となり，点数15〜24

違反の点数及び反則金額一覧 (2020年6月30日〜)

交通違反の種別			違反点数	反則金額 (千円)			
				大型車等	普通車	二輪車	原付車
特定運転行為	運転殺人等・危険運転致死等		62点				
	運転傷害等・危険運転死傷等	治療期間3ヶ月以上又は後遺障害	55点				
		治療期間30日以上3ヶ月未満	51点				
		治療期間15日以上30日未満	48点				
		治療期間15日未満・建造物損壊	45点				
	酒酔い運転・麻薬等運転・救護義務違反・妨害運転 (著しい交通の危険)		35点				
共同危険行為			25点				
酒気帯び運転 (0.25mg/ℓ以上)			25点				
過労運転等			25点				
無免許運転			25点				
妨害運転 (交通の危険のおそれ)			25点				
酒気帯び (0.15mg/ℓ以上0.25mg/ℓ未満) + 12点の違反			19点				
酒気帯び (0.15mg/ℓ以上0.25mg/ℓ未満) + 6点の違反			16点	空白欄の違反行為については, 反則金ではなく刑事罰が課せられる。			
酒気帯び (0.15mg/ℓ以上0.25mg/ℓ未満) + 3点の違反			15点				
酒気帯び (0.15mg/ℓ以上0.25mg/ℓ未満) + 2点以下の違反			14点				
酒気帯び運転 (0.15mg/ℓ以上0.25mg/ℓ未満)			13点				
大型自動車等無資格運転			12点				
仮免許運転違反			12点				
速度50km以上			12点				
積載物重量制限超過 (大型等10割以上)			6点				
無車検・無保険			6点				
警察官現場指示違反			2点				
警察官通行禁止制限違反			2点				
保管場所法違反 (道路使用) ※			3点				
保管場所法違反 (長時間駐車) ※			2点				
番号表示義務違反			2点				
高速自動車国道等措置命令違反			2点				
混雑緩和措置命令違反			1点				
速度超過	30km以上50km未満 (一般道)		6点				
	40km以上50km未満 (高速道)		6点				
	35km以上40km未満 (高速道)		3点	40	35	30	20
	30km以上35km未満 (高速道)		3点	30	25	20	15
	25km以上30km未満		3点	25	18	15	12
	20km以上25km未満		2点	20	15	12	10
	15km以上20km未満		1点	15	12	9	7
	15km未満		1点	12	9	7	6
携帯電話使用等	交通の危険		6点	–	–	–	–
	保持		3点	25	18	15	12
信号無視	赤色等		2点	12	9	7	6
	点滅		2点	9	7	6	5
通行禁止違反			2点	9	7	6	5
歩行者用道路徐行違反			2点	9	7	6	5
通行区分違反			2点	12	9	7	6
歩行者側方安全間隔不保持等			2点	9	7	6	5

急ブレーキ禁止違反			2点	9	7	6	5
法定横断等禁止違反			2点	9	7	6	5
追越し違反			2点	12	9	7	6
路面電車後方不停止			2点	9	7	6	5
踏切不停止等			2点	12	9	7	6
遮断踏切立入り			2点	15	12	9	7
優先道路通行車妨害等			2点	9	7	6	5
交差点安全進行義務違反			2点	12	9	7	6
環状交差点通行車妨害等			2点	9	7	6	5
環状交差点安全進行義務違反			2点	12	9	7	6
横断歩行者等妨害等			2点	12	9	7	6
徐行場所違反			2点	9	7	6	5
指定場所一時不停止等			2点	9	7	6	5
積載物重量制限超過	10割以上	普通車等	3点	–	35	30	25
	5割以上10割未満	大型車等	3点	40	–	–	–
		普通車等	2点	–	30	25	20
	5割未満	大型車等	2点	30	–	–	–
		普通車等	1点	–	25	20	15
整 備 不 良	制動装置等		2点	12	9	7	6
	尾灯等		1点	9	7	6	5
作動状態記録装置不備			2点	12	9	7	6
自動運行装置使用条件違反			2点	12	9	7	6
消音器不備			2点	7	6	6	5
安全運転義務違反			2点	12	9	7	6
幼児等通行妨害			2点	9	7	6	5
安全地帯徐行違反			2点	9	7	6	5
免許条件違反			2点	9	7	6	5
騒音運転等			2点	7	6	6	5
通行許可条件違反			1点	6	4	4	3
路線バス等優先通行帯違反			1点	7	6	6	5
軌道敷内違反			1点	6	4	4	3
道路外出右左折方法違反			1点	6	4	4	3
道路外出右左折合図車妨害			1点	7	6	6	5
指定横断等禁止違反			1点	7	6	6	5
車間距離不保持（一般道）			1点	7	6	6	5
高速自動車国道等車間距離不保持			2点	12	9	7	–
進路変更禁止違反			1点	7	6	6	5
追い付かれた車両の義務違反			1点	7	6	6	5
乗合自動車発進妨害			1点	7	6	6	5
割り込み等			1点	7	6	6	5
交差点右左折方法違反			1点	6	4	4	3
交差点右左折等合図車妨害			1点	7	6	6	5
指定通行区分違反			1点	7	6	6	5
環状交差点左折等方法違反			1点	6	4	4	3
交差点優先車妨害			1点	7	6	6	5
緊急車妨害等			1点	7	6	6	5
放置駐車違反（駐停車禁止場所等）※			3点	25	18	10	10
放置駐車違反（駐停車禁止場所等）※			2点	21	15	9	9
駐停車違反（駐停車禁止場所等）			2点	15	12	7	7

違反	点数				
駐停車違反（駐車禁止場所等）	1点	12	10	6	6
高齢運転者等専用場所等　放置駐車違反（駐停車禁止場所等）※	3点	27	20	12	12
放置駐車違反（駐車禁止場所等）※	2点	23	17	11	11
駐停車違反（駐停車禁止場所等）	2点	17	14	9	9
駐停車違反（駐車禁止場所等）	1点	14	12	8	8
交差点等進入禁止違反	1点	7	6	6	5
無灯火	1点	7	6	6	5
減光等義務違反	1点	7	6	6	5
合図不履行	1点	7	6	6	5
合図制限違反	1点	7	6	6	5
警音器吹鳴義務違反	1点	7	6	6	5
乗車積載方法違反	1点	7	6	6	5
定員外乗車	1点	7	6	6	5
積載物大きさ制限超過	1点	9	7	6	5
積載方法制限超過	1点	9	7	6	5
制限外許可条件違反	1点	6	4	4	3
けん引違反	1点	7	6	6	−
原付けん引違反	1点	−	−	−	3
転落等防止措置義務違反	1点	7	6	6	5
安全不確認ドア開放等	1点	7	6	6	5
停止措置義務違反	1点	7	6	6	5
初心運転者等保護義務違反	1点	7	6	6	
初心運転者標識表示義務違反	1点	6	4	−	−
聴覚障害者標識表示義務違反	1点	6	4	−	−
最低速度違反	1点	7	6	6	
本線車道通行車妨害	1点	7	6	6	
本線車道緊急車妨害	1点	7	6	6	
本線車道出入方法違反	1点	6	4	4	
本線車道横断等禁止違反	2点	12	9	7	−
高速自動車国道等運転者遵守事項違反	2点	12	9	7	−
けん引自動車本線車道通行帯違反	1点	7	6	−	−
故障車両表示義務違反	1点	7	6	6	
仮免許練習標識表示義務違反	1点	7	6	−	−
転落積載物等危険防止措置義務違反	1点	7	6	6	5
通行帯違反	1点	7	6	6	5
大型自動二輪車等乗車方法違反	2点	−	−	12	
泥はね運転	−	7	6	6	5
公安委員会遵守事項違反	−	7	6	6	5
運行記録計不備	−	6	4	−	−
警音器使用制限違反	−	3	3	3	3
免許証不携帯	−	3	3	3	3
座席ベルト装着義務違反	1点	−	−	−	−
乗車用ヘルメット着用義務違反	1点	−	−	−	−
幼児用補助装置使用義務違反	1点	−	−	−	−

※の付いている違反は酒気帯び加重規定に該当しない。

埼玉県警察ウェブサイトより引用

行政処分基準点数 (2020年6月30日現在)

点数／前歴	0回	1回	2回	3回	4回以上
1					
2			停止90日	停止120日	停止150日
3			停止120日	停止150日	停止180日
4		停止60日	停止150日	取消1年（3年）	取消1年（3年）
5		停止60日	取消1年（3年）	取消1年（3年）	取消1年（3年）
6	停止30日	停止90日	取消1年（3年）	取消1年（3年）	取消1年（3年）
7	停止30日	停止90日	取消1年（3年）	取消1年（3年）	取消1年（3年）
8	停止30日	停止120日	取消1年（3年）	取消1年（3年）	取消1年（3年）
9	停止60日	停止120日	取消1年（3年）	取消1年（3年）	取消1年（3年）
10−11	停止60日	取消1年（3年）	取消1年（3年）	取消2年（4年）	取消2年（4年）
12−14	停止90日	取消1年（3年）	取消1年（3年）	取消2年（4年）	取消2年（4年）
15−19	取消1年（3年）	取消1年（3年）	取消2年（4年）	取消2年（4年）	取消2年（4年）
20−24	取消1年（3年）	取消2年（4年）	取消2年（4年）	取消3年（5年）	取消3年（5年）
25−29	取消2年（4年）	取消2年（4年）	取消3年（5年）	取消4年（5年）	取消4年（5年）
30−34	取消2年（4年）	取消3年（5年）	取消4年（5年）	取消5年	取消5年
35−39	取消3年（5年）	取消4年（5年）	取消5年	取消5年	取消5年
35−39	**取消3年（5年）**	**取消4年（6年）**	**取消5年（7年）**	**取消6年（8年）**	**取消6年（8年）**
40−44	取消4年（5年）	取消5年	取消5年	取消5年	取消5年
40−44	**取消4年（6年）**	**取消5年（7年）**	**取消6年（8年）**	**取消7年（9年）**	**取消7年（9年）**
45以上	取消5年	取消5年	取消5年	取消5年	取消5年
45−49	**取消5年（7年）**	**取消6年（8年）**	**取消7年（9年）**	**取消8年（10年）**	**取消8年（10年）**
50−54	**取消6年（8年）**	**取消7年（9年）**	**取消8年（10年）**	**取消9年（10年）**	**取消9年（10年）**
55−59	**取消7年（9年）**	**取消8年（10年）**	**取消9年（10年）**	**取消10年**	**取消10年**
60−64	**取消8年（10年）**	**取消9年（10年）**	**取消10年**	**取消10年**	**取消10年**
65−69	**取消9年（10年）**	**取消10年**	**取消10年**	**取消10年**	**取消10年**
70以上	**取消10年**	**取消10年**	**取消10年**	**取消10年**	**取消10年**

（注記1） **太字**は特定違反行為（※）の欠格期間を表す。
（注記2）（ ）内の年数は，免許取消歴等保有者が一定期間内に再び免許の拒否・取消し又は，6月を超える運転禁止処分を受けた場合の年数を表す。
※ 特定違反行為とは，運転殺人傷害等，危険運転致死傷等，酒酔い運転・麻薬等運転，妨害運転（著しい交通の危険）又は救護義務違反をいう。

警視庁ウェブサイトより引用

付加点数

　人身交通事故は結果の重大性に応じて，また建造物損壊等は，交通事故を起こし危険防止の措置等をしないときに付けられる。

人身交通事故及び建造物損壊事故の場合

責任の程度／事故の種別	死亡事故	重傷事故		軽傷事故		建造物損壊事故
		3か月以上又は後遺障害	30日以上3か月未満	15日以上	15日未満	
専ら違反者の不注意によるもの	20点	13点	9点	6点	3点	3点
その他	13点	9点	6点	4点	2点	2点

※物損事故の場合の危険防止措置義務違反（当て逃げ）は，付加点数5点が加算される。

点で免許取消し1年，点数25〜34点で免許取消し2年，点数35〜39点で免許取消し3年，点数40〜44点で免許取消し4年，さらに今回の改正で45点以上の場合は免許取消し5年となった。点数も2014年の改正で厳罰化され，酒酔い運転等で35点，無免許運転で25点，酒気帯び運転で13点，速度違反も50km以上だと12点などの道路交通違反の点数，死亡事故で重過失のものは62点，その他危険運転の場合には45点以上などの交通事故の点数が課せられる。

　また，道路交通法では，軽微な交通違反については反則金を納めれば，刑事訴追をしない交通反則通告制度がある（125条〜130条の2）。この制度は，多発する交通違反事件を簡易・迅速にかつ合理的に処理するために，訴訟手続を経ないで，警察行政の段階で行政上の秩序罰として処理する方法である。

　違反の程度によって反則金と点数を課す。反則金だけだとお金を払えば反則をしてもよいと考える悪質な運転者がいるからである。例えば，速度違反については，普通自動車の場合（車によって罰金額が異なる）20〜25kmで反則金15,000円と点数2点，25〜30kmで反則金18,000円と点数3点，駐停車違反で12,000円と点数2点となる。反則違反を犯すと現場で取調べを受け，反則行為となる事実の要旨と種別，反則金額，仮納付の場所，期限などを記載された告知書（青キップ）が手渡される。この告知に不服がなければ，10日以内に反則金を納付すると刑事罰を免れる。反則金を納付しない場合には，告知通告がされ，刑事手続がとられることになる。未成年者も反則金制度の対象となるが，刑事責任が問題となる場合には，家庭裁判所で審判がなされる。また，交通違反の程度が重大である場合は，赤キップが交付され，検察官の取調べを受けた後に，公判手続，略式手続，即決交通裁判手続により刑罰と点数が科される。

第3節　製造物責任と法

1．製造物責任
　製造物責任（Products Liability）とは，電気製品や食品など日常使用している

製品の安全性に欠陥があり，消費者の生命・身体や財産に被害が生じた場合，その被害の賠償を製品の製造者などが負担する責任のことをいう。大量生産・大量消費の現代にあっては，日常使用している製品の欠陥が原因で消費者に損害が生じても，通例，消費者と製造者などの間には契約関係がないため，民法の債務不履行責任（415条）を問うことができない。その責任は，製品製造と製品販売における民法上の不法行為（709条）によって追及するしかなかった。しかし，そのためには被害者たる消費者の側で，加害者である製造者・販売者の故意又は過失を証明しなければならないので，責任追及は非常に困難であった。現実にも，1950年代後半以後の森永ヒ素ミルク中毒事件，カネミ油症事件やスモン病などの薬害事件などの製品事故が発生したとき，被害者の法的救済は非常に困難であった。そこで，被害者の救済のために，民法の過失責任主義を修正して，被害者の救済を容易にすることが求められた。

　アメリカでは，1960年代にはすでに，判例法として製造物責任の考え方が定着し，被害者の救済が図られていた。ヨーロッパでは，市場の競争条件の統一化のために，1985年に製造物責任に関するEC指令が出され，1988年以後，EC各国で製造物責任法の制定が行われている。北欧においても，また，フィリピンなどのアジア諸国においても，製造物責任法は続々立法化されている。これに対して，わが国では，1975年に，内閣総理大臣の諮問機関である国民生活審議会が製造物責任法の導入の審議を開始し，民間でも「製造物責任法要綱試案」が発表されたが，それ以後長い間進展はみられなかった。しかし，近年になって，消費者運動が製造物責任法の制定を要求したこと，ECにおける製造物責任法の制定が取引の国際化とともにわが国に影響したこと，外国からの製品輸入が拡大したことなどによって，製造物責任法の制定の動きが再び活発化した。産業界の強い反対にもかかわらず，国民生活審議会は1993年12月に製造物責任法導入を答申した。1994年4月に国会に提出された政府案は，同年6月に成立し，1995年7月1日より施行された。

2．製造物責任法（PL法）

（1）内　容

1）目的・性格

製造物責任法の目的は，欠陥製品事故による人身損害や財産損害に対する製造業者などの損害賠償責任を定めて，被害者の救済を図ることにある（1条）。そのため，本法は消費者保護法としての性質を有する。また，本法は民法709条の過失責任主義の特別法である。

2）対象としての「製造物」

本法は「製造物」を「製造又は加工された動産」（製造物責任法2条1項）と定義している。したがって，「動産」ということから，宅地や住宅などの不動産は含まれない。これらはむしろ，瑕疵担保責任などの契約責任によって処理される。電気や熱などのエネルギーや，建築会社の仕事や医師・弁護士の提供するサービスも動産でない以上，それらに欠陥があっても本法の対象とはならない。また，「加工された」ということから，野菜・魚などの農林水産物や採血された血液などは，本法の製造物にあたらないが，加工食品，血液製剤・生ワクチンなどのように，これらが何らかの形で加工されれば，本法の製造物となる。コンピュータのソフトウェアが製造物といえるかについては議論がある。

3）責任の発生

損害賠償責任は，製造物の「欠陥」によって損害が発生した場合に生じる（製造物責任法3条）。製造物の客観的な欠陥の存在が必要とされることにより，製造物責任は「無過失責任」となり，被害者は製造業者の過失の立証から解放されることになった。「欠陥」があったかどうかの判断においては，①「製造物の特性」，②「通常予見される使用形態」，③製造業者が「製造物を引渡した時期」，④「その他の当該製造物に係る事情」が考慮される（同法2条2項）。①により，食品など時間が経過することによって品質が悪くなっても，欠陥があったことにはならない。②により，通常の使用方法以外で生じた事故には，欠陥責任はないことになる。③により，引渡時期には欠陥とされず，その後欠陥となったときは，欠陥責任は問えないことになる。④には，製造

物に関する使用説明や警告表示などのなかったことが含まれる。

免責事由（製造物責任法４条）としては，まず，科学技術が未発達なために，市場に流通させる時点で，製造物の欠陥を客観的に認識できない場合には，たとえ後になって欠陥が明らかになっても，製造物責任は問えない（開発危険の抗弁）。次に，部品などの欠陥が，もっぱら他の製造物の製造業者などの行った設計に関する指示に従ったことにより生じ，かつ，それについて過失がなかった場合にも，製造物責任は問えない。

４）責任の主体

責任の主体たる「製造物業者等」（製造物責任法３条）は，現実に製造物を製造する者のみならず，「輸入業者」，「表示製造業者」，また，「実質的製造業者」を含む。製造物の販売にたずさわる者は責任の主体ではない。

５）賠償の対象

賠償の対象は，「他人の生命，身体又は財産を侵害」することによって生じた損害である（製造物責任法３条）。ただし，製造物自体に生じた損害は賠償されない（同法３条ただし書）。

６）証明責任

証明責任について，製造物責任法は明確な定めをおいていない。しかし，①製造物の欠陥の存在，②損害の発生とその額，③欠陥と損害との間の因果関係は，被害者が証明しなければならないとされる。ただし，免責事由については，製造業者が証明する責任を負う。

（２）問題性

確かに，製造物責任法は，被害者が製造業者の過失を証明する必要がなくなった点で，被害者救済に一歩を踏み出したものといえる。しかし，被害者たる消費者が，情報の開示請求など製造物の製造過程に何らのアクセスの手段をもたない以上，「欠陥の存在」，「欠陥の発生時期」，そして，「欠陥と損害の間の因果関係」を証明することは，依然として困難なままである。この点，これらについての証明責任を，被告の製造業者に転換させる「推定規定」の必要性が指摘される。なお，製造物責任法の成立以前に，大阪地方裁判所は

カラーテレビの発火事件で,「本件テレビは, 合理的な利用中……に発煙・発火したと認められるから, 不相当に危険と評価すべきであり, 本件テレビには欠陥が認められる」と述べている (大阪地判平成6.3.29)。これは「欠陥」の存在の証明を, 抽象的な程度で足りるとしたものである。

第4節　医療過誤と法

　医療事故とは, 医療にかかわる場所で, 主に医療行為の受給者である患者を被害者として, 診断・検査・治療など医療の全過程において発生する人身事故一切をいう。そのなかで, 医療過誤とは, 医師や看護師などが患者に対して診療行為を行うにあたり, 当然払うべき注意義務を怠り, これにより患者の生命・身体を侵害し, 死傷などの結果を惹起せしめた場合をいう。医療過誤の発生原因としては, ①医師その他医療関係者の不注意や技術水準が低いこと, ②強制種痘のあとに後遺症が出た事例のように, 当時の医学水準から説明できない事柄があったこと, そして, ③医療制度における医師の過重負担や看護師不足などが考えられる。

　2014年12月31日現在, 大学病院や報告義務のある旧国立病院など275病院で過去最多の2,911件の医療過誤事例報告があった。また, 義務はないものの「任意」で参加している行政以外の公的医療機関が運営する病院や一般の医療機関では, 2014年に718病院で283件の医療過誤事件の報告があった。

1. 医療過誤の責任
　医療過誤の責任には, 交通事故の場合と同様に, 民事責任, 刑事責任, そして, 行政責任の3つがある。
（1）民事責任
　民事責任は, 不法行為責任 (709条) と債務不履行による責任 (415条前段) とに分けることができる。医療過誤の場合, 前者においては, 違法な加害行為による損害賠償請求が行われる。後者においては, 医師と患者との間には適

切な治療行為をなすという事務処理を目的とする準委任契約（診療契約）があるということを前提とする。そして，現代における医学知識・医療水準をもってすれば，適切な診断・治療が可能であったにもかかわらず，医師・看護師などの医療従事者の過失により，不完全な履行しかなかった場合に，損害賠償請求が行われる。

1）不法行為責任

不法行為責任においては，①行為者（医師）の故意又は過失，②権利又は法律上の利益の侵害（違法性），③損害の発生，④侵害行為と損害との間の因果関係を要件とする。まず，医師の「過失」とは，本来守るべき医師の注意義務があることを前提として，一定の任務の遂行について何らかの不注意があった状態をいう。医療過誤における注意義務は，医療行為が人の生命・健康に対する危険を内在していることから，「いやしくも人の生命および健康を管理すべき業務（医業）に従事するものは，その業務の性質に照らし，危険防止のために経験上必要とされる最善の注意義務」を意味する（最判昭和36. 2. 16）。注意義務とは，①注意すれば結果が予見できたこと（結果予見義務）と，②注意すれば結果を回避することができたこと（結果回避義務）をいう。結果予見義務は，その当時における通常一般の医師の医学的知識および技術を基準として判断する。医師は医学書，医学雑誌などの文献，臨床例，厚生大臣の告示，行政通達，医師会の通知，医療上の慣行によって知識を習得しなければならない。結果回避義務とは，万一危険を感じた場合には，ただちに謙虚な態度をとって，施術を中止すべき義務をいう。具体的には，先入観やずさん・怠慢な予見判断や結果を予見するための問診や検査の不十分性，手術における医師の術式の選択・手技の誤りや術後の措置の誤り，応急措置の不十分性，注射する薬剤の種類や量の誤り，消毒の不完全さ・方法の誤り，注射後の措置の誤りなどが問題となる。次に，行為と損害との間の因果関係とは，患者の受けた損害と加害者たる医師の行為との間に，経験則上必然的な関係（相当因果関係）があることを意味する。これらの要件を満たしていれば不法行為責任が発生するが，その立証責任はすべて原告（被害者）に課せられている。

なお最近では，患者に治療行為を受けるか否かを決定させるために，医師が患者に情報を提供し，患者が治療行為のもたらす結果に同意を与えるというインフォームド・コンセント（Informed Consent）が行われている。これによれば，患者の同意のない治療行為は，たとえ医学的には適切なものであったとしても不法行為となる。また，このような考え方に基づいて，「患者の権利法」の制定が求められている。

２）債務不履行責任

　債務不履行による責任は，①不完全な履行，②債務者（医師）の責に帰すべき事由（債務者の故意又は過失），③不完全な履行と損害との間の因果関係，④違法性を要件とする。不完全な履行には，患者を健康体に戻すことが債務の内容でない以上，健康体に戻せなかったということは含まれない。医療事故の場合，債務者（医師）に過失がなかったことを立証する義務を課せられるので，不法行為として医療過誤を争うよりも，不完全履行として争う方が被害者としては容易のように思われる。しかし，この場合でも，「債務の本旨に充たざる履行」があったことを，被害者が立証しなければならないので，立証責任の軽減化ということにはならない。医療過程を理解するためには高度な専門知識が必要であること，医療を行うにあたってどの技法を選択するかについては医師の裁量に委ねられること，医師がその選択を他の医師に評価されることをいやがることなどの，医療行為の特殊性から，被害者による立証は著しく困難である。実際，通常の民事事件では原告側が勝訴するケースが極めて多く，2010年において判決で終結した事件のうち原告の請求を認めた割合は地方裁判所で88％，簡易裁判所では98％，少額訴訟事件で95％となっているが，医療過誤事件での原告の勝訴率は20％〜30％しかない。そのため，医療過誤訴訟においては，「過失＝過誤」の存在を根拠づけるような事実をある程度，被害者が主張・立証すれば，医師側がそのような「過誤」の存在しなかったことを立証しなければ敗訴となる，とする「過失の一応の推定」論や，被害者側が「医療行為において大きな技術上の瑕疵があり，その瑕疵が発生した結果を惹起するに適当であること」を立証することを前提にして，「因果

関係」の不存在を医師側に立証する責任を負わせる，ドイツの「因果関係の立証責任の転換」論が提唱されている。最高裁が公表している統計では医療過誤訴訟の件数は減少傾向にある。1992年の新規提訴件数は370件であったが，その後次第に増加して2004年には1,110件と3倍になった。しかし以後は次第に減少し，2011年の提起件数は767件に下がっている。なお東京地裁，大阪地裁では2001年4月より医療過誤事件を集中的に取り扱う，いわゆる「医療集中部」が正式に設置されている。その後，千葉，名古屋，福岡，さいたま，横浜にも順次設置されている。

3）使用者責任

医療過誤を不法行為として構成する場合，その責任を負担するのは医療行為を行った医師であるが，病院などその者の使用者に対して，患者は民法715条の使用者責任を追及できる。使用者が被用者たる医師の選任・監督について相当の注意をしたときは，使用者責任を免れる（同条1項ただし書）が，その立証は事実上困難である。裁判所もこれをほとんど認めていない。また，医療過誤を債務不履行として構成する場合，その責任を負うのは診療契約の主体となった病院などの開設者である。この場合，使用者が被用者たる医師の選任・監督について相当の注意をしたときでも，使用者責任を免れない。

4）賠償の範囲

賠償の範囲は，相当因果関係の範囲における損害（通常生ずべき損害）である。特別の事情による損害は，加害者に予見可能性がある場合に限定する。賠償額の算定においては，過失相殺が行われるのはもちろんである。患者が死亡したときは，ホフマン式計算法などにより損害の算出を行う。なお，現代では，医療過誤訴訟が増大し，患者による損害賠償請求が増えたので，医師や病院を保護するために，強制保険としての日本医師会医師賠償責任保険や，任意保険としての医師・病院の賠償責任保険が存在する。アメリカでは，医療過誤訴訟により，多くの病院が廃業に追い込まれている。

医療過誤訴訟の45％が，裁判外の和解（民法695条）である示談や裁判所での和解で処理される。これに対して，被害者側の窮迫，軽率，無知に乗じて不当

な示談・和解が行われやすいことが指摘される。なお，判決や示談・和解後に，予期せぬ後遺症が生じた場合には，損害賠償の再請求ができることもある。

（2）刑事責任

医療行為は，患者の身体に対する侵襲を伴うことから，外形的には身体の安全に対する侵害行為の犯罪類型としての刑法の傷害罪に該当する。しかし，治療の目的をもって，医療準則を遵守して行われた医療行為であって，患者の同意がある場合には，違法性が阻却される。医療過誤においては，医療自体が人の生命・身体に対する危険を含むことから，医療行為を社会生活上反復継続して行う医師などが，その過失によって患者を死亡させたり，傷害するときには，刑法211条1項の業務上過失致死傷罪が成立する。ここでの「業務」とは，人が社会生活を維持するために，反復継続の意思をもって行う，人の生命・身体に危害を加えるおそれのある仕事をいう。反復継続とは，たまたま従事したという場合ではなく，1回であっても反復継続の意思をもって行うことをいう。業務は資格の有無を要件としない。

業務上過失致死傷罪が成立するためには，民事事件と同様に，診断・治療と結果との間に因果関係があり，医師の注意義務違反という過失を必要とする。注意義務違反の認定に際して，結果予見義務を中心に構成するか，結果回避義務を中心に構成するかで争いがある。最近では，後者の立場から，医療のように，それ自体が種々の法益侵害の危険性をもつが，われわれの生活に不可欠の意義をもち，それを規制することがかえって社会に不利益をもたらす場合には，たとえ患者の死亡・傷害といった法益侵害が生じても，一定の範囲で許容される，という「許された危険」の法理が認められる。さらに，この立場からは，現代のチーム医療における現状では，それぞれが危険を避けるべく適切に行動するであろうとして，自己の分担分だけの結果回避義務を負えばよいとする「信頼の原則」が認められる。

医師の業務上過失致死傷事件については，検察官が過失を立証するのが難しく，犯罪の嫌疑がないと認めたときや，過失は十分認められるが，被害者側と医療側の間に示談が成立していて，被害者側が処罰を望んでいない場合

とは，検察官が起訴して処罰することが必ずしも相当でないので不起訴処分となる。検察官が，処罰の必要はあるが，罰金刑にするのを相当とするときは略式手続となり，医療側の犯した過失が単純・初歩的なもので程度が大きく，同時に結果が悲惨・重大であり，また，被害者側との間に示談が成立していず，被害感情も大きいなど，検察官が正式裁判で懲役刑や禁錮刑により処罰するのを適切とするときは起訴処分にする。なお，医療過誤事件に対する裁判は，刑事裁判と民事裁判が同時並行的に行われる場合が多いが，両者は別の裁判手続として行われる。この場合，刑罰にあたる行為は厳格に検討されるのに対して，賠償責任は被害者の救済という視点から検討されるため，両者の裁判の結果が異なることがある。なお，医師が患者の承諾なく治療行為をすることは，専断的治療として傷害罪（刑法204条）に該当する。

（3）行政責任

医師は，「医事に関し犯罪又は不正な行為」のあったとき，または医師としての「品位を損なう」行為のあったときのほか，医療過誤により「罰金以上の刑」に処せられたときは，厚生労働大臣により医師の免許の取消しや，一定期間の医業の停止を命じられる（医師法4条・7条）。なお，正当な理由のない診療拒否も医師の品位を損なう行為とされる。

免許の取消しや医業の停止処分に際しては，厚生労働大臣は日本医師会長らを委員とする医道審議会の意見を聞かなければならない。医師は，弁明書や証拠を提出して自己の主張を述べることができる（医師法7条4項・5項）。処分を受けた医師が，その処分を不服とする場合には，厚生労働大臣の行った処分の取消しを求める訴訟を提起することができる（行政事件訴訟法3条）。

2．看護師の責任

保健師助産師看護師法5条により，看護師は「診療の補助」と「療養上の世話」をその業務とする。今までは，医療が医師中心に行われ，看護師の業務は医師の指示に従った診療の補助が主体であったため，看護事故は，「診療の補助」の分野では，投薬ミス，機械の操作ミス，注射事故などが中心であり，

「療養上の世話」の分野では，ベッド転落事故や火傷事故が中心であった。しかし，現在では，医療の高度化・専門化により，医師や看護師などの多数の医療従事者が共同して患者の治療に当るチーム医療の時代となり，看護業務も独立した専門職としてその主体性が認められるようになった。このことは，看護事故においても，診療の補助の分野で，産科や精神科における事故や，経過観察や医師への連絡ミスによる事故が増加し，療養上の世話の分野でも，褥瘡事故が増加してきていることに現れている。責任追及の方法においても，従来，看護師などの過失は，民事事件では医師の指示監督責任の影に隠れて表面化せず，刑事責任のみを問われることが多かったが，最近では，看護業務それ自体の過失について民事責任を追及する訴訟が増加している。

（1）看護師などの「過失」の存在

看護師の過失の判断に際しては，看護師が医師自らの行うべき医療行為を行った場合には，医師の能力を基準とし，看護師が医師の適切な指示の下で診療の補助行為を行った場合や，看護師に固有の療養上の世話を行った場合には，看護師の能力を基準とする。具体的には，医師の指示が明白に誤りである場合を除き，看護師などがそれに従った場合には過失はないとされる（大阪地判昭和37. 9. 14）。医師の指示が不明確・不十分である場合には，看護師はそれを確認しなければならず，それを怠った場合には過失があるとされる。医師が看護師などにその能力を越えた指示を行った場合，看護師などがそれに漫然と従った場合には過失がある（仙台高判昭和37. 4. 10）とされる。看護水準に照らして是認できない悪しき慣行に看護師などが従った場合にも，過失があるとみなされる（千葉地判昭和47. 9. 18）。さらに，見習看護師などの無資格者が，その業務範囲を越えて，看護師のすべき行為をしたときは，その行為が看護師の水準に照らして，適切であったか否かにより判断される。

（2）3つの責任

看護師の民事責任の場合は，看護師が医師や病院の被用者であることから，使用者責任を問われることが多く，看護師が患者から直接に損害賠償を請求されることは少ない。というのは，看護師は多額の賠償額を支払う資力のな

いことが多いので，看護師よりも使用者に賠償を求めるほうが，被害者にとって有利だからである。その場合，看護師は使用者から後で求償される（民法715条3項）ことになる。

看護師の刑事責任は業務上過失致死傷罪（刑法211条）により追及される。これまでの判例においては，罰金刑を除き，有罪となっても執行猶予がついている。

行政責任については，看護師は保健師助産師看護師法14条により，医師と同様，所定の手続を経た上で免許の取消処分や業務の一時停止処分を受ける。

第9講　これからの社会と法

第1節　福祉と法

1．憲法と社会国家

（1）自由国家から社会国家へ

　近代憲法においては，自由と平等が人権の中核をなしていた。これは，政治的自由主義思想と経済的自由主義思想の産物であった。国民の自由を保障するために，国家権力は社会への不介入・不干渉を要求された（自由国家）。しかし，資本主義経済の発展によって，社会において，経済的・社会的に力のある者（富める者・強き者）と力のない者（貧しき者・弱き者）に分化するようになり，前者が後者の犠牲において繁栄した。そこで，20世紀になると，後者にも「人たるに値する生存」を実質的に確保するために，国家権力の積極的な活動を要求する権利として社会権が登場した。例えば，1919年のドイツのヴァイマル憲法151条が，経済的自由の制約原理として，「人間に値すべき生存」を初めて保障した。社会権は，戦後，諸国の憲法に組み入れられることになった。

（2）憲法25条

　大日本帝国憲法は，近代憲法の系譜を有し，社会権についての規定はなかった。したがって，恤　救　規則（1874年）などにみられるように，当時の社会的
じゅっきゅうきそく
弱者の救済は，国家の恩恵的なものとして行われたにすぎなかった。これに対して，日本国憲法は，生存権（25条），教育を受ける権利（26条），勤労の権利（27条），労働基本権（28条）といった社会権を保障している。なかでも，生存権は，現代の社会国家において，人間の尊厳にふさわしい生活・人間に値す

る生活（「健康で文化的な最低限度の生活」）を，国民，とりわけ経済的・社会的弱者に保障する。

1）意　義

まず，生存権は，人間に値する最低限度の生活を営むことを積極的に侵害する立法行為・行政行為といった国家行為や，私的行為を無効とするという意味で，自由権的側面の生存権を保障する。生存権を積極的に侵害する国家行為の例としては，例えば，①所得税の課税最低限を著しく低額にすること，②生活保護法の保護基準を著しく低額にすること，③生活保護法自体を廃止することなどが考えられる。次に，生存権は，人間に値する最低限度の生活を営む権利を国民に保障するという意味で，社会権的側面の生存権を保障する。

2）法的性格

生存権の自由権的側面の法的権利性はあると考えられる。問題は生存権の社会権的側面の法的権利性である。第1の見解は，生存権が国政の目標ないし方針を宣言した規定であり，国はそのように努力すべき政治的・道徳的責務を負うにすぎないとする（プログラム規定説）。この見解によれば，たとえ生存権を具体化する法律が制定されたとしても，そこでの保障の不十分性を憲法違反として争うことはできない。その根拠として，①本条の規定が抽象的であること，②資本主義の経済体制の下では，生存権の実現のための経済的基盤が欠けていること，③生存権を実現するための予算・財政の決定は国会の権限であり，その決定にあたって，各種の政策判断が必要であることがあげられる。しかし，この見解に対しては，①およそ憲法の規定は，程度の差こそあれ，すべて抽象的であること，②本条の趣旨が資本主義の弊害を是正し，実質的に個人の尊厳を確保することにあるので，資本主義の経済体制を理由として，その権利性を否定することは本末転倒であること，③予算も憲法の拘束を受ける以上，憲法上の生存権の保障が予算によって制約されるべきでないことを理由に批判される。第2の見解は，国民は生存権を根拠に給付請求権を主張することができる，または，立法府が生存権を具体化しないときには，国民は国の不作為の違憲性を確認する訴訟を提起することができる

（具体的権利説）とする。その根拠として、①憲法25条1項は権利主体・権利内容・規範の名宛人などについて明確に定めていること、②今日の科学技術の進歩により、特定時期における「最低限度の生活」の内容は客観的に確定しうるため、立法者の不作為による権利侵害の程度を裁判所は認定できることがある。しかし、①生存権の内容は抽象的であり、その実現は立法府に委任されていること、②生存権の実現が財政政策に依存すること、③裁判所が生存権の具体化や違憲確認訴訟を認めることは、権力分立に反すること、さらに、④たとえ、違憲確認を裁判所が認めたとしても、これによりただちに国民が救済されることにはならないことが批判される。このようにみると、結局、憲法25条は、国民の抽象的な権利としての生存権を保障する（抽象的権利説）ことになる。国民は、直接に本条を根拠として具体的な給付請求権を主張することはできず、法律の制定によってはじめて、生存権が具体的な権利となると解すべきである。これによれば、法律が存在する場合には、憲法25条は裁判所による解釈の基準となり、司法権を拘束する。また、法律による生存権保障が不十分であるときは、訴訟において、その法律が本条に違反し、無効であると主張できる。

　最高裁判所は、食糧管理法違反事件で、プログラム規定説をとった（最大判昭和23. 9. 29）。後に、生活保護法による扶助額の減額処分を争った朝日訴訟でも、憲法25条が健康で文化的な生活を営むことができるよう、国政を運営すべきことを国の責務として宣言したにとどまると述べた（最大判昭和42. 5. 24）。さらに、福祉年金などの併給禁止規定の合憲性を争った堀木訴訟で、最高裁判所は、生存権の抽象性ゆえに、その具体化について立法府の広範な裁量を認め、明らかな裁量権の逸脱・濫用とならない限り、裁判所の審査を否定した（最大判昭和57. 7. 7）。これらは、憲法25条の意味をあまりに消極的に解するものである。

２．社会保障制度
　憲法25条は、1項で国民に生存権を保障し、2項で「社会福祉、社会保障及

び公衆衛生の向上及び増進」の義務を国に課している。この義務を実現する
のが，社会保障制度である。国民のまわりには，病気，けが，障害，出産，家族
の扶養，失業，老齢，死亡など，さまざまな生活を脅かす状況が存在する。こ
のような生活困窮者への転落の契機に際して，国家が金銭給付や医療サービ
ス，社会福祉サービスを行い，国民の生活，健康，発達などを保障しようとす
る制度を「広義の社会保障」と呼ぶ。これには，歴史的に経済的保障（所得保障）
として行われてきた社会保険と，それを経過的に補完する各種福祉年金や児
童手当など，また，生活保護に具体化される公的扶助からなる「狭義の社会
保障」と，国家などが援助・助成を要する者が自立して能力を発揮できるよ
うに援護・育成をなすことを目的とする「社会福祉」や，公衆衛生，公害規制，
公共住宅整備など，これらと関連して社会環境を整備する制度が含まれる。

（1）狭義の社会保障

1）社会保険

社会保険は，統計的にある程度予測される一定の類型の事故を法定し，保
険技術を用いて，事故の種類や程度に応じた画一的給付をなすものである。
これには，医療保険，年金保険，災害補償保険，雇用保険がある。社会保険は，
従来，労働者・公務員など特定の集団にのみ適用されてきたが，近年，適用
範囲が広がり，「国民皆保険」の名の下にほとんどすべての国民が，なんらか
の社会保険に加入するようになってきた。これは，被保険事故の発生前の生
活水準を維持する機能を有し，窮貧への転落を事前に防止する目的をもつこ
と，拠出を前提とすることで，公的扶助と区別される。

2）公的扶助

公的扶助は，拠出を要件とせず，生活困窮に陥った原因を問わず，最低生
活水準を下回るという状況に着目して，無差別・平等に，必要に応じた給付
を与えるものである。これは，全国民を対象とする最終的・包括的扶助であ
り，他のすべての扶助がこれに優先する。わが国では，生活保護法がこれを
制度化している。これには，生活扶助，教育扶助，住宅扶助，医療扶助，出産
扶助，生業扶助，葬祭扶助がある。近年では，社会保険と公的扶助の区別が

あいまいとなり，両者は接近し，新たな第3の類型として無拠出年金や家族手当といったものもみられる。

3）無拠出年金・家族手当

これには，①拠出制を原則とする国民年金保険が完全に実施されるまで，経過的・補完的に実施される無拠出制の福祉年金，②子のいる家庭の所得保障としての児童手当，③低所得者層に対する無拠出所得保障の性質を有する身体・精神に障害がある児童への児童扶養手当や重度精神薄弱児扶養手当などがある。

（2）社会福祉

社会福祉とは，国家扶助の適用を受けている者，身体障害者，児童，その他援助育成を要する者が自立してその能力を発揮できるよう，必要な生活指導，更生補導，その他の援護育成を行うことをいう。これは，第1に，身体的・精神的ないし社会的に未成熟・能力減退ないし障害状態にある人々について，それらのハンディキャップによる不利益をカバーし，その人たるに値する最低生活を保障するために必要なサービス提供を目的とするものがある。このための法律には，児童福祉法，母子及び寡婦福祉法，老人福祉法，身体障害者福祉法，精神薄弱者福祉法など（育成法）がある。第2に，災害罹災者や行倒れの病人など応急的保護を要する状態にある人々について，必要な保護を迅速に行うことを目的とするものがある。このための法律には，災害救助法や行旅病人及行旅死亡人取扱法など（救助法）がある。第3に，非行・犯罪などでなんらかの司法的措置を受けた者について，その正常な市民生活への復帰を目的とするものがある。このための法律には，犯罪者予防更生法や更生緊急保護法など（更生法）がある。最後に，低所得者に対して自律助長の目的で資金貸付の形で保障を行うことを目的とするものがある。このための法律には，公益質屋法や母子及び寡婦福祉法など（援助法）がある。

（3）公衆衛生・公害規制・公共住宅整備

公衆衛生に関する法としては，医療法，伝染病予防法そして食品衛生法など，公害規制に関する法としては，公害対策基本法や自然環境保全法など，

公共住宅整備に関する法としては，公営住宅法や住宅・都市整備公団法など
がある。

3．憲法上の問題性

（1）生活保護法の運用

　生活保護法が制定されたことによって，生存権は憲法上の具体的権利とし
て保障される。したがって，生活保護法上の受給請求権も憲法上の権利とみ
なされる。この受給請求権には，適正な内容の給付を求めるという実体的権
利だけではなく，給付に際して適正な手続を受けるという手続的権利も含ま
れる。しかし，第2次臨調の「福祉見直し論」では，国民の自助・自立を前提
とし，それでまかなえない部分は，まず家族の助け合いで対処し，それでも
まかなえない部分は，地域の助け合いに委ね，なおこれでも対処できないも
のについてのみ，国や地方公共団体が公的な保障を行うという「日本型福祉
社会」が提唱された。このような考え方は，いわゆる，生活保護の運用面で
の「適正化」をもたらすことになった。この適正化は，まず，不正受給の防止
を目的とする申請手続の規制として現れた。1981年11月17日の「生活保護の
適正実施の推進について」という厚生省社会局の通知は，新規申請における
資産の保有状況と収入状況の調査，保護受給中の者に対する収入状況の調査
を，生活保護法の規定を越えて要求するものであった。具体的には，生活保
護の申請を，申請に至る前の相談として処理したり，事前審査の書類を過大
に要求することにより，申請を撤回させることによって，生活保護申請の途
を事実上閉ざすことが行われた。しかし，その後の不況と失業者の増加によ
り，生活保護受給者の2011年7月時点の集計結果は205万495人となり前月よ
り約9,000人増え，集計が始まった1951年以降で過去最多となった。東日本大
震災の被災地では今後手持ちの資金が底をつき，生活保護を選択せざるをえ
ない世帯が急増する可能性も指摘されており，受給者は増加傾向が続くとみ
られる。この結果，被保護実人数は2014年2月に216万6,381人，被保護世帯
は159万8,818世帯，保護率は1.7%（人口百人当たり1.7人）となった。高齢者が

72万4,121世帯と約45.5％を占め，その他を障害者世帯・傷病障害者世帯46万6,113世帯（29.3％），母子世帯11万2,743世帯（7.1％）の３つでほとんどを占めるようになっている。

　さらに，生活保護受給者に対して，生活保護法４条の「保護の補足性」を理由として，扶養義務者からの扶養が十分にあるか，資産の処分・運用が十分になされているかなどといった点から，保護の打切りや辞退が求められた。例えば，受給していた生活保護費と障害年金を，将来に備えて，切詰めて蓄えた預貯金の大部分が「資産」と認定されて，保護費を減額する処分の違憲性が争われた事件で，秋田地方裁判所は，「最低限度の生活を下回る生活をすることによって蓄えた……このような預貯金は，収入認定してその分保護費を減額することに本来的になじまない」とした（秋田地判平成5.4.23）。また，高校進学の目的で，保護費を切りつめて貯蓄した学資保険の満期払戻金を直ちに収入と認定して，保護費を減額することは，裁量権の濫用であるとされた（福岡高判平成7.3.14）。これらのことは，生活保護受給請求権の給付に際して，適正な内容の給付を求める実体的権利と，適正な手続を受ける手続的権利を侵害するものである。

（２）併給制限規定

　福祉年金などの併給の原因は，同一人について複数の生活事故が発生した場合や，給付事由は１つであっても，その事由について同一人に複数の受給権が発生する場合である。これに対して，保険事故が重なっても所得能力の喪失は比例的に加算されないこと，被保険者にとっては二重の保障となるが，国庫・使用者にとっては二重の負担となることを理由として，併給の制限が行われている。具体的には，①老齢福祉年金と普通恩給との併給制限規定（旧国民年金法65条１項・75条の２第６項），②老齢福祉年金と増加非公死扶助料との併給制限規定（同法79条の２第６項），③老齢福祉年金の夫婦受給制限規定（同法79条の２第５項），④老齢福祉年金と障害福祉年金との併給制限規定（同法20条），⑤障害福祉年金と児童扶養手当との併給禁止規定（旧児童扶養手当法４条３項３号）であった。現在でも，併給制限についての根本的な是正はみら

れない。憲法25条の具体化にあたっての広い立法裁量の容認が問題である（最大判昭和57.7.7）。

（3）国籍条項

　生存権の享有主体については，当初より，生存権の保障に具体的な財政的措置が必要なことから，国民のみに保障され，在日外国人には及ばないとされていた。したがって，国民年金法，児童扶養手当法などにも，従来，国籍条項がみられた。1981年に日本が「難民の地位に関する条約」と「難民の地位に関する議定書」に加入したため，「難民の地位に関する条約等への加入に伴う出入国管理令その他関係法律の整備に関する法律」により，これらにおける国籍条項は廃止された。国民健康保険法についても1986年に国籍条項が完全にはずされた。また，原爆医療法と原爆特別措置法は，社会保障法的性格の他，国家補償法的性格を有することから，当初から，国籍要件がなかった。生活保護法については，適法に日本に滞在し，活動に制限を受けない永住，定住等の在留資格を有する外国人については，国際道義上，人道上の観点から予算措置として生活保護法を準用している。また母子及び寡婦福祉法においては，制定当時から国籍条項はないとされた。しかし児童手当や母子家庭への貸し付けは外国人には排除されていた。恩給法，戦傷病者戦没者遺族等援護法，戦傷病者特別援護法，未帰還者留守家族等援護法，引揚者給付金等支給法といった戦争犠牲者援護法にも，依然として国籍要件が存在する。とりわけ，1952年の平和条約の締結により，一方的に日本国籍を失った在日朝鮮人・韓国人など，いわゆる定住外国人の人権との関係で，国籍要件設定についての広い立法裁量の容認が問題である（塩見訴訟—最判平成元.3.2）。

第2節　科学技術と法

1．科学技術の発展と人間

　人類の歴史は，科学技術の発展の歴史でもある，といわれるように，人間の生活と科学技術は密接な関係を有している。科学技術の進歩によって，人

間の生活環境が変わってきた。科学技術の進歩は，多くの場合，豊かで快適な生活，健康の保持，生命の維持など人間に多くの利益をもたらしているが，これと同時に，多くの抵抗や困難な問題をもたらしている。

このような問題として，古くは，例えば，ガリレオ・ガリレイの地動説とこれに対するカトリック教会による弾圧，ジェンナーの種痘とこれに対する「牛になる」という不安による抵抗，もっと身近な例では，肖像写真撮影とこれに対する「魂の吸取り」という迷信などが存在した。このように，科学技術の発展に対しては，常に既存の倫理・価値感からの抵抗が存在してきた。他方，科学技術の発展のためという美名の下での犠牲も忘れられてはならない。麻酔薬の開発と華岡清洲の妻の犠牲などはその典型であろう。この場合などは，動物実験による方法が確立していなかった時代であったということを理由としても正当化できないであろう。なぜなら，原子力開発，遺伝子操作研究など，いつの時代にも安全性を完全に確認することの困難な問題が存在し，それがまさに最先端の科学技術開発として行われているからである。また最近では，例えば，核戦争の脅威，原子力施設における事故，地球規模での環境の破壊，バイオテクノロジーによる地球の生態系への脅威，人間の遺伝子操作，リプロダクションへの関与，臓器移植，クローン生物の誕生，情報技術の発達がもたらす脅威など数え上げればきりがない。これらの問題の多くは，地球や，人類全体の存在そのものに対する危険をもたらす，あるいは，生物学的な人間の存在に危険をもたらす可能性の高いものである。しかも，それらの危険の多くは，非常に大規模，広範囲にわたるものであり，予測のつかない危険であることが多く，さらに一度発生すると元の状態に戻ることのない不可逆性のものである。

最近の研究で明るいニュースもある。生きた細胞を利用して行われる「再生医療」は，いままで皮膚などの限られた組織でしか実現されていなかったが，2007年，山中伸弥京都大学教授が身体を構成するほぼすべての細胞を作り出せるヒトiPS細胞の作製に成功した。生体内でその役割に応じて分化した細胞を分化の状態に初期化できるiPS細胞作製技術は再生医療を革命的に

進展させようとしている。山中教授は患者の皮膚の細胞からiPS細胞を作り，そこから心臓の細胞を生み出す研究を進めている。目指すのは心臓疾患の治療である。「iPS細胞でいままで治らなかった人が治るようになる」とiPS細胞の可能性に期待が寄せられている。

　また，出生前診断の問題では，妊婦の血液を調べると胎児がダウン症かどうか99％の精度でわかるという新しい出生前診断が日本にも入ってきた。国内10施設程度が臨床試験として始めると報道され，医療機関には問い合わせが相次いでいるという。一方，日本産科婦人科学会は「新たな手法を用いた出生前遺伝学的検査について」という声明を2012年9月に発表し，「慎重な取扱い」を求めた。高齢出産が増える中，胎児の異常判明を理由にした中絶は増えている。その背後には両親の苦悩がある。新しい医療技術の問題点は？　障害児の人権は？　もう少し検討する必要がある。

　生殖補助医療については，近年の進歩に伴い，不妊症のために子をもつことができない人々が子をもてる可能性が広がってきており，生殖補助医療は着実に普及し，①体外受精・胚移植，②顕微授精，③凍結胚・融解移植に分けられる。日本産科婦人科学会の調査によると，生殖補助医療を用いた治療は2014年には全国で598施設，39万3,745治療周期が行われ，このうち生産分娩にまでいたったものは4万6,008周期（11.7％）だった。このように生殖補助医療が着実に普及している一方，これまで生殖補助医療について法律による規制等はなされておらず，日本産科婦人科学会を中心とした医師の自主規制の下で人工授精や夫婦の精子・卵子を用いた体外受精等が限定的に行われてきたが，これに違反するものが出てきた。生殖補助医療には親子関係の認定など難しい問題もある。

　科学技術の発展がもたらす問題に対し，対策が講じられたこともある。例えば，ナチス・ドイツの生体実験に対する反省に基づく1946年のニュールンベルク綱領，1964年の臨床実験についての医師への勧告（ヘルシンキ宣言），1972年のアメリカ病院協会による患者の権利章典などはその例となろう。しかし，このようなものの多くは，研究者などの関係者の自己的，倫理的規制

にすぎず，その実効性という点で十分ではなかった。そこで，法による規制がクローズアップされてきている。

２．科学技術の法的取扱い

科学技術の進歩は人類に多大な利益をもたらしたが，反面，人権侵害ももたらしており，その法的対処が問題となろう。しかし，科学技術の進歩は非常に早く，法的な対処も試みられるが，それに追いつかない状態にある。わが国でも，原子力基本法，角膜及び腎臓の移植に関する法律，クローン規制法などを除いて，法律は制定されておらず，もっぱら，研究機関の団体（学会）のガイドラインによる処理に委ねられている。しかし，科学技術がもたらす問題に対し，これに法的に対処することの必要性は，十分認識されており，実際にもいくつかの試みがなされている。例えば，1992年の脳死臨調の「最終意見書」に基づき，1997年に成立した臓器移植法などはその代表例である。

科学技術に対する法の規制には，研究の保護とその規制に典型的に現れている科学技術研究そのものに対する関与と，その成果への関与など，いくつかのものが考えられる。

（１）保　障

科学技術の発展のためには，学問研究の自由（学問の自由）が保障されなければならない（憲法23条）。この自由は，内心の自由であるので，十分な合理性が存在しないにもかかわらず，研究行為自体を禁止・制限してはならない。

現代の科学研究の多くは，莫大な費用を要する。しかし，とくに研究が直接に製品化と結びつかない基礎研究などは，その重要性にもかかわらず，十分研究費用の調達ができにくい状況にある。研究のための資金が存在しない，あるいは不足している状況では，いくら研究することの自由が保障されていたとしても，研究は不十分なものになってしまう。科学研究が実際に保障されるためには，単に研究の自由が保障されるだけでなく，研究費用の国家による助成が不可欠である。この意味においては，科学研究の保障は，自由権の保障だけでは不十分となりつつある。

しかし，研究費用の国家助成は，国家による科学研究への介入という新たな問題を引き起こしている。科学研究は，その成果の社会的有用性という点ではそれぞれ違いがあるが，研究それ自体の価値に違いはない。国家が助成をする際に，この点にとくに留意しなければならず，不用意な選別・ランクづけは，研究への不当な干渉になりかねない。とくに国家が現在推進している政策との関係において，これを促進するのに役立つ研究か，そうでない研究かというような観点からの選別・ランクづけは許されない。

　したがって，科学研究の保障は，単に研究の自由の保障だけでなく，研究の財政的援助，およびこれを通じての研究への国家の不介入の保障なども必要とする。

（2）規　　制

　科学技術の研究・実践も無制限ではなく，一定の限界・制約が存在する。制約の根拠は，科学技術により引き起こされる被害の防止，およびその責任という観点からすれば，不法行為による損害賠償責任にも求められるが，やはり学問研究の自由という人権を制限するという点に着目すれば，制約の根拠の中心も人権ということになる。人権に制約の根拠を求めるとしても，具体的には，科学技術のもたらす害悪との関係において把握される。このような害悪には，地球や，人類全体の存在そのものに対する危険，あるいは，生物学的な人間の存在に対する危険がある。そこで，このような危険に対して，環境権（憲法25条・13条），生存権（同法25条），生命・自由・幸福追求権（同法13条）といった人権の保障があげられるが，最終的には人間の尊厳（同法13条）ということに帰着する。

　科学技術の分野は，進歩が非常にめざましく，また，高度の知識，理解力を必要とする。そのような分野において，規制が必要かどうか，また必要な場合，どのような規制で，どの程度の規制が必要かを判断するには，この分野に熟知した者の判断によることが望ましいとされてきた。その結果，科学技術に対する規制は，研究機関や研究機関の団体（学会）などに委ねられてきた。新薬や新しい治療方法などの治験の際，治験対象者に対する十分なインフォ

ームド・コンセントなしに，あるいはマニュアルに反して治験が行われるなど，このような規制の実効性が問題となる。それは，このような規制の方法も要綱や指針といった倫理的色彩の強い，強制力のないものによっているためである。科学技術の規制が，人権に対する制約ということであれば，その方法も法律によらなければならない。法律による規制は，任意的規制とは異なり，一方で行為を制約することになるが，他方で，規制範囲内の行為についてはそれを正当化し，促進することになる。臓器移植法が，内容的には妥協の産物といわれつつも，成立を急いだ背景には，移植を行う医師の側からの，このような法律による正当化の求めがあったことにもその一因がある。

（3）害悪の発生と救済

　科学技術によってもたらされる害悪は，原子力施設における事故や，大気汚染・水質汚濁のような公害にみられるように，非常に大規模，広範囲にわたるものがあり，水俣病のような公害病にみられるように，予測のつかない危険であることが多く，さらには，オゾン層の破壊，バイオ技術による新品種の登場のように一度発生すると元の状態に戻ることのない不可逆性のものもある。また，薬害などのように永い間に徐々に蓄積あるいは変異により発生し，すぐに発現しないものもある。

　科学技術は，一般人にとっては，非常に高度な知識，理解力を必要とするものが多い。このような科学技術により何らかの被害が発生した場合，被害者がその科学技術と被害との間の因果関係を立証することはほぼ不可能であろう。したがって，PL法の制定にみられるような法政策上の対応が必要とされる。また，このような被害についての責任が問われる裁判において，従来どおりの立証責任の考えを貫徹することは，問題の解決の妨げとなるであろう。立証責任の緩和や転換が必要となろう。このことは，民事・行政裁判に限らず，検察官が立証責任を負う刑事裁判においても考慮されなければならない。

　一般的に，科学技術によりもたらされる問題は，何が起こるか，どのように起こるか，いつ起こるかといったことの予測が十分にできるわけではない。そこで，立証責任に限らず，実体上，訴訟手続上の諸要件の再検討も考慮さ

れなければならない。

（４）成果の保護

　科学技術の成果は，知的財産権（無体財産権）として，保護される。それは，具体的には，工業所有権の１つである特許権・実用新案権のような形で保護されてきた。科学技術の成果は，特許権・実用新案権と認められることにより，その業としての実施に際し，独占的・排他的権利が認められることにより保護されてきた。しかし，最近のバイオテクノロジーの法的保護に関しては，新たな問題も生じている。

　バイオテクノロジーには，遺伝子組み替えや細胞融合などのニュー・バイオテクノロジーだけでなく，従来からの，突然変異や交配のような生命現象を利用した生物学的技術であるオールド・バイオテクノロジーがある。ある植物の新品種が生み出された場合，その新品種の保護の点で，新品種を生み出すために用いられた技術が，オールド・バイオテクノロジーかニュー・バイオテクノロジーかによって，保護される方法が異なる。すなわち，このような新品種が，オールド・バイオテクノロジーの成果である場合，伝統的な植物の育種方法により作り出された植物の品種の保護を目的とする，種苗法により保護される。しかし，ニュー・バイオテクノロジーを用いた場合，その成果が単に新しい生物の品種として保護されるだけでなく，その技術も保護される必要がある。なぜなら，植物の新品種については，これまで，自然界で発見されることはあっても，これを発明するという観点はなく，種苗法も植物の本来もっていない機能を付与するニュー・バイオテクノロジーによる場合については想定していなかったからである。しかも，このような技術は，医薬品などの場合と同様に，その開発までに莫大な労力や投資を必要とするにもかかわらず，非常に簡単に模倣されるからである。そこで，種苗法だけでなく，特許法などにより工業所有権の１つとして保護する必要性も生じている。もっとも，最近では，人の遺伝子の解読とその利用に関し，問題も生じてきている。遺伝子の解読等は，新薬の開発などに巨大な利益を生み出す可能性を秘めている。そこで，これを先を争って特許登記しようとする

傾向がある。そして，このことによって遺伝子を研究しようとするならば，何らかの特許に抵触する可能性が増大し，研究の障害ともなりつつある。そこで，遺伝子の構造は，単に構造だけでは特許の対象とならず，その遺伝子の機能が解明されて初めて特許の対象となる。また，遺伝子については，人類の知的遺産としようとする考えも主張されてきている。

第3節　環境と法

1．国際環境法

　大量生産，大量消費，大量汚染等によって引き起こされた環境問題は人間の健康への影響だけにとどまらず，生態系・気候系の破壊といった深刻な事態を引き起こしている。わが国でも東日本大震災の後でおきた福島原発の深刻な問題が，人間の健康の問題だけでなく，今後のエネルギー政策の問題まで引き起こしている。こうした地球環境の保護にはすべての国の共通認識と共同歩調を必要とするが，当初，「環境保護」は途上国の「開発」と対抗関係にあるとされていた。

　1972年の国連人間環境会議で採択された「人間環境宣言」（ストックホルム宣言）で，この構図が改めて鮮明にされ，環境と開発の対立を調整するために合理的な計画の策定が不可欠であるとされた。そこで，この会議以降，環境と開発の対立を止揚し，統合する原理が模索されるようになり，80年代に提唱されたのが「持続可能な開発」概念である。「持続可能な開発」とは，「将来の世代が自己の需要を満たす能力を損なうことなく現代の世代の需要を満たす開発」である。この概念は1992年の国連開発会議において取り入れられ，環境保護に関する諸原則を定めた「環境と開発に関するリオ宣言」と「アジェンダ21——持続可能な開発のための行動計画」が採択され，気候変動枠組条約と生物多様性条約の署名に開放された。現在，海洋，大気，国際水路，生物種の保護からオゾン層保護，地球温暖化防止など地球環境の保護までを含めた国際環境法と呼ばれる国際法領域が形成されている。

国際環境法の重点は損害発生後の事後救済から環境自体の保全へと移ってきており，環境保全義務は国家の普遍的な義務としての性格を強めている。

２．環境保護に関する一般法原則

（１）領域管理責任原則

国際環境法の発展は，国境を越える隣国の環境損害の防止という形ではじまった。カナダの熔鉱所の亜硫酸ガスによるアメリカ側への被害を取り扱ったトレイル事件において1941年に仲裁裁判所は「いかなる国も，重大な結果をもたらし，また明白で確かな証拠によって立証される時は，他国の領域ないし，その領域内の財産・人に対して煤煙による被害を引き起こすような方法で自国の領土を使用し，もしくは使用を許容する権利を有しない」とした。このような考え方を領域管理責任原則という。

（２）環境損害防止原則

1972年のストックホルム宣言は資源開発に関する各国の主権的権利を確認しつつ，国家は「自国の管轄内又は管理下の活動が他国の環境又は自国の管轄の範囲外の地域（国際公域）の環境に損害を与えないように確保する責任を負う」（原則21）とし，1992年のリオ宣言もこれを再確認している（原則２）。ここでは「環境」そのものを保護法益としている。国際司法裁判所によれば，「環境とは抽象的概念ではなく，生活空間，生活の質および将来の世代を含む人類の健康を示す」ものである。これらの宣言は環境の保護に関する独自の原則である環境損害防止原則を確認するものであり，多くの条約に受け継がれている。

環境損害防止原則に基づく国の責任については，厳格責任説（客観的な環境損害の発生という事実をもって国の責任が成立する）と相当な注意義務責任説（損害の発生の防止に適当な措置を採ることを怠った時に初めて責任が生じる）があるが，後者が通説である。

（３）手続制度の発展

国家は自国の資源の開発に主権的権利を有すると同時に，その活動による

越境損害の発生を防止する義務を負う。この義務の効果的遂行のために国家の①事前通報と②事前協議，そして③緊急時の通報義務という手続的規則が発展してきた。

　①事前通報とは，開発事業が他国の開発に相当の影響を与えることが予測される時に，その事業計画を潜在的影響国に事前に通報することである。1974年のOECDの越境汚染原則に関する理事会勧告は，環境リスクを伴う事業計画については影響を受ける国への早期の情報提供と，当事国から要請がある時は協議を行う義務があることを確認した。今日ではこの事前通報と協議は慣習国際法上の国家の義務とされている。

　②事前通報に続いて潜在的影響国の要請に基づいて，環境リスクを最小にするため事前協議が行われる。仲裁判決においても，事業国は事業の実施について唯一の判定者であるが，信義誠実の原則に従い，他の国の利益に考慮を払い，それとの調和を確保するための真摯な配慮を払う義務があるとされた（ラヌー湖事件〔1957年〕）。

　こうした通報と協議が今日一般国際法上の義務として受容されている。この義務について，OECDの勧告は「越境汚染の相当の危険があるとき」としている。

　③事故等による重大な越境損害の危険が発生した時，領域国はこれを速やかに被害影響国に通報しなければならない。このような緊急時の通報義務は被害の最小化のため今日では越境汚染の危険についても適用があるものとされている。チェルノブイリ事故を旧ソ連が認めたのが事故発生後3日目であり，詳細な情報の発表がなかったので多くの批判を招いた。国際原子力機関は同年原子力事故早期通報条約および原子力事故援助条約を採択した。

3．環境損害責任の強化

（1）汚染者負担原則

　環境汚染の防止に要する費用は原則として汚染者が負担すべきであるとする汚染者負担原則が1974年にOECDによって提唱されて以来国際的原則と

して広く受け入れられるに至った。この原則によって，①経済学的観点から産品の生産者が環境コストの削減のため環境損害の防止と資源の有効利用に努めることが期待され，②各国の環境政策の差異が産品の市場競争に悪影響を与えないようにされる。

（2）環境責任強化の条約レジーム

　過失責任主義は近代私法の大原則であるが，近時，危険を伴う企業活動が引き起こす損害に対して無過失責任主義を導入する傾向が各国にみられる。こうした企業活動の事故は深刻で甚大な損害をもたらすおそれがあること，被害者による過失の立証が困難なこと，また責任の厳格化が汚染事故の防止に有効であることなどがその理由である。無過失責任を義務づける条約は責任主体の位置づけと国家の関与の仕方の違いにより，①民事型責任，②国家補完型責任，③国家専属型責任の3つの形態に分けることができる。

　①民事型責任は，汚染を引き起こす施設の管理運営者に汚染損害の無過失責任を負わせるものである。1969年の油濁民事責任条約は，船舶の油濁汚染について船舶の所有者が無過失責任を負うべきものとしたが，汚染が戦争，内乱によって生じた場合，あるいは第三者の意図的作為又は不作為によって生じたことを証明した場合は責を免れる。他方，本条約は賠償責任の限度額を定めると同時に，その限度額において保険加入等による金銭上の補償を維持すべきとした。なお，この本条約により賠償が免除されるか，あるいは責任限度額を超える賠償が発生したときに備え，1971年に油濁補償国際基金条約が作られた。

　②1960年にOECDが採択した「原子力分野における第三者に対する責任条約」（パリ条約）は，国境を越える原子力事故損害に対する原子力事業者の無過失責任，事業者の責任，賠償責任限度額の設定等を定めたが，これを補正する1963年のブリュッセル補足条約は，事業者の限度額を超える損害の一定額まで，締約国が補完すべきものとした。原子力事故損害が巨額に及ぶ可能性があるので，事業の許可者である国を介在させたのである。しかし，責任主体は事業者であって，国家は補償の補完を図るにとどまる。なお1963年に

国際原子力機構はパリ条約と基本制度を同じくする「原子力損害の民事責任に関するウィーン条約」を採択した。パリ条約が先進国を対象としているのに対し，ウィーン条約は途上国を主体としている。1988年には両条約を結びつける共同議定書が作られた。

　③国家専属型責任は民間組織が行う活動でも，損害の責任はこれを許可した国に専属させる責任形態である。宇宙条約および宇宙損害賠償責任条約は，宇宙活動による他国への損害の責任を国家に集中させるとともに，その活動が地表に引き起こした損害と飛行中の航空機に与えた損害には無過失賠償責任を負うものとした（ただし宇宙空間での他国の宇宙物体に対する損害は過失責任が適用される）。

4．地球環境の保護

　環境損害防止原則や事前通報・事前協議の制度は越境汚染に対しては有効に機能するが，地球規模の環境保護には必ずしも効果的でない。例えば地球の温暖化やオゾン層の破壊のような地球環境の損害は，すべての国が加害国であると同時に被害国であり，その環境破壊の原因活動の特定も困難である。したがってこれに効果的に対処するために1985年のオゾン層保護ウィーン条約，1992年の気候変動枠組条約，生物多様性条約，1994年の砂漠化対処条約，海洋投棄規制条約など分野ごとの個別条約が作られている。これらの条約やEC条約やWTO協定等の条約には「持続可能な開発」や基本原則が織り込まれている。

（1）持続可能な開発概念の展開

　1992年のリオ宣言は「持続可能な開発を達成するため，環境の保護は開発過程の不可分の一部をなし，それから分離して考えることはできない」として環境の保護と開発との統合を改めて強調した。他方本条約はこの原則とともに，開発における「世代間衡平」の原則，環境の保護における「共通だが差異ある責任」「予防的アプローチ」，「貧困の根絶」や環境問題の「市民参加型意思決定手続」などを取り込んでいる。

「世代間衡平」の原則とは，環境の保護と開発において現代の世代は将来の世代に責任を負うとするものである。「予防的アプローチ」は，重大又は回復不能な環境損害のおそれがある時は，たとえその科学的因果関係が確証されなくても，そのための予防措置を講じなければならないとするものである。「共通だが差異ある責任の原則」は途上国と先進国は環境の保護に共通の責任を負うものの負うべき責任の度合いが異なるとするものである。その背景には，これまで環境を犠牲にして経済発展を遂げた先進国はより多くの責任を負うべきであり，環境破壊の防止には相応の財政的負担と科学技術を要するとの考慮がある。これらの義務の差異化は基本原則である国家平等原則の例外をなす特別の制度である。

　国際法協会が2002年に採択した「持続可能な開発に関する国際法原則のニュー・デリー宣言」では，さらに「天然資源の持続的利用の確保義務」「グッド・ガバナンスの原則」「人権と社会的・経済的・環境上の目標との統合の原則」が取り入れられている。

　1995年の社会開発に関するコペンハーゲン宣言および2002年の世界サミットで採択された「持続可能な開発に関するヨハネスブルク宣言」においても概念の拡大傾向が見られるが，後者の宣言はリオ宣言に基づく持続可能な開発概念を再確認しつつ，貧困の根絶，消費・生産様式の変更および経済的・社会的開発を基礎とする天然資源の保護および管理が「持続可能な開発の主要な目的であり，且つ本質的な要件である」とする。これに対する取組みとして，衛生・健康管理・人的資源の開発，飢餓・人身売買・テロ等への対応，男女平等・女性の解放，民間部門の責任の強化等多様な対象をあげている。本条約は持続可能な開発の柱として「経済開発，社会開発および環境保護」の3点を明記している。

　（2）地球環境保護の条約レジーム

　環境保護の具体的施策の実施には，技術の発展，財政・立法措置の手当など，資金・時間・労力を必要とすると同時に，時代の状況に応じて柔軟に対処することが求められる。そこで，環境保護の基本体制や基本原則を定める

枠組条約をまず先行させ，具体的な規制基準や実施手続は後の議定書に委ねる方法が広く採用されている。長距離越境大気汚染条約（1979年）と硫黄化合物議定書（1985年，1994年），オゾン層保護ウィーン条約（1985年）とモントリオール議定書（1987年，その改正），気候変動枠組条約（1992年）と京都議定書（1997年），生物多様性条約（1992年）とカルタヘナ議定書（2000年）等である。

　枠組条約と議定書は目的の追求においては一体化しているものの法的には独立した関係にある。議定書は枠組条約の締約国によって作成・採択されるので，議定書の締約国は条約の締約国であることを前提とするが，条約の締約国は議定書への加入を義務づけられない。他方，この方式は環境保護の進展状況を勘案しながら，本体条約の基本制度に手を入れることなく議定書の細目基準等の改正・新設によって柔軟に対処しうる利点を持つ。

　環境条約の履行確保の方法には次の3つがあげられる。①国家報告・審査制度，②紛争解決手続，③遵守手続である。①は，条約実施のために採った国内措置等を報告させ，それを締約国会議やその他の条約実施機関において審査・検討する制度であり，この手法は人権条約において広く採用されている。②は当該条約をめぐる紛争について国際裁判を含む解決手続に訴えるもので，条約中にその手続が認められる。③はとくに環境関係議定書の遵守が困難となった締約国に対し遵守の促進を図る制度で，環境条約に特有の制度である。

　条約義務の不履行・不遵守は一般に国際違法行為を構成し，国家責任追及の対象となるが，環境関係議定書の遵守手続はこのような場合，直ちに責任追及の手続をとるのではなく，議定書の実施期間が当該不履行国との協議や支援を進めつつ遵守の促進を図る手続である。例えば，京都議定書の「遵守手続およびメカニズム」（2001年採択）は，遵守委員会の中に遵守促進部と強制部を設け，遵守促進部は遵守のための助言，財政・技術的支援，勧告を行い，強制部は不遵守の宣言，遵守計画の作成の指示とその監視，特定の制度上の資格停止等を行う。紛争解決手続は一般に違反国の法的責任の追及，被害国の法益の回復という形を取るのに対し，遵守手続を取るのは，環境条約にお

いては被害者・加害者の特定が困難であること，事後的責任追及のみでは環境の保護に十全ではないこと，不履行等が財政的，技術的能力の欠乏に起因することがあることなどがあげられる。

（3）条約レジームの具体例——地球温暖化の防止

　大気中の温室効果ガスの濃度が上がると地球の温暖化現象が進行し，それが気候の変動を生じさせる。とくに二酸化炭素の排出量の急増は深刻な状況を引き起こしている。1992年の気候変動枠組条約は「気候系に対して危険な人為的干渉を及ぼすこととならない水準において大気中の温室効果ガスの濃度を安定化させる」ことを目的として採択されたものである。この目的の実現のための指針として，世代間衡平の原則，共通だが差異ある責任，予防アプローチ，持続可能な発展などの諸原則を踏まえるものとした。「温室効果ガスの人為的な排出を抑制」は附属書Ⅰ国（条約採択時のOECD加盟国とロシア・東欧諸国）が負うものとされた。また附属書Ⅱ国（条約採択時のOECD加盟国）はこれに加えて，資金の供与，技術移転の促進等の負担を負う。締約国会議（COP）は条約の実施状況に照らして条約上の義務や制度的措置の定期的検討をすすめるものとし，附属書Ⅰ国が負う排出の削減抑制等の妥当性についても随時検討すべきとした。

　枠組条約は制度の基本枠組みにとどまり，排出ガスの具体的削減数値や実施上の個別メカニズム等の策定は1997年に策定された京都議定書に委ねられた。議定書には2つの特色があり，1つは規制対象ガスを特定化しつつ，削減・抑制のための具体的数値目標を定めたことである。1990年を基準年として，この年の水準より全体で少なくとも5％削減することとし，削減の割当量を国別に決定したことである。2つ目は京都メカニズムと呼ばれる柔軟性を持たせた実施方策を設けたことである。共同実施，クリーン開発メカニズム，排出量取引制度である。共同実施とは，排出削減プロジェクトを複数の国が共同で行い，当該プロジェクトの実施国に投資した国がそれによる削減量の一部を自国に移転することを認めるもので，附属書Ⅰ国の間でのみ認められる。クリーン開発メカニズムは，共同実施の対途上国版で，附属書Ⅰ国

が途上国の持続可能な開発を支援する目的で当該国の削減プロジェクトに協力する時は，当該途上国はこの「事業活動から利益を得る」一方，その削減分を自国の削減目標数値の履行に利用できるという制度である。排出権取引は，附属書Ⅰ国の相互間で排出量を売買する制度で，割当排出量以内に押さえることができる場合にその余剰分を売買の対象としうるものである。これらのメカニズムは，総排出量の限界を維持しつつ経済的手法の導入によって削減の促進を図ろうとするものである。

（４）環境と貿易

環境保護の規制と自由貿易体制の調和が国際的な検討課題となっている。1つは対抗関係論であり，例えば木材貿易の増大による，熱帯雨林の破壊，気候・生物多様性への影響が示すように自由貿易体制は資源の枯渇や自然破壊を不可避的に促進するとみる。他の1つは相互扶助論であり，自由貿易が資源の効率的な利用を促進することによって非効率的な生産活動に伴う環境破壊を減少させる一方，適切な環境対策が貿易の発展に必要な資源の確保に資するという見方である。地球サミット（1992年）の「アジェンダ21」は環境保護と貿易政策は「相互扶助的であるべきである」とした。

環境条約の中には，一定の物質・物品の輸出入を禁止する絶滅危惧種の国際取引に関するワシントン条約，有害廃棄物の越境異動規制に関するバーゼル条約，オゾン層破壊物質に関するモントリオール議定書，バイオセイフティに関するカルタヘナ議定書などがある。他方，このような貿易制限措置は自由貿易の原則を定めるGATT（関税と貿易に関する一般協定）と抵触する。GATTには一般例外規定に「人，動物又は植物の生命又は健康の保護のために必要な措置」と「有限天然資源の保護に関する措置」があるだけである。

GATTの自由貿易体制の創設は1947年に遡り，1995年のWTOに引き継がれた。地球環境条約はGATTよりはるかに後である。その解決方法には，事前解決方式と事後調整方式とがある。前者は，環境保護のための条約の制限をGATT/WTO法の一般的な例外や対象条約を地球規模の環境問題に対処する多数国間環境協定に明示することである。後者は，問題の発生に伴って締

約国の共同行動によって解決を図るもので GATT 25 条 5 項の義務の免除条項を適用することであるが，その決定には締約国の 3 分の 2 の多数を要する。

　環境と貿易との問題は GATT/WTO の紛争解決手続の下で処理されてきた。しかしここで適用される法は WTO 法であり，紛争の処理に当たる委員も WTO 法の番人であっても国際法全体の守護者ではなく，環境法の適用は彼らの権限外にある。多くの地球環境条約がそれに関する紛争を国際仲裁裁判所ないし国際司法裁判所に付託する道を開いているが，このような公正中立な機関による判断が必要であると思われる。

第 4 節　女性と法

1．人権保障機関としての国際連合

　1776 年のヴァージニア権利章典，アメリカ独立宣言や 1789 年のフランス人権宣言において，人は生まれながらにして自由・平等であるとする基本的人権が宣言され，各国で基本的人権を保障する憲法が制定された。しかし，そこで保障されたのは一部の男性の権利であり，女性は男性から保護されるものとして，権利は保障されなかった。また第 2 次世界大戦前は，内政不干渉の原則が適用されたため，国際社会の共通の関心事として人権問題が取り扱われることはなく，人権問題は一般に国内における問題とされた。

　各国憲法が基本的人権を保障していながら，第 2 次世界大戦中に人権侵害や大量殺戮が行われたことから，人権保障を各国の主権事項とするのではなく，国際社会の共通の関心事として，国際法の規制の下におく必要性が認識されるようになった (国際人権保障)。

　国際的な人権保障および女性の人権保障の推進力となったのが，国際連合である。国際連合は，世界人権宣言，国際人権規約などの一般的な人権条約を採択するだけでなく，難民条約，人種差別撤廃条約や子どもの権利条約といった個別的人権条約を採択して国際人権保障を推進してきた。また，男女平等の実現のために，女性差別撤廃宣言などの採択，国際婦人年および国際

婦人の十年の設定，世界女性会議の開催などを行ってきた。これらの活動が男女平等についての国際世論を高め，1979年の女性差別撤廃条約の採択と多数の国の条約の批准（2016年2月現在，署名国は99ヵ国，締約国は189ヵ国。アメリカは1980年7月に署名したのみで，現在も批准していない）や1995年の世界女性会議（北京）や2000年（ミレニアム）会議の成功をもたらした。1993年には女性に対する暴力撤廃宣言，1999年には女性差別撤廃条約選択議定書（2016年2月現在締約国106ヵ国であるが，日本は批准していない）も採択された。

2．女性の権利と国際的潮流

　国際連合による女性の権利保障は，一般的な国際文書の中で差別禁止の一事由として「性」を規定した第1期，法的平等の保障だけでなく，事実上の平等保障の必要性を強調した第2期，さらに，事実上の平等の達成には意識の改革が必要であるとして，女性差別撤廃条約を採択し，具体的な戦略や行動綱領を作ってさまざまな活動を行った第3期に分けられる。

　（1）基準の設定と法制度の整備（第1期）

　国際連合の加盟国がほとんど先進国であったことから，初期の活動は欧米の婦人運動と連携し，男女同権をめざし，基準の設定や法制度の整備に重点がおかれた。国連憲章，世界人権宣言，国際人権規約などの国際文書の採択・発効により，各国憲法に男女平等が規定され，婦人の参政権に関する条約により女性参政権が世界各地で保障された。

　1）国連憲章（1945年）

　国連憲章は，前文で，「基本的人権と人間の尊厳及び価値」と「男女及び大小各国の同権」を確認する。そして，国際連合の目的を，国際平和および安全を維持することだけでなく，差別なく，すべての者のために人権および基本的自由を尊重するように助長・奨励することについて国際協力を達成すること，またこれらの共通の目的の達成に当たって諸国の行動を調和するための中心となること（1条）であるとする。また，国際連合は，差別なく，すべての者のための人権および基本的人権の普遍的な尊重・遵守を促進しなけれ

ばならず（55条 c 項），すべての加盟国が協力的行動を義務づけられている（56条）。国連憲章では，「性」による差別が，「人種・言語・宗教」による差別と共に繰り返し禁止されている。国連の諸機関に参加する資格についても男女平等を定めている（8条）。

2）世界人権宣言（1948年）

国連憲章では基本的人権の内容を明らかにしていなかったので，1948年に具体的な権利保障を宣言する世界人権宣言が作られた。世界人権宣言は，初めての人権一般を保障する国際文書である。前文で，「人類社会のすべての構成員の固有の尊厳と平等で譲ることのできない権利とを承認することは，世界における自由，正義及び平和の基礎である」として，国連憲章の信念を再確認し，平和の維持と人権保障を密接に関連させた。そして，1条で「すべての人間は，生れながらにして自由であり，かつ，尊厳と権利について平等である」と規定し，2条1項で，人種，皮膚の色，宗教などと並んで「性」による差別を禁じ，すべての人がこの宣言に掲げるすべての権利と自由とを享有することができるとする。さらに7条でも平等権を保障し，16条で婚姻に関する平等な権利を規定する。世界人権宣言は，あらゆる人権について規定し，国際法上，法としての拘束力が認められていないものの，世界の共通の基準として国々や人々に大きな影響を与えた。

3）女性の政治的権利に関する条約（1952年）

国際連合が結成されたときの51の加盟国のうち，女性に参政権を認めていたのは30ヵ国に過ぎなかった。そこで，「女性に対して，完全な市民としての地位を保障することは，女性を社会の平等な参加者として受け入れる第一歩である」として女性の政治的権利に関する条約が採択された。条約は前文と11ヵ条からなり，1条で投票権の平等，2条で被選挙権の平等，3条で公的機能を行使する権利の平等などを規定している。本条約は，男女の平等を推進する国連憲章の原則を適用し，国家に国民の政治的権利の保障について義務を負わせた最初の条約である。この条約により，女性の参政権が各国で認められた。

４）国際人権規約（1966年）

　世界人権宣言が法的拘束力をもっていなかったので，法的拘束力のある人権条約として採択されたのが国際人権規約である。国際人権規約は，経済的・社会的及び文化的権利に関する国際規約（社会権規約，Ａ規約），市民的及び政治的権利に関する国際規約（自由権規約，Ｂ規約）および自由権規約の第１選択議定書の３つの独立した条約から構成され，２つの規約であらゆる人権を規定する。Ａ規約・Ｂ規約には35ヵ国の批准・加入が必要とされていたのでＡ規約は1976年１月３日に，Ｂ規約は1976年３月23日に発効した。Ａ規約２条２項，Ｂ規約２条１項は平等条項で，いずれも差別禁止事由の中に「性」を挙げている。また，両規約の３条は締約国がこの規約に定めるすべての権利を男女に平等に保障すべきことを定めている。労働条件・配偶者の権利などにおける男女平等や出産保護も規定する。Ｂ規約は報告制度と調停制度をもち，第１選択議定書の当事国の個人からの通報も認める。これに対してＡ規約は報告制度を定めているが，漸進的に導入することが求められているに過ぎない。日本は，1979年に両規約を批准したが，司法権の独立に反するとして第１選択議定書を批准していないので，個人が直接人権救済を国際機関に求めることはできない。

　なお1989年に第２選択議定書として死刑廃止条約ができたが，日本はこれも世論が反対しているとして批准していない。

（２）形式的平等から事実上の平等へ（第２期）

　女性の権利保障について国際的な世論が高まる一方で，依然として，事実上の女性差別が存在することから，女性の権利保障の重要性が見直されるようになった。女性差別撤廃宣言（1967年）が採択され，女性の権利の国際的な保障の必要性が強調された。

　この宣言は，前文で，さまざまな包括的な差別を禁止する国際文書が採択されてきたにもかかわらず，女性差別が依然として存在することを憂慮し，１条で，「女性に対する差別は，根本的に不正であり，人間の尊厳に対する侵犯である」として，人種差別撤廃条約と同じ表現を用い，差別撤廃の必要性

を訴えている。2条では，差別的な法律のみならず，習慣・慣行を廃止し，男女平等を法的に保護するためあらゆる適切な措置をとること，3条では，習慣・慣行における差別の廃止に向けて世論を育成することを規定して，事実上の平等を実現しようとする。1968年には各国が女性差別撤廃宣言の実施状況を報告することが制度化された。

（3）女性差別撤廃条約と行動計画（第3期）

国際連合は1975年を「国際婦人年」，その後の10年間を「国連婦人の十年」とし，女性の地位向上のための活動を展開した。「国際婦人年」のテーマは「平等，開発，平和」とされ，その後開催された国連主催の4つの世界女性会議の際にNGOフォーラムが同時開催され，世界で女性の地位向上のために活動している人々に大きなインパクトを与えた。また，男女平等実現のためのバイブルともいうべき女性差別撤廃条約が1979年に採択された。

1）世界女性会議

1975年の「国際婦人年」にメキシコで開催された世界女性会議には133ヵ国から8,000人が集まり，メキシコ宣言と219項目にわたる「世界行動計画」が採択された。「世界行動計画」では，「男女平等の達成とは，両性がその才能及び能力を，自己の充実と，社会全体のために発展させうる権利，機会，責任を持つことを意味する」として，男女平等に関する新しい定義づけをし，男女の役割分担の再検討を要請した（行動計画序章16）。国連総会はこれを支持し，「国連婦人の十年」を設定して，女性の地位を向上させる活動の期間とした。

1980年のコペンハーゲンでの世界女性会議には145ヵ国から9,300人が集まり，女性差別撤廃条約の署名式が行われて日本を含む64ヵ国が署名した。また，雇用，保健，教育に重点をおいた「国連婦人の十年後半期の行動計画」が採択された。

1985年のナイロビでの世界女性会議には157ヵ国から2万1千人が集まり，西暦2000年までの女性の地位向上のための具体的方策を示す「ナイロビ将来戦略」（372項目）が採択された。これは序章と全5章からなり，平等，発展，平和について，目標達成の障害を取り除くための基本戦略や国内でとるべき

措置について詳細に言及している。

　1995年の北京での世界女性会議には189ヵ国から４万９千人が参加した。北京宣言と北京行動綱領が採択され，北京宣言では改めて「女性の権利は人権である」と宣言され，行動綱領は，女性のエンパワーメントのアジェンダとして12の重大問題領域の行動計画（361項目）を策定している。そして，各国に経済，政治などあらゆる分野で女性が力を発揮するために積極的な平等施策をとるよう要請している。

　2000年には，ニューヨークで，国連特別総会「女性2000年会議—21世紀に向けての男女平等・開発・平和」が開催され，北京宣言および行動綱領の実施状況の検討・評価およびその完全実施に向けた今後の戦略が協議された。北京会議で定められた行動綱領の見直しは５年毎にニューヨークでCSW（女性の地位委員会）が中心となって行われていて，毎回新しい決議も出されている。

　２）女性差別撤廃条約（1979年）

　1972年に女性の地位委員会は，男女平等を実現するためには，現在の条約では不十分であり，国際連合が新たに男女平等に関する包括的条約を採択することが望ましいと決議した。それから，６年をかけて，各国の意見を求め，女性の地位委員会や第三委員会の作業部会で草案が検討され，女性差別撤廃条約が1979年の国連総会で，賛成130，反対0，棄権10で採択された。

　女性差別撤廃条約は，前文15パラグラフ，本文６部30ヵ条からなる。条約は，①包括的，網羅的に，あらゆる形態の女性に対する差別の撤廃をめざし，②国および公的機関による性差別の撤廃（２条d号）のみならず，個人，団体・企業による性差別の撤廃（２条e号）や，③法律や規則における性差別だけでなく，慣習・慣行による性差別の修正・廃止（２条f号）を締約国に求めている。また，④女性保護は差別を招くおそれがあるので，妊娠・出産，母性以外の一般的な労働条件における保護を見直すべきであるとする（11条）。育児についても子を産むのは女性の役割であるが，育児は両親の共同責任とする（16条）。さらに，⑤男女の役割分担についての偏見，慣習，慣行を撤廃するためには，男女の社会的・文化的な行動様式の修正（５条a号）が不可欠であると

し，実質的な男女平等の実現のために，暫定的な特別措置をとることも差別でない（4条）とする。⑥締約国には，条約の実現のためにとった措置や現状についての報告が義務づけられ（18条），女性差別撤廃委員会が，毎年3回，各国のレポートを審議し，提案や勧告をしている。

　また，1993年には世界における女性に対する暴力の実態がだんだん明らかになってきたため，女性に対する暴力撤廃宣言が採択された。女性差別撤廃条約には暴力に関する規定はないが，勧告19が女性に対する暴力を撤廃するよう求めている。

　さらに，1994年の世界人口・開発会議（カイロ会議）などでは，女性のリプロダクティブ・ヘルス／ライツを認めるべきであるという意見も出され，それ以降のフォーラムにも引き継がれている。

3．日本における男女平等

（1）憲法14条1項の「性別」による差別の禁止

　憲法14条1項は，前段で平等原則を定め，後段で「性別」による差別の禁止を明示しているが，女性差別は依然として存在している。社会において，性差別が容認される原因として①男女特性論や男女役割分担論が未だに社会に根強くあること，②「性別」による差別禁止を明示しているのにもかかわらず，それが単なる例示として解釈されていること，③憲法の平等についての解釈（相対的平等）が，事実上の差異に基づく合理的差別を，広く認める傾向にあること，④憲法の私人間への人権規定の適用については，間接適用説が通説であり，私的自治を広く認め，企業の差別的な慣行を許容する傾向が見られることなどが指摘される。しかし，④については，裁判所が，民法90条の「公序」の中に男女平等を読み込んで適用してきたため，極端な性差別は無効とされ，女性労働における地位の向上につながった。③については，男女役割分担意識が依然として根強いことから，合理的差別を広く認める傾向にあるが，女性差別撤廃条約を批准した現在，保護は妊娠・出産・母性に限定されるべきであり，広く合理的差別を認めるべきではない。女性の権利保障をめぐる国

際的な潮流も考慮して，憲法の解釈や社会の意識を変えていく必要がある。

（2）日本における男女平等の法と施策

日本は，1956年に国連加盟を承認された。近年の社会の構造的変化，女性の高学歴化と職場進出に伴い，男女平等への意識も強くなっているが，未だに男女の役割分担意識が根強くある。政府は，1975年の国際婦人年に「婦人問題企画推進本部」を設置し，これにより「婦人問題企画推進会議」，「総理府婦人問題担当室」を発足させた。同年には，衆参本会議で，婦人の社会的地位の向上を図る決議が採択された。また，1977年に「国内行動計画」が，1980年には「国内行動計画後期重点目標」が策定された。

日本は，1980年のコペンハーゲンの世界女性会議で女性差別撤廃条約の署名をしたが，①国籍法が父系優先主義を採用していたこと，②労働基準法には，同一労働同一賃金原則以外に労働条件について男女平等の規定がなかったこと，③学習指導要領が「家庭一般」を女子のみ必修としていたことから，批准するまでには時間がかかった。1984年に国籍法が改正され，父母両系主義が採られ，学習指導要領が家庭一般を選択制とし（1994年から男女とも必修になった），1985年4月に男女雇用機会均等法が成立して，ようやく1985年6月24日に女性差別撤廃条約は国会で承認され，批准された。しかし，男女雇用機会均等法は，女性のみの募集を認め，募集，採用，配置，昇進を努力義務とし，調停開始の要件にも企業の同意を必要としていたため，あまり効果的に機能しなかったが，女性の総合職の採用なども始まり，女性の社会進出や地位向上の契機となった。

1987年には「西暦2000年に向けての新国内行動計画」が策定され，1991年の第一次改定で，男女平等の理念に基づき21世紀の目標を「男女共同参画型社会の形成」におき，その基本目標として，男女平等をめぐる意識改革と，固定的な性別役割分担の是正を挙げた。1991年には育児休業法が制定された。1996年には北京会議の成果を踏まえこれらの概念を新たに織り込んだ「男女共同参画2000年プラン」を策定した。

1997年6月には男女雇用均等法が改正され（1999年4月施行），女子のみの

募集を禁じ，募集・採用・配置・昇進についての差別が禁止（5条・6条・7条）され，規定違反の事業主が労働大臣の勧告に従わなかったときには企業名が公表されることになった（26条）。また調停も当事者の一方の申請により，室長が必要と認めたときに開始されることになり（13条），セクシュアル・ハラスメントに対する配慮義務も規定された（21条）。また，不十分ながらポジティブ・アクションについての規定もされた（9条・20条）。それと同時に，労働基準法の労働時間，休日，深夜業についての女性の保護規定は削除された。女性保護は差別につながるからなくすべきではあるが，企業戦士である男性並みに女性に労働させようとする企業の意図も見受けられる。男女共通の質の高い労働条件（ディーセント・ワーク）の策定が必要とされる。

さらに1999年には男女共同参画社会基本法が制定され，2000年に同法に基づく男女共同参画基本計画が策定された。男女共同参画社会基本法は，基本理念として，①男女の人権の尊重，②社会における制度または慣行についての配慮，③政策等の立案および決定への共同参画，④家庭生活における活動と他の活動との両立，⑤国際的協調を掲げ，国と地方公共団体は男女共同参画社会の形成の促進に関する施策を策定・実施すること，国民は男女共同参画社会の形成に寄与するよう努めることがそれぞれの責務として明文化されている。同法により，各地で男女共同参画推進条例等が作られた。なお，2010年12月には第3次男女共同参画基本計画が作られた。

女性の暴力については，2000年にストーカー規制法が，2001年にDV法が制定され，3年毎にDV法の見直しが行われることになっている。ストーカーとは反復してつきまといなどを行うことをいい，それに対しては警察署長の警告，公安委員会の禁止命令等を出すことができる。ストーカー行為をした者は6ヵ月以下の懲役または50万円以下の罰金，禁止命令に反した場合は1年以下の懲役または100万円以下の罰金に処せられる。2007年改正DV法の主な内容は①配偶者からの暴力の定義の拡大（身体に対する暴力だけでなく心身に有害な影響を及ぼす言動を含む），②保護命令制度の拡充（元配偶者の申立て，被害者の子への接近禁止命令，退去命令の機関を2ヵ月間に拡大，再度の申立

てができる），③市町村による配偶者暴力相談支援センターの業務の実施，④被害者の自立支援の明確化，⑤警察本部長などによる援助，⑥苦情の適切かつ迅速な処理，⑥外国人，障害者等への対応である。保護命令に反した場合は1年以下の懲役または100万円以下の罰金に処せられる。また，2013年の改正DV法では，①DV法の適用される当事者の範囲が，婚姻関係にある配偶者や事実婚の内縁者の場合だけでなく，同棲する未婚の男女間における暴力（「デートDV」）についても保護の対象となった。②同居をやめた後も暴力が続く場合にはDV法の対象とし，被害の申立てを受けた裁判所が，加害者に対して接近禁止や退去命令を出せるようになった。

また，2007年4月1日からさらに改正された男女雇用機会均等法が施行されることになった。改正のポイントは，次のとおりである。①性別による差別禁止の拡大により，男性に対する差別も禁止されるようになった。また，禁止される差別が追加され，（降格，職種変更，雇用形態の変更など）間接差別も禁止された。その他，②妊娠・出産等を理由とする不利益取扱の禁止，③セクシュアル・ハラスメント対策を講ずること，④母性健康管理措置を講ずること，⑤ポジティブ・アクションの推進，⑥過料の創設が規定された。

（3）世界における日本の男女平等

2020年の国連開発計画の「人間開発報告書」によれば，日本は，①人間開発指数（平均寿命，教育水準，国民所得）では，189ヵ国中19位タイであるが，②ジェンダー不平等指数（リプロダクティブ・ヘルス，エンパワーメント，労働市場への参加の3つの側面における達成度の女性と男性の間の不平等を映し出す指標）では162ヵ国中24位，③ジェンダー開発指数（①より男女間格差を差し引く）では167ヵ国中59位タイまで後退する。その理由として，男性と比較して，女性の平均年収は69.3％（国税庁民間給与実態統計調査2019年分）にすぎず，女性の係長相当以上の管理職割合は15.4％，女性の国会議員割合は衆議院10.2％（2017年），参議院20.7％（2016年）である。なお，男女比率に比例してポストを割り当てる「割当制（Quota）」を採っている国が100ヵ国を超えることもあって，女性の国会議員割合は，ルワンダ61.3％（上院38.5％），キューバ53.2％，ボ

HDI, GII, GDI の上位ランキング（2019年）

順位	HDI（189ヵ国測定） （人間開発指数）	GII（162ヵ国測定） （ジェンダー不平等指数）	GDI（167ヵ国測定） （ジェンダー開発指数）
1	ノルウェー	スイス	ラトビア
2	アイルランド	デンマーク	リトアニア
3	スイス	スウェーデン	カタール
4	香港（SAR）	ベルギー	モンゴル
5	アイスランド	オランダ	パナマ
6	ドイツ	ノルウェー	エストニア
7	スウェーデン	フィンランド	ウルグアイ
8	オーストラリア	フランス	レソト
9	オランダ	アイスランド	モルドバ
10	デンマーク	スロベニア	ニカラグア
11	フィンランド	韓国	ベネズエラ
12	シンガポール	ルクセンブルク	バルバドス
13	英国	シンガポール	タイ
14	ベルギー	オーストリア	ベラルーシ
15	ニュージーランド	イタリア	ナミビア
16	カナダ	スペイン	フィリピン
17	米国	ポルトガル	ポーランド
18	オーストリア	アラブ首長国連邦	ロシア
19	イスラエル	カナダ	トリニダードトバゴ
20	**日本**	ドイツ	スロベニア
21	リヒテンシュタイン	キプロス	ウクライナ
22	スロベニア	エストニア	ブルンジ
23	韓国	アイルランド	ドミニカ共和国
24	ルクセンブルク	**日本**	ボツワナ
25	スペイン	オーストリア	ベトナム
26	フランス	イスラエル	エスワティニ
27	チェコ	モンテネグロ	ブルガリア
28	マルタ	ポーランド	ジャマイカ
29	エストニア	クロアチア	米国
30	イタリア	ギリシャ	アルゼンチン
31	アラブ首長国連邦	ベラルーシ	ブラジル
32	ギリシャ	英国	スロバキア
33	キプロス	ニュージーランド	ルーマニア

（中略）

順位	HDI	GII	GDI
58	バハマ	サウジアラビア	キプロス
59	バルバドス	マレーシア	ホンジュラス
60	オマーン	ブルネイ	**日本**

【資料】UNDP「Human Development Report 2020」（2020.12.15公表）より作成

WORLD CLASSIFICATION (Situation as of 1st February 2019)

Rank	Country	Lower or single House				Upper House or Senate			
		Elections	Seats*	Women	% W	Elections	Seats*	Women	% W
1	Rwanda	9.2018	80	49	61.3	9.2011	26	10	38.5
2	Cuba	3.2018	605	322	53.2	—	—	—	—
3	Bolivia	10.2014	130	69	53.1	10.2014	36	17	47.2
4	Mexico	7.2018	500	241	48.2	7.2018	128	63	49.2
5	Sweden	9.2018	349	165	47.3	—	—	—	—
6	Grenada	3.2018	15	7	46.7	4.2018	13	4	30.8
7	Namibia	11.2014	104	48	46.2	12.2015	42	10	23.8
8	Costa Rica	2.2018	57	26	45.6	—	—	—	—
9	Nicaragua	11.2016	92	41	44.6	—	—	—	—
10	South Africa**	5.2014	393	168	42.7	5.2014	54	19	35.2
11	Senegal	7.2017	165	69	41.8	—	—	—	—
12	Finland	4.2015	200	83	41.5	—	—	—	—
13	Spain	6.2016	350	144	41.1	6.2016	266	98	36.8
14	Norway	9.2017	169	69	40.8	—	—	—	—
15	New Zealand	9.2017	120	48	40.0	—	—	—	—
〃	Timor-Leste	5.2018	65	26	40.0	—	—	—	—

（中略）

160	Cote d'Ivoire	12.2016	255	28	11.0	3.2018	66	8	12.1
161	Nauru	7.2016	19	2	10.5	—	—	—	—
162	Democratic Republic of the Congo	12.2018	485	50	10.3	1.2007	108	5	4.6
〃	Gambia	4.2017	58	6	10.3	—	—	—	—
164	**Japan**	10.2017	463	47	10.2	7.2016	241	50	20.7
165	Samoa	3.2016	50	5	10.0	—	—	—	—
166	Qatar	7.2013	41	4	9.8	—	—	—	—
167	Botswana	10.2014	63	6	9.5	—	—	—	—
168	Belize	11.2015	32	3	9.4	11.2015	13	2	15.4
169	Brunei Darussalam	1.2017	33	3	9.1	—	—	—	—
〃	Marshall Islands	11.2015	33	3	9.1	—	—	—	—

（後略）

* Figures correspond to the number of seats currently filled in Parliament.
** South Africa: The figures on the distribution of seats in the Upper House do not include the 36 special rotating delegates appointed on an ad hoc basis, and all percentages given are therefore calculated on the basis of the 54 permanent seats.

出典：http://www.ipu.org/wmn-e/classif.htm

リビア53.1％（上院47.2％）が上位を占めている。今まで多かった北欧諸国もスウェーデン47.3％，フィンランド41.5％，ノルウェー40.8％である。他の先進国においても，スペイン41.1％（上院36.8％），ニュージーランド40.0％，フランス39.7％（上院36.8％），アメリカ23.6％（上院25.0％）である。日本は164位である。政党，男女有権者共に意識改革が必要である。

4．男女共同参画社会をめざして

（1）ポジティブ・アクションの導入

　それでは，このままの状態で，日本において男女平等は実現できるのであろうか。風邪をひいても自然治癒する場合もあるが，悪性の場合は薬や注射に頼らざるを得ない。場合によっては手術も必要になるかもしれない。日本は北欧社会のように平等が当たり前な社会ではまだない。固定的な男女の役割分担が根強い男性中心国家である。このような社会を改善するには，何らかのポジティブ・アクションの導入が必要であると思われる。ポジティブ・アクションとは，事実上の平等を促進するための暫定的特別措置で，国，地方公共団体，企業，労働組合などに対して，集団としての少数民族，女性，障害者などが受けている政治的，経済的，社会的領域における構造差別と集団的不利益を，組織的制度的に救済していく手段の総称である。このような措置には，法令・判決等に基づくものや使用者の自発的行為によるもの，また，割当制や優先的処遇を行うものなどさまざまなものがある。この制度は，1960年代にアメリカの公民権運動の中で生まれ（アメリカでは大統領命令によって取り入れられたが，アファーマティブ・アクションと呼ばれる），1970〜80年にかけて，北欧諸国，カナダ，オーストラリア，ECなどでポジティブ・アクションとして導入された。女性差別撤廃条約4条1項は，事実上の平等が達成されるまでの暫定的なものである限り，このような施策を容認し，推進している。日本では，各種審議会の委員の女性割合を30％にするという目標ぐらいしか（2013年の，国の審議会等では34.1％）ないが，もっと国，地方公共団体や民間においても意思決定機関の女性比率を高め，女性の能力を活用する

ことが求められる。今回第3次男女共同参画基本計画によって幅広い分野でゴール・アンド・タイムテーブル方式がとられた。

（2）展　望

　国際連合を中心として，事実上の男女平等の実現に向けて，さまざまな試みが実践されてきた。男女平等という共通の目的をもつとはいえ，憲法の男女平等の解釈と女性差別撤廃条約の規定とは必ずしも一致しない。憲法の解釈では，相対的平等という考えから，合理的差別を広く認める傾向にあるのに対し，条約では妊娠・出産・母性以外の女性保護を排除しようとする。男女の差異は「生まれ」によるものであり，女性の保護の容認は差別の助長につながることに留意する必要がある。

　さらに女性差別撤廃条約は，締約国に差別的行為を禁じるだけでなく，個人団体または企業による差別の撤廃や女性の固定的役割に対する偏見その他あらゆる差別的な慣行の撤廃を目的とした適当な措置をとるよう要請する。

　2006年の男女雇用機会均等法の改正は，性別による差別禁止の範囲を拡大し，女性のみならず男性に対する差別も禁止した。ジェンダー平等へ一歩前進したと評価できる。女性を男性並みに働かせるのではなく，男女ともに人間らしい労働，仕事と家庭を両立できる労働（ディーセント・ワーク）が望まれる。間接差別も禁止されたが，省令で定める3つの措置に限られている点が問題である。妊娠，出産等を理由とする不利益取扱やセクシュアル・ハラスメント対策，母子健康管理措置を講ずることなども規定されている。ポジティブ・アクションは推進にとどまっているが，より女性差別撤廃条約の趣旨に沿うものが必要であると考えられる。

　日本は，第6次レポートをCEDAW（女性差別撤廃委員会）に提出し，2009年7月23日に審議された。それに対して総括所見が出され，民法改正と暫定的特別措置について実施状況を書面で2年以内に提出するよう勧告された。民法改正については，1996年に改正要綱案が出されてから手つかずの状態であるが検討を続けていると回答し，管理職，国会議員，重要な公務に関する仕事における女性比率も徐々に上がっているが，とても平等といえるもので

はないのでゴール・アンド・タイムテーブル方式を取り入れたと回答している。もう少し意識の向上と国民的な議論が必要である。

　憲法は条約の誠実な遵守を規定している（98条2項）。女性差別撤廃条約はいまや大多数の国が批准している世界のコンセンサスである。締約国は，個人の尊厳を損なうような性差別を是正するために，積極的に事実上の平等の実現を促進することが要請されている。

　世界経済フォーラムが毎年報告しているジェンダーギャップ指数においては，日本は156ヵ国中120位である。健康，教育，経済，政治の4つの分野で男女格差だけを抜き出して集計したものである。

　日本は特に政治分野（女性国会議員の数，閣僚の数）において147位という不名誉な地位にいる。候補者を同等とする男女推進法ができたが，今回の衆議院選挙においても女性の数は18％にとどまる。これで民主主義国家といえるのだろうか？　女性は非正規やパートタイマーが多いので男性に対する女性の平均所得は50～60％にとどまっている。女性の貧困といわれるゆえんである。

　120位はG7では最下位，アジア諸国でも下位にとどまる。日本は果たして先進国，経済大国といえるのだろうか？　このような状況を打破しないと本当に世界で誇れる国とはなりえない。

参考文献

本書全体についての参考文献

川添利幸・法学概論, 文久書林, 1979

五十嵐清・法学入門 [第 4 版], 悠々社, 2015

団藤重光・法学の基礎 [第 2 版], 有斐閣, 2007

伊藤正己＝加藤一郎編・現代法学入門 [第 4 版], 有斐閣, 2005

佐藤幸治＝鈴木茂嗣＝田中成明＝前田達明・法律学入門 [第 3 版補訂版], 有斐閣, 2008

末川博編・法学入門 [第 6 版補訂版], 有斐閣, 2014

第 1 部

第 1 講　法とは何か

法とは何か（ジュリスト増刊）, 有斐閣, 1969

加藤新平・法哲学概論, 有斐閣, 2006

伊藤正己・近代法の常識 [第 3 版], 有信堂高文社, 1992

碧海純一・新版法哲学概論 [全訂第 2 版補正版], 弘文堂, 2000

長尾龍一・法哲学入門, 講談社学術文庫, 2007

第 2 講　法と道徳

橋本公亘・日本国憲法 [改訂版], 有斐閣, 1988

川添利幸＝山下威士編・憲法詳論, 尚学社, 1988

平野武＝中谷実＝南川諦弘＝有澤知子・新・判例憲法, 三和書房, 1994

古野豊秋＝畑尻剛編・新・スタンダード憲法 [第 4 版補訂版], 尚学社, 2016

第 3 講　法の体系

田中成明・現代法理学, 有斐閣, 2011

佐藤幸治・日本国憲法論 [第 2 版], 成文堂, 2020

佐藤功・日本国憲法概説 [全訂第 5 版], 学陽書房, 1996

野中俊彦＝中村睦男＝高橋和之＝高見勝利・憲法 I・II [第 5 版], 有斐閣, 2012

芦部信喜（高橋和之補訂）・憲法 [第 7 版], 岩波書店, 2019

古野豊秋＝畑尻剛編・新・スタンダード憲法 [第 4 版補訂版], 尚学社, 2016

第 4 講　法の適用と解釈

田中二郎・行政法（上）[全訂第 2 版], 弘文堂, 2014

我妻栄＝有泉亨＝清水誠＝田山輝明・コンメンタール民法 [第 7 版] 総則・物権・債権, 日本評論社, 2021

村井敏邦＝川崎英明＝白取祐司・刑事司法改革と刑事訴訟法（上）（下）, 日本評論社, 2007

兼子一＝竹下守夫・裁判法 [第 4 版], 有斐閣, 1999

特集「少年司法と適正手続」法律時報 67 巻 7 号（1995）

法務総合研究所・犯罪白書（各年度版）

第 2 部

第 5 講　人と法的能力

遠藤浩＝良永和隆・入門　民法総則 [第 2 版], 日本評論社, 2005

内田貴・民法Ⅰ［第4版］　総則・物権総論, 東京大学出版会, 2008

高梨公之監修・口語民法［新補訂2版］, 自由国民社, 2013

我妻栄＝有泉亨＝清水誠＝田山輝明・コンメンタール民法［第7版］総則・物権・債権, 日本評論社, 2021

新井誠＝赤沼康弘＝大貫正男編・成年後見制度［第2版］, 有斐閣, 2014

幾代通＝遠藤浩・民法入門［第6版］, 有斐閣, 2012

川井健・民法概論1　民法総則［第4版］, 有斐閣, 2008

大村敦志・新基本民法Ⅰ　総則編［第2版］, 有斐閣, 2019

第6講　暮しと法

第1節　契約

我妻栄＝有泉亨＝清水誠＝田山輝明・コンメンタール民法［第7版］総則・物権・債権, 日本評論社, 2021

加藤雅信・契約法, 有斐閣, 2007

内田貴・民法Ⅲ［第4版］　債権総論・担保物権, 東京大学出版会, 2020

川井健・民法概論3　債権総論［第2版補訂版］, 有斐閣, 2009

第2節　信用と法

特集「カード破産と免責」ジュリスト1014号（1992）

特集「クレジット多重債務の諸問題」ジュリスト1047号（1994）

甲斐道太郎, 他編著・ローン・カード・リースの裁判例, 有斐閣, 1994

金井重彦・自己破産の法知識, 白露, 1997

特集「臓器移植法」ジュリスト1121号（1997）

大村敦志・消費者法［第4版］, 有斐閣, 2011

第3節　不動産と法

熊田裕之・借地・借家法の解説［3訂版］, 一橋出版, 2001

松本治雄他・土地家屋の法律知識［改訂2版］, 自由国民社, 2017

荒　秀＝小高剛編・不動産法概説(2)［第4版］, 有斐閣, 1997

水本浩・借地借家法［第2版補訂版］別冊法学セミナー No 199, 日本評論社, 2009

澤野順彦他・借地借家法の理論と実務, 有斐閣, 1997

遠藤浩＝川井健他編・民法(4)債権総論［第4版増補補訂版］, 有斐閣, 2002

遠藤浩＝川井健他編・民法(2)物権［第4版増補版］, 有斐閣, 2003

遠藤浩＝川井健他編・民法(3)担保物権［第4版増補版］, 有斐閣, 2003

内田貴・民法Ⅲ［第4版］　債権総論・担保物権, 東京大学出版会, 2020

第7講　家庭生活と法

第1節　婚姻と結婚生活

中川淳・親族・相続法［改訂版］, 有斐閣, 1988

高木多喜男＝松倉耕作編・条解民法3　親族相続法［改訂版］, 三省堂, 1998

我妻栄＝有泉亨＝遠藤浩＝川井健＝野村豊弘・民法3　親族法・相続法［第4版］, 勁草書房, 2020

特集「婚姻・離婚制度の見直し」ジュリスト1019号（1993）

特集「家族法の変貌と家族法の課題」ジュリスト1059号（1995）

泉久雄・親族法, 有斐閣, 1997

遠藤浩＝川井健他編・民法(8)　親族［第4版増補補訂版］, 有斐閣, 2004

　　第2節　親子関係と親権

太田武男・親族法概説, 有斐閣, 1990

中川淳編・現代社会と民法［第3版］, 有信堂高文社, 2006

武藤一次・テキスト法学, 中央法規出版, 1991

野田愛子・講座　現代家族法　親子, 日本評論社, 1992

大村敦志・家族法［第3版］, 有斐閣, 2010

遠藤浩＝川井健他編・民法(8)　親族［第4版増補補訂版］, 有斐閣, 2004

内田貴・民法Ⅳ［補訂版］　親族・相続, 東京大学出版会, 2004

　　第3節　相続と相続税

高木多喜男・口述相続法, 成文堂, 1988

武藤一次・テキスト法学, 中央法規出版, 1991

平山信一他・財産相続の法律知識［補訂2版］, 自由国民社, 2014

遠藤浩＝川井健他編・民法(9)　相続［第4版増補補訂版］, 有斐閣, 2005

中川善之助＝泉久雄・相続法［第4版］, 有斐閣, 2000

内田貴・民法Ⅳ［補訂版］　親族・相続, 東京大学出版会, 2004

第8講　トラブルと法

第1節　損害賠償

平井宜雄・損害賠償法の理論, 東京大学出版会, 1987

森島昭夫・不法行為法講義, 有斐閣, 1987

中井美雄編・不法行為法, 法律文化社, 1993

吉村良一・不法行為法［第5版］, 有斐閣, 2017

潮見佳男・債権各論2［第4版］　基本講義 不法行為法, 新世社, 2021

内田貴・民法Ⅱ［第3版］　債権各論, 東京大学出版会, 2011

石原豊昭他・損害賠償の算定と請求実例全集［改訂版］, 自由国民社, 2011

遠藤浩＝川井健他編・民法(7)　事務管理・不当利得・不法行為［第4版］, 有斐閣, 1997

遠藤浩＝川井健他編・民法(4)　債権総論［第4版増補版］, 有斐閣, 2002

第2節　交通事故

山田卓生編・新現代損害賠償法講座5　交通事故, 日本評論社, 1997

長戸路政行他・交通事故の法律知識［第4版］, 自由国民社, 2019

橋本辰夫編・ケースメソッド現代法学入門, 圭文社, 2000

藤村和夫＝山野嘉朗・概説交通事故賠償法［第3版］, 日本評論社, 2014

内閣府・交通安全白書［令和3年版］, 2021

第3節　製造物責任と法

唄孝一＝有泉亨編・医療事故・製造物責任, 日本評論社, 1974

加藤雅信編著・製造物責任法総覧, 商事法務研究会, 1994

特集「製造物責任法」ジュリスト1051号（1994）

加藤一郎＝中村雅人・わかりやすい製造物責任法, 有斐閣, 1995

中村雅人＝田島純蔵＝米川長平・新版　消費者のための製造物責任の本, 日本評論社, 1995

第4節　医療過誤と法

莇立明＝中井実雄・医療過誤法入門，青林書院，1979

田中実＝藤井輝久・医療の法律紛争，有斐閣，1986

太田卓夫編・医療過誤訴訟法，青林書院，2000

大谷實・医療行為と法［新版補正第2版］，弘文堂，2004

甲斐克則＝手嶋豊編・医事法判例百選［第2版］，有斐閣，2014

植木哲・医療の法律学［第3版］，有斐閣，2007

稲垣喬・医事訴訟入門［第2版］，有斐閣，2006

第9講　これからの社会と法

第1節　福祉と法

佐藤進編・新現代社会福祉法入門［第3版］，法律文化社，2003

長谷部恭男＝石川健治＝宍戸常寿編・憲法判例百選Ⅱ［第7版］，有斐閣，2019

芦部信喜（高橋和之補訂）・憲法［第7版］，岩波書店，2019

西原道雄編・社会保障法［第5版］，有斐閣，2002

西村健一郎・社会保障法，有斐閣，2003

古野豊秋＝畑尻剛編・新・スタンダード憲法［第4版補訂版］，尚学社，2016

第2節　科学技術と法

特集「バイオテクノロジー成果物の法的保護」ジュリスト999号（1991）

特集「科学技術の進歩と人権」ジュリスト1016号（1993）

特集「憲法状況の展望・世界と日本」ジュリスト1022号（1993）

総合研究開発機構＝川井健共編・生命科学の発展と法，有斐閣，2001

第3節　環境と法

杉原高嶺・国際法学講義［第2版］，有斐閣，2013

松井芳郎他著・国際法［第5版］，有斐閣，2007

西井正弘＝臼杵知史・テキスト国際環境法，有信堂高文社，2011

大塚直・環境法［第4版］，有斐閣，2020

永野秀雄＝岡松暁子編著・環境と法，三和書房，2010

第4節　女性と法

山下泰子・女性差別撤廃条約と日本，尚学社，2010

国際女性の地位協会編・コンメンタール女性差別撤廃条約，尚学社，2010

辻村みよ子・憲法とジェンダー，有斐閣，2009

坂東眞理子・日本の女性政策，ミネルヴァ書房，2009

大沢真理他・21世紀の女性政策と男女共同参画社会基本法［改訂版］，ぎょうせい，2002

国連開発計画・人間開発報告書2015，国際協力出版会，2015

内閣府編・男女共同参画白書（平成27年版），大蔵省印刷局，2015

男女共同参画統計研究会・男女共同参画統計データブック2015　日本の女性と男性，ぎょうせい，2015

事項索引

238

有澤　知子（ありさわ　ともこ）
大阪学院大学法学部教授

主要著書・論文
「判決の手法」畑尻剛＝工藤達朗編『ドイツの憲法裁判——連邦憲法裁判所の組織・手続・権限〔第2版〕』（中央大学出版部，2013年），「ドイツにおける積極的平等施策と基本法3条2項の改正——割当制をめぐる議論について」大阪学院大学法学研究27巻1号（2000年），「男女別学と平等保護条項——合衆国の3つの判決を検討する」大阪学院大学法学研究34巻2号（2008年），「批判的人種フェミニズム」慶應義塾創立150年記念法学部論文集 慶應の法律学 公法Ⅰ（2008年），「公的分野への割当制の導入」ドイツ憲法判例研究会編『講座 憲法の規範力 第2巻——憲法の規範力と憲法裁判』（信山社，2013年），「同性婚とアメリカ合衆国憲法」戸波江二先生古稀記念『憲法の創造的展開』（信山社，2017年），『女性と法——テキストと資料』（尚学社，2018年），「ドイツの私企業における30％女性クオータ」法学新報127巻7・8号（2021年），国際女性の地位協会編『コンメンタール女性差別撤廃条約』（尚学社，2010年），工藤達朗編『憲法判例インデックス』（商事法務，2014年）

新・法と社会生活〔第6版〕

2005年4月15日　初版第1刷発行
2008年1月15日　改訂版第1刷発行
2011年4月1日　第3版第1刷発行
2013年4月1日　第4版第1刷発行
2016年4月1日　第5版第1刷発行
2021年12月1日　第6版第1刷発行

著者©　有澤知子

発行者　吉田俊吾
発行所　尚　学　社

〒113-0033　東京都文京区本郷1-25-7　TEL (03)3818-8784　FAX (03)3818-9737
ISBN978-4-86031-169-8　C1032

組版・ACT·AIN／印刷・TOP印刷／製本・松島製本